本丛书由海南师范大学出版资助

本书为2012年海南省高等学校科学研究人文社科类重点项目（Hjsk2012－32）

南海研究丛书

主编：张一平

李鸿章与越南问题（1881—1886）

王志强　著

暨南大學出版社
JINAN UNIVERSITY PRESS

中国·广州

图书在版编目（CIP）数据

李鸿章与越南问题（1881—1886）/王志强著. —广州：暨南大学出版社，2013.3
（南海研究丛书）
ISBN 978-7-5668-0465-5

Ⅰ.①李… Ⅱ.①王… Ⅲ.①李鸿章（1823—1901）—人物研究 ②中越关系—国际关系史—研究—清代 Ⅳ.①K827=52②D829.333

中国版本图书馆 CIP 数据核字（2013）第 010015 号

出版发行：暨南大学出版社

地　址：中国广州暨南大学
电　话：总编室（8620）85221601
营销部（8620）85225284　85228291　85228292（邮购）
传　真：（8620）85221583（办公室）　85223774（营销部）
邮　编：510630
网　址：http://www.jnupress.com　http://press.jnu.edu.cn

排　版：广州市天河星辰文化发展部照排中心
印　刷：佛山市浩文彩色印刷有限公司

开　本：787mm×960mm　1/16
印　张：16.75
字　数：275 千
版　次：2013 年 3 月第 1 版
印　次：2013 年 3 月第 1 次
印　数：1—2000 册

定　价：39.80 元

总　序

当今世界，海洋问题已经成为资源分配、空间争夺和国家战略的重要问题。在此背景下，南海问题变得日趋复杂、日益突出，不仅成为一个区域热点，而且正在上升为全球热点。这一切都使得南海区域在地缘、政治、经济、外交格局中的地位日益上升。南海问题的复杂性，决定了解决南海问题方法上的多样性，但无论如何，这都要求我们重视对南海的整体研究。既要研究南海区域内各国家、地区、民族间的相互关系，也要研究南海区域与其外部环境中各种因素的相互联系。

众所周知，传统的东南亚研究、南洋研究等，都不包括对中国的研究，都不能把南海周边国家作为一个有机联系的整体来研究，这当然不能反映历史的真实面貌。正是基于这种考虑，我主张使用“南海区域”这个概念，即把南海海域及其周边国家和地区作为一个有机整体，主要包括中国南部和东南亚地区。通过对区域内各民族之间的关系进行历史的考察，使人们了解南海区域是一个不可分割的整体，以期对处理当今区域内的各种相互关系和共同构建和谐的区域社会，提供一些有益的借鉴。

南海海域自古以来就是海上丝绸之路的重要航线，也是南海周边各族人民的生命线。这条航线犹如无形的纽带，把南海周边各族人民的经济生活、社会文化紧密地联系起来。自秦汉始，南海周边的国家和人民就在相互影响与相互联系中共同生存、发展，具有共同的命运和利益，南海海域也成为沟通东西方的桥梁要道。进入近代，南海周边的国家和人民同样遭受着西方殖民者的侵略，共同开展了反殖民、反侵略、争取民族解放的革命斗争。第二次世界大战后，这些国家先后走上独立的道路，迎来了全球化发展的新时代。但是，南海周边国家的这种历史联系性，并未受到学术界的足够重视。

历史上，南海区域各民族在地缘、血缘、经济、文化等方面存在着千丝万缕、无法割断的联系，其历史演变有着惊人的相似。从地理上看，南海区域是一个以海洋、岛屿、江河、山脉为纽带连接成一体的地理单元，区域内各民族之间很早以前就相互往来，共谋生存。早在汉代，中国就与马来半岛国家有了贸易关系和文化交流，马来半岛成了东西方贸易的交会地点。明朝以郑和下西洋为代表的朝贡贸易和文化交流，使中国与南海周边的联系达到鼎盛。南海区域由若干小经济圈不断发展成为一个整体区域经济圈，并通过马六甲海峡和太平洋与世界其他地区联系起来，成为全球经济圈的重要组成部分。区域内各民族之间经过长期的迁移、融合，逐渐形成了共同的血缘关系、文化心理、风俗习惯和宗教信仰。在当今世界全球化和区域一体化的进程中，区域内各地区、各国家的政治制度、经济模式、文化传统日益表现出高度相似性，这从东盟“10＋3”机制和博鳌亚洲论坛的成功举办可见一斑。

在进行南海研究时，有些学者倾向于用“西方冲击论”来解释亚洲近代历史的演变，这当然有它的合理性。但是，这种以欧洲的眼光看待亚洲的分析方法，往往忽略了对亚洲社会赖以生存的、长期形成的原有体系的深入研究，割断了该区域历史的联系性和整体性。也有学者主张从亚洲的视角看待亚洲近代历史的变化以及与欧洲的关系，以寻求亚洲史内在的联结纽带，推导出亚洲发展的内在原动力，认为亚洲近代发展并非单纯地、被动地接受欧洲冲击—反应的结果，历史上的亚洲存在着以中国为中心的朝贡关系和朝贡贸易关系，并以这种关系为基础形成了“亚洲经济圈”，即“前近代亚洲市场”。但是，对亚洲历史文化的研究，如果脱离了与世界其他地区的相互联系，也是无法看清楚的。

在我看来，南海研究应当在世界历史和人类文化发展演变的大背景下，以历史上中国传统文化的对外传播为经，以南海区域各个国家的社会发展为纬，将整个南海区域当作一个整体看待，在泛南海的区域范围内，既研究文化历史的同中之异，也研究历史文化的异中之同，从而存异求同，以便能更准确地反映南海区域各个国家、民族的风土民情和社会变迁。在具体的研究过程中，可以海南岛及南海诸岛为中心、以南海海域为视野、以东南亚诸国为系带、以环太平洋为辐射，深入、全面地发掘、整理、保护、宣传南海区域的历史与文化，研究海岛、海湾、海峡、海礁、海洋和南海周边国家的诸多社会、历史、文化问题，以服务于中国的和平崛起、南海的开发和南海周边国家的合作发展，构建南海区域的和谐社会。

在当今世界全球化和区域一体化不断加快的进程中，在南海问题日益复杂化之际，加强南海研究已是刻不容缓。当前急需研究的问题应当从历史文化着手，这是因为对区域内各国人民的历史文化进行透彻的研究，对于推动区域内各民族之间的友好往来、合作共赢、和平发展有着重要的意义，对于南海问题的和平解决也将有所帮助。在和平与发展已经成为当今世界主题的情况下，中国要实现和平崛起的国家发展战略目标，自然就包括了要维护南海区域的和平、稳定与可持续发展，这也将是中国为维护世界和平作出的一个实际贡献。而且，南海问题的最终解决，不能仅依靠政治、经济，更不能全然依靠武力，因为无论问题怎样解决，最终都离不开各方的合作，从长远意义上来说，合作共赢才是最好的结局。合作的前提条件是相互理解，而理解的前提则是对彼此历史文化背景的了解和认同。因此，从国家利益的高度来看，对南海区域历史文化展开相应的研究就具有十分重要的战略意义。

海南省位于南海区域的中心地带，对南海研究负有不可推卸的责任。2008 年 7 月，海南师范大学成立了南海区域文化研究中心，2009 年 10 月升格为海南省南海区域文化研究基地，现已拥有专兼职研究人员 30 余人，海外特约研究员 10 余人。目前基地的主要研究方向包括：

第一，南海区域民间口头与非物质文化遗产研究，包括南海区域的文学艺术、民歌民谣、民俗礼仪、手工技能、方言戏曲、音乐舞蹈以及传统技艺与技能等研究。

第二，南海区域物质文化与自然遗产研究，包括南海区域史前文化遗迹、历史建筑、海洋文物、古物古籍、传统医药、自然景观、海洋地理、生态环境以及有保护价值的自然区域、地形、植物、矿物等自然景观研究。

第三，南海区域社会发展研究，具体包括南海区域历史发展中的社会、政治、军事、经济、制度、生态、民族、宗教、地理、文学、艺术等问题的专题研究和综合研究以及移民开发、侨乡侨务、海上旅游等研究。

第四，南海区域历史沿革及文化交往研究，具体包括文化交流史、海上交通史、丝绸之路、民族史、典章制度、海洋经济、宗教信仰、商业贸易、华侨华人、国际关系、跨文化合作等研究。

这套丛书大部分是该基地的研究成果。在这套丛书中，既有个人著作，也有集体著作；既有专著、编著，也有译著。丛书的总体规模暂不限定，计划先用几年时间，陆续推出十余种著作。目前选题以历史文化为主，今后逐渐扩大研究范围。丛书的宗旨是以南海历史和文化作为研究的起点，逐步对南海的自然、环境、社会、政治、经济、外交等方面展开全方位的研究，为国家在新世纪的海洋开发战略服务，为中国的和平崛起乃至全人类的和平与发展作出积极贡献。

应当特别感谢的是暨南大学出版社的领导和编辑们，他们从新世纪学术著作出版和图书市场走向的战略眼光出发，克服了学术著作出版的种种困难，对本丛书的选题高度重视并给予大力支持，在每一本书的编辑、出版、发行的各个环节中，他们都表现出精益求精的出版风格和一丝不苟的学术精神，使本丛书得以顺利出版问世。

是为序。

张一平
2012 年春于海南岛

序

迄今为止，国内外学界的许多相关研究都是将以中国为中心的东亚朝贡关系视为前近代的历史内容，如美国学者费正清主编的论文集《中国的世界秩序》一书就是直接以“传统中国的对外关系”为副标题。于是，朝贡等于古代或前近代而条约等于近代，遂成为一个不容置疑的“历史常识”，有关朝贡关系的研究自然也就被排除在有关中国近代史研究的领域之外。然而，同样也是在《中国的世界秩序》一书中，费正清就已经指出：“中国不是通过抛弃帝制时代的传统进入近代世界的，而是通过调适传统以应对19世纪中叶的种种问题而进入近代世界的。这种调适使得‘条约体系’在其初始阶段即成为‘朝贡体系’的副产品。”① 正如费正清早在1940年代初的一项研究中就已经明确指出的那样，朝贡制度不仅是历史上中国与周边国家关系的基础，而且还是近代中国与欧美国家关系的依据。②

对此，笔者曾经指出，从1840年鸦片战争以来，清政府一方面在对欧美列强及明治日本的关系领域逐步接受了基于“万国公法”的近代条约关系，另一方面则与周边东亚各国继续保持传统的朝贡关系，甚至试图通过兼容条约与朝贡的方式来进一步加强、巩固朝贡关系，从而在晚清对外关系中出现了至少持续半个世纪的朝贡关系与条约关系共存乃至兼容的“一个外交，两种体制”的过渡性局面。不仅如此，在作为朝贡关系边缘的朝鲜、越南、琉球等国，都曾出现在既与欧美列强及新兴日本建立近代条约

① ［美］费正清编，杜继东译：《中国的世界秩序——传统中国的对外关系》，中国社会科学出版社，2010年，第277页。

② John King Fairbank and Ssu - yu Teng（邓嗣禹），“On the Ch'ing's Tributary System”, in *Harvard Journal of Asiatic Studies*, 1941, 6（2）, pp. 135 - 246.

关系的同时又继续保持与中国之朝贡关系的阶段，在朝鲜近代历史上就称这种现象为朝贡与条约之“两截体制”。① 换言之，费正清所谓“条约取代朝贡体制（the treaties succeed the tribute system）”② 固然是一个众所周知的历史结局，而在上述历史结局的形成过程中，无论是在作为东亚朝贡体系之外来“参入者”的欧美列强与作为东亚朝贡关系体系之中心的中国清政府之间，还是在作为东亚朝贡关系体系之中心与边缘的中国清政府和东亚周边各国之间，都曾出现过十分复杂而又多变的博弈与互动，从而构成了近代中国对外关系史乃至东亚近代国际关系史不可或缺的一个重要内容。

正因为如此，本书所探讨的中国与越南的朝贡关系的终结过程，当然也就成为近代中国对外关系研究而不是古代中国对外关系研究的一个重要主题，同样也可以成为有关李鸿章研究的一个重要主题。就在李鸿章去世不到两个月之后，当时还在日本流亡的梁启超就在又名《李鸿章》的《中国四十年来大事记》中明确指出：“四十年来中国大事，几无一不与李鸿章有关。”③ 到李鸿章去世 16 年后的 1917 年，曾在中国海关服务的英国人濮兰德在其《李鸿章传》④ 的第一章就开宗明义地指出：“鉴于李鸿章是 1850 年以来改变中国社会结构和人们行为的多项变革的直接实施者，毫无疑问可以将他看作 19 世纪的一位创造者。”⑤ 仅就对外关系领域而言，李鸿章不仅提出了中外关系“数千年未有之变局”⑥ 的观点，而且也是晚清

---

① 详见 Quan He-xiu, Two Systems of Diplomacy of Late Qing China: External Relationship, Modernization and Traditional Phase, *Journal of Northeast Asian History*, 2008 (5-1), pp. 21-44；权赫秀：《晚清对外关系中的“一个外交两种体制”现象刍议》，《中国边疆史地研究》2009 年第 4 期。

② John King Fairbank, *Trade and Diplomacy on China Coast*: *The Opening of Treaty Ports* (*1842—1856*), Cambridge, Mass.: Harvard University Press, 1964, pp. 462-468. 按：此为该书的“结论（conclusion）”。

③ 梁启超：《中国四十年来大事记》（一名《李鸿章》），载林志钧编：《饮冰室专集之三》，中华书局，1936 年。

④ ［英］约翰·濮兰德著，张启耀译：《李鸿章传》，天津人民出版社，2008 年。按：该书原版应是 Bland, J. O. P., *Li Hung-chang*, London: Constable & Co., 1917，而该书中译本的出版说明却称“该书于 1917 年在美国纽约出版”，疑误。

⑤ ［英］约翰·濮兰德著，张启耀译：《李鸿章传》，第 2 页。

⑥ 李鸿章：《李文忠公奏稿》，载吴汝纶编：《李文忠公全书·奏稿》卷二十四，文海出版社影印本，1980 年，第 11 页。

时期“大部分对外交涉的负责人，亦是外国人眼中清廷的外交部长”[1]。从这个意义上，应该可以说李鸿章也是中国近代外交的一个缔造者。主要职务为直隶总督兼北洋通商大臣的李鸿章之所以介入并长期主管清政府对越南关系事务，便是出于上述的历史背景，也是清政府外交事务近代化过程中“人物外交”长期取代“机构外交”的“非制度化”现象的又一例证。

王志强博士的这本著作就是将朝贡关系研究与李鸿章研究相结合的一个代表性研究成果。全书计五章二十余万字，有关其内容与学术价值的最终评价，当然有赖于海内外读者诸贤，此处笔者只是作为本书稿的“先睹者”，指出这本著作至少有如下三点值得关注与称道之处，以供参考。

首先，新颖而又独特的问题意识与研究视角。研究者通常都说好的选题是成功的一半，而独特的问题意识与研究视角无疑应是所谓“好的选题”的一个重要内容。本书从李鸿章对越南问题的认识和政策视角来考察中国与越南朝贡关系的终结过程，并关注中国、越南及法国在上述终结过程中的互动与博弈，试图从东亚朝贡关系体制乃至中越宗藩关系的内部视角来解读中越宗藩关系的变迁与终结，就是将中越关系史研究、中法关系史研究、李鸿章研究及近代中国对外关系史研究成功地整合为一个独立的研究主题，较诸过去将东亚朝贡关系的终结单纯视为“西方冲击”之结果的做法，较诸过去将近代中越关系简单地视为近代中法关系史及中法战争史的背景的做法，无疑是一个具有创新意义的突破。笔者此前曾完成有关李鸿章与中韩关系近代转型过程的研究，[2] 一直认为有关李鸿章与周边国家关系近代转型过程的深入研究，不仅可以克服近代中外关系史研究过分依赖于欧美诸国及日本等大国关系的传统倾向，而且可以成为有关李鸿章研究乃至有关近代中外关系史、东亚国际关系史研究的一个新的突破口与增长点。

其次，充分利用多国多语言史料。早在1930年，时任国立清华大学教授的蒋廷黻就曾明确提出：“外交史的特别，在于它的国际性质。一切外交问题，少则牵连两国，多则牵连十数国。研究外交史者必须搜集凡有关

---

① 蔡东杰：《李鸿章与清季中国外交》，文津出版社，2001年，第190页。

② 权赫秀：《李鸿章的朝鲜认识与政策研究（1871—1895）》，韩国学中央研究院博士学位论文，1999年；权赫秀：《19世纪末韩中关系史研究——以李鸿章的朝鲜认识与政策为中心》，（首尔）白山资料院，2000年。

系的各方面的材料。根据一国政府的公文来论外交，等于专听一面之词来判讼。”① 本书的研究主题，在性质上就是属于蒋廷黻所称的“外交史”领域。本书所利用的研究资料，不仅包括李鸿章与清政府方面的文献资料等中文文献，还包括越南方面的《大南实录》等官方文献与《阮述〈往津日记〉》等稀有资料，而且还利用了法国外交部与海军部文献等法文资料以及英、日文学术文献，在多国多语言史料文献的充分搜集与利用方面努力做到了“搜集凡有关系的各方面的材料”。作者在攻读博士学位期间专门向法国专家学习法语，从而达到能够初步阅读与利用法文资料的程度，足以表明其在史料搜集方面的用功之勤。

再次，观点独到而可信。正是基于上述的问题意识与资料基础，本书提出了一些论之有据、值得关注的重要研究结论，如有关李鸿章在中越朝贡关系终结过程中的作用与影响以及对中越朝贡关系终结过程的双重解读，便是此前国内外学界的相关研究所未曾注意或未能充分阐明的问题。

本书的基础是王志强博士在2011年完成的博士学位论文。作为一个青年学者的第一部研究专著，其中当然不可避免地存在一些不足甚至缺陷，无论在理论分析还是在史实考证与史料阐释等方面，都有待进一步完善，而这样的不足甚至缺陷正是王志强博士今后在相关研究领域能够进一步成长与进步的空间。王志强博士在东北师范大学历史文化学院先后攻读硕士与博士期间，一直是由笔者担任指导教师，因而对于他由青年学子逐步成长为一个青年学者的艰难历程有着直接和深入的了解。正因为如此，笔者对于王志强博士今天所取得的学术成就感到格外的欣慰，对于他未来的学术发展自然也有着格外的期许与祝愿，爰志数语，聊以为序。

权赫秀

2012年8月31日于关外沈阳三声堂书室

---

① 蒋廷黻：《近代中国外交史资料辑要·自序》上卷，商务印书馆，1930年，第1页。

目录

总　序　/ 1

序　/ 1

绪　论　/ 1

第一章　越南问题的缘起与清政府的早期应对　/ 28

第一节　中越宗藩关系述略　/ 29

第二节　法国侵略越南与中法围绕越南问题的早期交涉　/ 37

第二章　李鸿章对越南问题的早期介入与认识　/ 53

第一节　轮船招商局卷入越南问题　/ 54

第二节　李鸿章对越南问题的早期认识　/ 69

第三章　李鸿章与越南政府联合解决越南问题的努力与失败　/ 73

第一节　中越秘密接触过程中的李鸿章　/ 74

第二节　李鸿章争取越南参加中法会谈的资格　/ 82

第三节　1883 年越南遣使事件与李鸿章的应对　/ 85

第四章　中法战争前后李鸿章与法国有关越南问题的交涉　/ 102
第一节　李鸿章与脱利古特使有关越南问题的交涉　/ 103
第二节　李鸿章与福禄诺舰长有关越南问题的交涉　/ 110
第三节　李鸿章与巴德诺公使有关越南问题的交涉　/ 126
第四节　李鸿章与戈可当公使有关越南问题的交涉　/ 146

第五章　李鸿章处理越南问题过程中的影响因素　/ 154
第一节　朝鲜因素　/ 155
第二节　驻外公使　/ 164
第三节　清流　/ 173

结　论　/ 177

附　录　/ 190

参考文献　/ 236

后　记　/ 254

绪论

一、问题的提出

越南问题是19世纪晚期引起清朝边疆危机的重要历史事件之一，也是酿成中法战争的直接诱因。这一问题所涉及的研究领域不仅包括中越、中法及法越等多边国家关系，还包括以中国为中心的东亚国际关系秩序的近代转型等问题。越南问题遂成为晚清外交的一个重要课题。

自1870年担任直隶总督兼北洋通商大臣以来，李鸿章一直作为晚清外交政策的执行者乃至创制者，在晚清外交活动中有着举足轻重的作用，在清朝有关越南问题的处理过程中为清政府所倚重，并被总理衙门视为处理越南问题的“枢纽”所在。那么，李鸿章在清政府有关越南问题的处理过程中到底有何作为呢？

具体来说，1874年3月15日，法国与越南签订《和平同盟条约》，其实际意图则在于从法律上割断中越宗藩关系、孤立越南，从而为法国进一步侵略越南创造有利条件。1875年5月24日，法国驻华署公使罗淑亚将此条约照会清政府总理衙门王大臣恭亲王奕䜣，掀开了中法围绕越南问题交涉的序幕。1880年以来，法国殖民侵略当局加快了侵略越南的步伐，越南的对华朝贡行为及其贡道受到法国的阻挠，中越官方联系几至断绝，越南问题才开始引起清政府的重视并成为晚清外交的一个重要课题。众所周知，此后所谓越南问题遂成为近代中法关系的最大悬案，经过长期的艰难曲折交涉之后仍不免发展为中法战争。那么，在中越传统宗藩关系尤其是陆路通道已被法国殖民当局破坏中断的情况下，当时负责处理越南问题的李鸿章是通过什么样的途径与越南方面保持必要的官方联系？进而又通过怎样的渠道来获得有关越南现地实情的及时而又准确的信息？通过对越南现情的基本了解，李鸿章对越南问题产生了什么样的认识？当时的晚清外交一方面要维护与传统属国的宗藩关系，另一方面又要适应西方不平等条约体制原则而开展近代外交活动，面对晚清外交的两难困境，李鸿章在越南问题的处理上对越南与法国分别采取了什么具体的应对策略？其实际效果如何？对此又该如何认识？李鸿章在处理越南问题过程中的影响因素又有哪些？基于上述问题的解决，对李鸿章在清政府处理越南问题的过程中的角色该如何定位？对中越宗藩关系史的研究会有什么新的启发意义？通过实证研究与多维视野的分析考察来寻求解决上述诸问题，便是以李鸿章与越南问题的视角来展开本研究的问题意识所在。

二、先行研究述评

越南问题是中国近代对外关系史研究领域的一个重要课题，不仅涉及中越关系，而且还关联法越关系、中法关系，中法战争也是其解决过程中的重要历史事件，所以，研究越南问题就要关注上述各层关系与重大历史事件。鉴于此种认识，笔者就国内外学界关乎该主题的相关问题的研究状况简单爬梳，进而总结研究中存在的问题与不足，以期为本书的研究提供重要的学术依据与思考的空间。

（一）国内研究现状

1. 中越关系史研究

早在20世纪30年代，邵循正在《中法越南关系始末》（清华大学1933年硕士学位论文）一文的绪论中，便针对法国等西方学者对中越宗藩关系的否定与歪曲的观点进行了反驳，他指出："中越之宗藩关系，其历史根据至为充足，不生疑问。至于严格之法律问题，以时代精神之不同，中西观念之异趣，当然与近日欧西之国际法不能不有冲突。若以此遂谓中越之宗藩关系为有名无实者，实不公之甚者也。"进而揭露了此种观点的本质，即"列强欲取中国藩属，其第一步，常先设法否认其与中国之历史上法律关系"①。据此，可见中越宗藩关系在中法越南交涉中的地位与作用。该书的最大特色是运用大量的法文档案研究中法战争，但对中越宗藩关系着墨不多。

此后，由于受历史及政治等因素的影响，中越关系史的研究并没有得到应有的重视，鲜有较具影响力的成果问世。直到20世纪80年代，"国内还没有出版过一部比较系统地介绍两国关系史的书籍"② 的事实即是证明。

---

① 邵循正：《中法越南关系始末》，河北教育出版社，2000年，第48页。
② 黄国安、杨万秀等：《中越关系史简编·前言》，广西人民出版社，1986年。

带着这种遗憾，黄国安等研究越南史的专家合作编写了《中越关系史简编》一书。该书将中越关系史分为四个阶段进行论述，即越南立国之前的中越关系（古代中越关系）、10 世纪中叶至 19 世纪中叶的中越关系（即从宋朝初年到鸦片战争开始，这是中越宗藩关系时期）、1840 年至 1949 年之间的中越关系和 1950 年到 1979 年之间的中越关系。该书至今仍称得上是该领域的奠基之作。但其局限性正如编者指出的："要在较短的时间内撰写一部有一定深度和广度的中越关系史专著，并不是一件容易的事。于是，我们决定先编写出一本《中越关系史简编》，以便为渴望了解中越关系史发展概貌的读者提供一条基本线索。"① 此一时期，彭大雍、范宏贵也开始从中越宗藩关系的视角来研究晚清的对越政策，发表论文《论中越宗藩关系与清政府保藩固边》（《广西师范学院学报》1988 年第 3 期）。

20 世纪 90 年代，中越关系正常化以后，中越关系史的研究开始有所起色，研究者们从不同的角度发表了一系列的专著和论文。代表性成果有如下几种。张秀民的《中越关系史论文集》（文史哲出版社 1992 年版）一书收录的论文主要侧重于古代（唐、明）时期的中越关系史的研究，尤其是该论文集中有一篇专门介绍中越关系史研究的参考书目，大大方便了后来该领域的研究者。黄铮的《中越关系史研究辑稿》（广西人民出版社 1992 年版）一书收录中越关系史研究相关论文 24 篇，阐述了中国汉代至清末的中越关系史，中国大革命时期到抗日战争时期越南革命者尤其是胡志明在中国的革命活动，还探讨了越南华侨华人的历史和作用。陈双燕围绕中越宗藩关系问题发表一系列论文。在《试论历史上中越宗藩关系的文化心理基础》一文中，作者认为："历史上的中越宗藩关系是产生于东亚儒家文化圈的特殊的国家之间的关系。它的形成，有着极其深厚的文化历史背景，儒家文化从中原这一文化内核源源不断地向越南辐射，促成了越南对中原王朝的向心力和凝聚力的形成，这为中越宗藩关系的形成奠定了心理基础；儒家文化中的'华夷之辨'及其所体现的文化中心主义，导致了以华夏为世界中心的国际秩序观的形成，这是中越宗藩关系的理论基础；而儒家以'和'为主旨，以'王道'治天下的价值体系又为中越宗藩关系提供了思想基础。这些因素的结合，便构成了中越宗藩关系的文化心

① 黄国安、杨万秀等：《中越关系史简编·前言》。

理基础。”[①] 在《试论近代中越宗藩关系的终结》一文中，作者从中越宗藩关系是中越联合抗法的纽带、中法两国实力的较量直接决定着中越宗藩关系的结局及清末两种外交制度并存的局面是中越宗藩关系消亡的重要原因等三个方面来论述中越宗藩关系的终结。[②] 在《中越宗藩关系的历史发展述论》一文中，作者认为：“从越南独立起到后黎王朝时期，中越宗藩关系一步步地由随意性的越南王室向中原王朝‘输诚’的方式逐渐走向具有特定内容的、制度化的朝贡关系，并且最终凝固成具有一定法律效率的藩属国对待宗主国的朝贡制度，这一过程大体上可分为形成、稳固和发展等三个阶段：越南独立起至前黎王朝为形成阶段，李朝至陈朝前期为稳固阶段，陈朝中后期至前黎王朝为发展阶段。”[③]

进入21世纪以来，新的研究成果相继问世。青年学者孙宏年博士的《清代中越宗藩关系研究》（黑龙江教育出版社2006年版）一书从中越宗藩关系的运作、朝贡贸易、民间贸易、边界交涉、海事与边事及华侨问题全面论述了清代中越宗藩关系，建构了清代中越关系研究的基本框架。不仅如此，作者“又在前人研究的基础上，在一些问题上有所创新、有所突破。这主要反映在对清代中越宗藩往来的事项、规范和海难互助、边境事件、华侨华人数量以及来华越南侨民等方面，比如对于清代的中越侨民问题，长期以来史学界比较关注在越南的华侨、华人问题，而对于进入中国的越南侨民，特别是政治避难者关注不够，且对进入越南的华侨、华人的数量问题也较少研究，本书中都力求详尽地论述”[④]。就清代中越宗藩关系的研究而言，该书在广度上已取得相当的成功，在深度上仍有挖掘的空间。此外，广西社会科学院古小松编的《越南国情与中越关系》（世界知识出版社2007年版）一书从越南的现实国情与中越历史关系的角度为新

---

① 陈双燕：《试论历史上中越宗藩关系的文化心理基础》，《历史教学问题》1994年第2期，第19页。

② 陈双燕：《试论近代中越宗藩关系的终结》，《厦门大学学报》1995年第2期，第85~90页。

③ 陈双燕：《中越宗藩关系的历史发展述论》，《南洋问题研究》2000年第4期，第66页。

④ 孙宏年：《清代中越宗藩关系研究·前言》，黑龙江教育出版社，2006年，第5页。

时期构建中越的友好与合作寻求依据，具有重大的现实意义。论文方面，代表性成果主要有如下几种。喻常森在《中法战争前夕的中越关系》一文中认为：“中法战争前夕的中越关系既保留了传统的友好往来，又面临许多新的挑战。这是进入近代以来，东方型传统国际关系在面临西方殖民入侵的紧要关头所经历的顽强抗争和痛苦调整的过程。中越之间的传统宗藩关系，在资本主义列强侵略时代，暴露出本身严重的落后性。中越之间的这种传统关系在一定程度上成为两国联合抵抗西方侵略的依据。中国清政府为了保护和援助它的传统朝贡国及友好邻邦越南，最终不惜与法国侵略者兵戎相见，从而导致了中法战争。中法战争前夕的中越关系正是传统到近代剧变历史的写照和缩影。”① 著名越南史专家戴可来教授在《略论古代中国和越南之间的宗藩关系》一文中指出：“越南是中国的南邻，在其可考的两千余年的信史中，千余年属中国郡县，968 年建立自主封建国家后仍与中国历代王朝保持宗藩关系，直至 1885 年沦为法国殖民地才宣告结束。中越宗藩关系的朝贡、册封和实施过程中的战争，为中国对周边国家和地区的关系提供了一个基本模式。”② 张振鹍在《清代中国与邻国关系的一个标本：中国与越南关系》③ 一文中就清代中越邦交关系的建立、册封与封贡、事大与字小等三个方面对中越关系进行阐释，为解读清代中国与邻国间的整体封贡关系提供个案参考。有关中越宗藩关系的研究还有几篇博士论文值得关注，如牛军凯的《朝贡与邦交：明代中越关系研究》（中山大学 2003 年博士学位论文）、邓昌友的《宋朝与越南关系研究》（暨南大学 2004 年博士学位论文）及陈文源的《明朝与安南关系研究》（暨南大学 2005 年博士学位论文）等。

2. 东南亚视阈下的中越关系史研究

余定邦、喻常森等著的《近代中国与东南亚关系史》（中山大学出版社 1999 年版）一书从朝贡与贸易、清政府对西方殖民者侵略东南亚国家的反应、中国和东南亚国家社会运动的相互影响、近代中国与西方国家在

① 喻常森：《中法战争前夕的中越关系》，《东南亚》2000 年第 2 期，第 41 页。

② 戴可来：《略论古代中国和越南之间的宗藩关系》，《中国边疆史地研究》2004 年第 2 期，第 115 页。

③ 陈尚胜主编：《中国传统对外关系的思想、制度与政策》，山东大学出版社，2007 年，第 23 ~34 页。

东南亚殖民地的贸易关系及清朝政府在东南亚的设领护侨活动五个方面考察。将越南作为一个个案来探讨中越关系，主要是围绕清朝与安南黎朝、西山政权及阮朝的关系，清政府对法国侵略越南的反应，戊戌维新运动和辛亥革命对越南早期民族解放运动的影响及近代中国与法属印度支那的贸易关系等几个方面展开论述的。此外，梁英明等编的《近现代东南亚（1511—1992）》（北京大学出版社1994年版）从殖民主义视角将越南作为东南亚的个案国家，分析了法国侵略越南及越南的反应。

3. 越南历史问题研究

郭振铎、张笑梅主编的《越南通史》（中国人民大学出版社2001年版）一书以越南历史为主线，主要论述越南原始社会（略述）和封建社会（详述）这两个社会形态，上起远古时代下至19世纪末越南丧国成为法国的殖民地止，将两千余年的越南历史系统而翔实地加以阐述。戴可来、于向东主编的《越南》（广西人民出版社1998年版）一书从越南历史概述、地理与居民、政治、军事和外交、经济及经济改革、文化、宗教、教育与习俗等方面对越南进行了全面、科学的介绍。论文方面，代表性成果有如下几种。在王继东、郭声波的《李陈朝时期越南与周边国家的“亚宗藩关系”》一文中，作者认为：“李陈朝是越南历史上较为强盛的时期。随着国力不断增强、民族意识的勃兴，加之受中国文化的长期影响，李陈朝也极力将周边国家如占城、真腊等变为其藩属，构建一个以自己为中心的‘宗藩关系’，我们可称之为‘亚宗藩关系’。李陈朝统治者充分利用这种‘亚宗藩关系’逐步增强自身的实力，使越南的封建社会走向繁荣时期。”① 此外，还有沈志雄的《试论越南外交史的地缘政治因素》（《东南亚研究》2001年第6期）及孙建党的《越南阮朝明命时期的对外关系》（郑州大学2001年硕士学位论文）等。

① 王继东、郭声波：《李陈朝时期越南与周边国家的“亚宗藩关系”》，《东南亚研究》2007年第4期，第82页。

4. 中法战争史相关问题研究①

越南问题是引起中法战争的一个重要诱因，而中法战争也是越南问题解决过程中一个重要的历史事件，所以，中法战争史的研究在该主题范围内历来都受到相当重视。从1986年到1992年，由中法战争史研究会编写出版的《中法战争史论文集》（4册），揭开了中法战争史研究的新局面。此外，长期从事中法战争史研究的黄振南教授接连出版了《中法战争诸役考》、《中法战争史热点问题聚焦》（广西人民出版社1994年版）、《中法战争管窥》等书，其中《中法战争史热点问题聚焦》一书“从清末以来有关中法战争论著中筛选出65个有争议的重要学术问题，分门别类，浓缩争论各方具有代表性的观点，加以介绍。书末附有一个比较完整的中法战争史论著索引，计收入1 000多个条目，为入门者和研究人员提供了颇有价值的参考”。《中法战争诸役考》一书是“中国第一部中法战争史专题研究著作，首次利用尚未刊布的法国原始档案和撰述，结合中越文献资料，辨析、考证了山西、基隆、淡水、镇海4次战役前后经过的有关史实，纠正了许多长期流传的谬误，推翻了一些不当的结论，揭示了诸多鲜为人知的内幕，提出了若干新颖的学术观点”②。尤其是作者能够直接利用法国外交档案及相关文献，将中法战争史的研究推向了纵深。

中法战争全史的研究与鸦片战争及甲午战争虽不能相提并论，但也出版了一些代表性的著作，如廖宗麟的《中法战争史》（天津古籍出版社2002年版）。该书注重考证，提出了一些新的观点。如唐景崧所撰《请缨日记》，据作者考证，“此书其实是一本回忆录，其中的记载，大多经过撰述者的增删改纂，非经缜密考证，不可轻易使用”。又如关于对潘鼎新的评价问题，作者认为：“在极左思潮泛滥的时代，淮系头子李鸿章被看成是卖国贼，淮系诸将也因而蒙受牵连，于是人们根据一两条不甚可靠的资料，就将广西巡抚潘鼎新说成是镇南关大捷的逃兵，但我根据新发掘出来的资料，考证潘鼎新参加了组织和指挥镇南关大捷的全过程，评定他是抗

---

① 关于中法战争史研究的现状可以参考黄振南的《中法战争史研究百年回眸》，《近代史研究》2002年第3期，第279~308页；《中法战争管窥》，中国文史出版社，2005年，第443~510页；《中法战争诸役考》，广西师范大学出版社，1998年，第2~26页。

② 黄振南：《中法战争史研究百年回眸》，《近代史研究》2002年第3期，第295页。

法爱国英雄。”关于中法战争的评价问题，作者也一反传统观点，认为：“中法战争并不是一场使中国丢脸的‘窝囊’战争，而相反是值得我们自豪的战争，是近代中国人民反帝斗争的最高成就，是中国近代史上的奇迹。”① 在鼓励创新的今天，该书无疑会给我们带来耳目一新的精神体验，也将中法战争史的研究推向了一个新的高度。

关于中法战争史的研究论文，学者们分别从中法战争的历史背景、战争缘起、战争结局、《中法新约》、新闻舆论、甲申政变、中法战争和国际法、西方列强的作用及与中法战争相关的人物如慈禧、李鸿章、张之洞、张佩纶等方面进行了详尽的论述，代表性成果有如下几种。廖宗麟在《中法战争期间“战越牵敌”策的制订和实施》一文中认为：“中法战争期间，为粉碎法国侵略者‘据地为质，勒索赔款’的阴谋，清政府制定了‘战越牵敌’的战略决策，主要由援越桂军滇军入越作战，以重大的牺牲，牵制侵越法军不能大批调援侵台法军，为战胜法军作出了贡献。在近代反侵略战争中，这样由清政府主动制定战略决策并取得成功的例子是罕见的。”② 闻陈捷、家严萍在《关于中法战争结局问题的再探讨》一文中指出：“传统观点认为，在1883—1885年的中法战争中，中国取得镇南关大捷，却未能乘胜攻击，反而签订了屈辱的《中法天津条约》，是谓中国不败而败，法国不胜而胜。本文认为镇南关大捷尽管政治上影响很大，但在军事上，它只是中法战争陆路战场上的一次局部胜利。从更重要的海路战场或者是从战争全局来看，清政府始终处于劣势。况且当时清政府所处的国际环境不允许它继续再战，它的中央和地方财政也无力支持再战。另一方面，法国虽因镇南关之战而倒阁，但其元气未伤，正增兵饷准备再战。因此，趁镇南关获胜的良机，‘乘胜即收’，利用列强间的利益冲突，尽可能体面地签订中法和约，确是清政府从大局着想的明智之举，也是处于列强瓜分下的弱国，在夹缝中求生存‘以夷制夷’政策的成功运用。”③ 黄振南在《中法战争前夕保越与弃越之争》一文中指出：“中法战争前夕的保越与弃

---

① 廖宗麟：《中法战争史·自序》，天津古籍出版社，2002年，第3页。

② 廖宗麟：《中法战争期间“战越牵敌”策的制订和实施》，《安徽史学》2003年第2期，第19页。

③ 闻陈捷、家严萍：《关于中法战争结局问题的再探讨》，《徐州师范学院学报》1996年第3期，第76页。

越之争，是在边疆危机深重时封建士大夫政见不一的结果。由于主张保越者实力雄厚，又有清朝最高统治当局的支持，他们挫败了主张弃越者，出兵保越的愿望得以实现。然而，经过一场停停打打、连绵复杂的中法军事冲突，清政府不得不承认法国对越南的占领，主张保越者的初衷化成了泡影，这一富有戏剧色彩的史事颇值得后人回味。”① 李峰在《论越南问题与中法战争的历史背景》一文中指出：“19 世纪 80 年代的中法战争，是由于法国侵略中国的邻近藩属越南引起的。对中越历史形成的‘宗藩关系’与西方殖民扩张体系的内容和实质性比较及对法国侵略越南的历史之考察说明，越南问题和中法战争的发生，是在国际资本主义开始向帝国主义阶段过渡，加紧分割世界领土，侵略中国近邻藩属并进而图谋瓜分中国的严峻形势下，法国加紧推行以据越侵华为核心的远东殖民政策的结果。某些外国史学家对中法战争起因与性质的论述不符合历史实际。”② 其他代表性论文如沈渭滨的《慈禧在中法战争中的作为》（《探索与争鸣》2007 年第 11 期）、王晋玲的《〈申报〉与中法战争》（《安徽史学》2004 年第 2 期）、赵宝爱的《试论中法战争中的国际法问题》（《烟台师范学院学报》2001 年第 3 期）、赵琳的《张佩纶与中法战争》（《学术月刊》1997 年第 7 期）、孔祥吉的《甲申易枢与中法战争》（《中国人民大学学报》1989 年第 1 期）及方堃的《试论列强在中法战争中的“调停”活动》（《近代史研究》1991 年第 4 期）等。

5. 中法关系相关问题研究③

越南问题是在中国和法国达成一致的情况下才得以解决的，1885 年《中法新约》签订后，中越关系逐渐被边缘化，进而被中法关系所取代，所以，中法关系的研究也应该受到足够的重视。束世澂的《中法外交史》（上海商务印书馆 1928 年版）一书以法国对越南及中国的政治与经济侵略为主要内容，利用中西文资料，内容简明扼要，可以称为国内研究中法关

---

① 黄振南：《中法战争前夕保越与弃越之争》，《学术论坛》1991 年第 6 期，第 100 页。

② 李峰：《论越南问题与中法战争的历史背景》，《常熟高等专科学校学报》2003 年第 3 期，第 61 页。

③ 关于中法关系研究的学术史情况可参见《中法关系研究之回顾》，陈三井：《近代中法关系史论》，三民书局，1994 年，第 287 ~ 306 页。

系的开山之作。1950年代，张雁深在《中法外交关系史考》（长沙史哲研究社1950年版）一书中对中法关系进行了考证。杨元华就中法关系史的研究有两本著作问世，一本是《从黄埔条约到巴拉迪尔访华——中法关系1844—1994》（福建人民出版社1995年版），另一本是《中法关系史》（上海人民出版社2006年版），两本著作都从近代法国侵略中国开始，内容涉及中法战争，是中法关系研究的通史性著作。此外，鲜于浩、田永秀的《近代中法关系史稿》（西南交通大学出版社2003年版）一书注重探究1840至1919年近代中法两国在国家关系方面的巨大变化，并重点论述了近代史上中法两国在文化经济关系方面的发展变化。论文方面，有从法国视角来研究法国在中法战争时期的相关问题，如黄振南的《巴德诺在〈中法新约〉谈判中的表演》（《广西社会科学》2003年第1期）等。

6. 相关人物研究

越南问题的解决需要有关国家开展外交活动与进行相关决策，必然要涉及关键性的历史人物。李鸿章自从1870年任直隶总督并随后兼任北洋通商大臣以来，他不仅仅成为清政府对外政策的主要执行者，而且还是政策的创制者。在越南问题的处理上，他也是统筹越南事务的“枢纽”所在。关于李鸿章的研究，有学者统计，从1892年英国传教士丁韪良撰写的第一部《李鸿章传》以来，直至1988年底，陆续问世的李鸿章传记、回忆录、年谱以及有关的专著已有30部上下，分别用中、英、日、法、德、俄等6种文字写成，而载于报章、杂志的论文、述评也达400种以上。① 其中较有学术价值的著作有梁启超的《李鸿章传》（海南出版社1993年版。该书撰写于1901年，后收入《饮冰室文集》等）、雷禄庆编的《李鸿章年谱》（台湾商务印书馆1977年版）、雷禄庆的《李鸿章新传》（台北文海出版社1983年版）、苑书义的《李鸿章传》（人民出版社2004年版）、［英］濮兰德的《李鸿章传》（天津人民出版社2008年版，英文版于1917年在美国纽约出版）、欧阳跃峰的《人才荟萃——李鸿章幕府》（岳麓书社2001年版）、王承仁和刘铁君的《李鸿章思想体系研究》（武汉大学出版社1998年版）、周军与杨雨润主编的《李鸿章与中国近代化》（安徽人民出版社

① 周军、杨雨润主编：《李鸿章与中国近代化》，安徽人民出版社，1989年，第384页。

1989 年版）、朱从兵的《李鸿章与中国铁路》（群言出版社 2006 年版）及王家俭的《李鸿章与北洋舰队》（北京三联书店 2008 年版）等。

至于李鸿章与越南问题的专著还不曾问世，只有相关文章发表。王显成在《李鸿章与近代越南宗主权问题》一文中认为："李鸿章在近代越南宗主权问题上总体上是力图保藩、捍卫越南宗主权的，在 1881 年 12 月至 1885 年期间李对越的政策历经五次变化。这些变化充分反映了他在对外交涉中的屈服与抗争的矛盾运动及其循理主义外交、实力备战外交风格。同时，在李鸿章的内心深处依然闪烁着民族主义和爱国主义光芒。"① 许道才在《试析李鸿章在中法战争中处理越南问题所表现出的藩属思想》（《牡丹江教育学院学报》2006 年第 5 期）一文中探讨了李鸿章藩属思想的表现及其制约因素。

有学者从李鸿章外交思想的角度进行论述。如杨全顺在《李鸿章和局思想与中法战争中国不败而败》一文中指出："对时局比较清醒客观的认识，是他和局思想形成的根本原因。就其和局思想本身来说具有一定的合理性与积极性，但他的这一思想客观上却存在很大的局限，并直接导致了中法战争中国的不败而败。"② 在《李鸿章"以夷制夷"新论》一文中，作者认为李鸿章面对史无前例的"变局"和"强敌"，提出"外须和戎，内须变法"的主张，试图通过"以夷制夷"的外交手段，争取实现自强的安定环境，具有一定的积极性。作者进而指出，李鸿章赋予传统的"以夷制夷"以新的内涵，具体说来，可分为有联有拒，"以夷制夷"，连纵结盟，三个相互交织而又依次深化的组成部分。有连有拒意在区分列强间的不同利益、利害，缓解国际上的压力，从而改变已往中国以寡敌众的被动局面，开辟对外交涉的新途径。它是李鸿章利用均势策略思想的产物，统属于"以夷制夷"的范畴，但"以夷制夷"还要更进一步，是对有连有拒的加深和发展。"以夷制夷"政策的进一步发展是联合政策与结盟政策，即连纵结盟。最后，作者指出李鸿章"以夷制夷"外交策略在实施中的制约因素。首先是政治的内在障碍。其次是不合理的外交制度。清政府的外

---

① 王显成：《李鸿章与近代越南宗主权问题》，《湛江师范学院学报》1995 年第 3 期，第 86 ~ 89 页。

② 杨全顺：《李鸿章和局思想与中法战争中国不败而败》，《湖北社会科学》2004 年第 1 期，第 57 页。

交机关是总理衙门，大臣多至十余人，涉外事务无成法可循，遇事意见分歧，首席王大臣也不敢做主。上达皇帝则必谕令南北洋大臣商办，意见更杂，且迁延时日，很难正常发挥作用。甲午战败前，李鸿章从未任职总理衙门，却实际上主持外交，进驻北京的公使多先在天津与李鸿章会见，李鸿章的意见也能影响总理衙门。然而，按制度，李鸿章的决定和采取的政策必须得到总理衙门的认可，这种微妙的关系必然造成牵制的局面，而尤以李鸿章受制为甚。他虽慨叹总署无人任事，又不得不事事向总署请示。这个怪诞的体制使李鸿章难以放手实践他的外交政策。再次是复杂的国际环境。[①] 其他论文如刘彬的《李鸿章外交思想评析》（《北方论丛》2000 年第 3 期）、胡代聪的《李鸿章外交思想综论》（《外交学院学报》2002 年第 3 期）等。

研究李鸿章的论文还集中在李鸿章与中法战争的相关问题上。陆方在《中法战争中的李鸿章》一文中经过对李鸿章在中法战争中的表现的深入研究，认为："李鸿章在清政府宣战前后的表现是有区别的，且清政府最后对法国妥协签约过程中是李鸿章不应负责任的。"[②] 在李鸿章是否应对最后清政府妥协签约负责的问题上，雷颐在《李鸿章与〈中法新约〉》一文中也认为："实际上，中法谈判的关键时刻，清政府与法国都已对李失望，并背着他另开渠道，秘密磋商，直到达成协议后才让他知道。而起决定性作用的，是一直在幕后操纵的海关总税务司赫德。"[③] 关威针对李鸿章与中法战争的相关问题发表一系列文章。在《中法战争中"李鸿章阻止定购铁舰回华"问题辨析》（《安徽史学》1988 年第 3 期）一文中，他认为在关于"阻止定购铁舰回华"问题上不是李鸿章的责任，而是曾纪泽与李凤苞根据国际形势而作出的正确选择。在《李鸿章在中法战争中的几个问题辨析》一文中，在李鸿章拒绝赴粤问题上，他认为李鸿章"一是考虑即使战争爆发，也应该将根本放在加强北洋防务方面，不能使防务重心南移造成北洋不稳，动摇大局；二是认为中法交涉毕竟还没完全破裂，中国在决策

---

① 刘世华：《李鸿章"以夷制夷"新论》，《西南师范大学学报》1998 年第 5 期，第 116～120 页。

② 陆方：《中法战争中的李鸿章》，《东北师范大学学报》（哲学社会科学版）1985 年第 5 期，第 46 页。

③ 雷颐：《李鸿章与〈中法新约〉》，《史学月刊》1987 年第 1 期，第 44 页。

时应留有一定余地，以示在战争和外交解决之间可进可退”。在李鸿章拒绝援闽问题上，他认为，李鸿章“主要是考虑战争的全局，为确保北洋安全，防止动摇大局。此外，李鸿章拒绝援闽也有警惕俄国、日本趁火打劫的原因”①。在《中法战争期间李鸿章对外交涉述论》一文中，通过对中法战争时期李鸿章参与的几次对外交涉的论述，作者认为：“李鸿章的思想虽有不少主和的因素，但他并非无条件的退让，而是在特定的时间和可能的范围进行了积极的抗争。但对外交涉的最后决定权在那拉氏和总理衙门。当清政府决定妥协时，李鸿章作为臣下也只好服从命令。战争过程中李鸿章态度的变化与清政府指导思想的变化是一致的，说明李鸿章的地位显然不可能决定和战大计，他只是政策的执行者。”② 吴宝晓在《关于中法战争时期李鸿章违旨问题考辨》一文中“经过将清政府授权和李福协定内容进行比对，认为李鸿章基本是按照授权谈判的。传统说法在藩属、通商问题的理解上存在误解。李福协定中放弃越南的关键原因，是甲申易枢后清政府对越目标发生变化，把保护越南看作是李福协定后的善后问题”③。

上述研究成果具有一个共同特点，即对李鸿章的评价多以当时的客观历史史实为依据，更趋于理性与客观。

越南问题还涉及其他人物，如时任驻法公使曾纪泽、抗法名将刘永福及岑毓英、张之洞等。相关研究代表性成果如李峰的《曾纪泽与中法越南交涉》（中国华侨出版社 1991 年版），该书按中、法、越交涉的历史进程，详细地评述了清政府驻法公使曾纪泽的有关外交活动和政策。还有廖宗麟的《抗法名将刘永福》（广西人民出版社 1991 年版）等。

7. 台湾关于越南问题的相关研究

龙章的《越南与中法战争》（台湾商务印书馆 1996 年版）一书运用大量法文、英文的原始档案，较为详尽地论述了中、法、越之间的关系，可以作为该研究领域的基础资料加以利用。陈三井的《近代中法关系史论》

---

① 关威：《李鸿章在中法战争中的几个问题辨析》，《历史档案》2001 年第 3 期，第 95 ~ 101 页。

② 关威：《中法战争期间李鸿章对外交涉述论》，《历史教学》2002 年第 6 期，第 21 页。

③ 吴宝晓：《关于中法战争时期李鸿章违旨问题考辨》，《安徽史学》2006 年第 3 期，第 83 页。

（三民书局 1994 年版）一书是作者有关中法关系史研究的论文集，其中第一部分内容为法国殖民远东与对华政策，主要包括三篇论文，即《安邺与中国》、《十九世纪法国的殖民主张》及《茹费理的殖民思想及其对华政策（1880—1885）》，这三篇文章对于理解越南问题演变中的法国因素有重要启发意义。更为珍贵的是作者在附录部分的两篇文章：《中法战争的法方档案与法文著作》及《中法关系研究之回顾》，对于了解国外学界、港台学界有关中法越南关系的研究现状有重要的参考价值。

郑永常在《嗣德帝的最后挣扎：1880—1883 年中越秘密接触》一文中指出："越南与法国在 1874 年签订甲戌和约以来，法国正逐步迫使越南开放北圻通商，但是北圻与中国接壤，清政府一直以越南自古为中国藩属的关系，表明有责任提供保护。1879 年广西发生总兵李扬才叛乱入越事件，清政府大军开入越南平乱，并因此留驻越南戒备。法国认为中国的举动干预了法国的保护地，而越南则认为中国已从鸦片战争恢复过来，有意借中国之力以抗法国的侵略企图，一场中、法、越的外交于是展开。当然越南在法国的军事压力下，不敢公开倒向中国，但私底下却积极寻求清朝保护的承诺，可是北洋大臣李鸿章并未真正感受到唇亡齿寒的关系。由于越南的安全没有得到保证，嗣德帝一再向朝廷提出哀求，甚至表示不满。越南怨悔及批评的函件一封接一封地通过广东传至北京，可是清朝地方与中央官僚的傲慢与自保心态根本不能体会越南处于孤立无助的困境。当法国改变战略，一面出兵北圻，一面以军事威胁顺化时，清廷只关心边境安全，对于嗣德哀求出兵顺化防卫一事置之不理，至此，嗣德帝已因心力交瘁而遽然去世，越南亦于 1883 年成为法国的保护国。"[①] 该文从越南的角度论述了中越宗藩关系最后阶段的越南当局的作为与反应，为中越宗藩关系的研究提供了周边视角。许文堂在《十九世纪清越外交关系之演变》[②] 一文中以历史的连续性来考察 19 世纪间清、越关系的演变，作者认为中法越南战争的发生是由一连串清、法、越外交关系演变的结果。接着作者又从政治文化的角度分析，认为中法战争是东方的中华世界宗藩秩序观与西方的

① 郑永常：《嗣德帝的最后挣扎：1880—1883 年中越秘密接触》，许文堂主编：《越南、中国与台湾关系的转变》，中央研究院东南亚区域研究计划，2001 年，第 37～38 页。

② 许文堂：《十九世纪清越外交关系之演变》，《中央研究院近代史研究所集刊》2000 年第 34 期。

殖民帝国主义国际法观念冲突的产物。近代西方国际法中主权国家与“中华世界秩序”宗藩上下从属原理的国际关系之间，存在着根本的差异，现实和理念相违而产生许多问题的延续与内部的矛盾。该文为中越宗藩关系的研究提供了国际政治与国际关系的研究新视角。

李恩涵因参加《中法越南交涉档》编辑之便，撰写了《曾纪泽的外交》一书。该书共分六章，其中第四章涉及中法越南交涉，作者所用中文资料较多，颇有独到见解。刘伯奎的《中法越南交涉史》（台湾学生书局1980年版）一书以中法战争为中心，说明此役之原委及探讨当时中国交涉之得失，主要参考《清季外交史料》及《中法交涉史料》，未曾引用法方档案或著作，不如邵循正及李恩涵两书。① 其他如郭廷以的《中越文化论集》(一)（台湾中华文化出版事业委员会1956年版），吕士朋的《北属时期的越南：中越关系史之一》（华世出版社1977年版）及《清光绪朝之中越关系》［中华文化复兴运动推行委员会主编，《清季对外交涉（一）英美法德》，台湾商务印书馆1986年版］等。

（二）国外研究现状

1. 法国学界

国外关于这一主题的研究首先在法国得到开展。早在中法战争前后，法国茹费理政府为鼓动议院兴兵，就陆续将《法国外交部黄皮书》印刷成书，公布于世。此外，其他著述主要集中于19世纪80年代时人的回忆录及人物传记，如毕乐（Albert Billot）著《东京事件——法国建立安南之保护权及与中国冲突之外交史（1882—1885）》（*L'affaire du Tonkin—Histoire Diplomatique de L'établissement de Notre Protectorat sur L'annam et de Notre Conflict avec la Chine. 1882－1885* ）等。就专著而言，早在1980年，台湾学者陈三井即指出：“六十年来有关中法关系的专著，除中法战争一段呈一枝独秀外，整体而言，成绩并不很可观，较严谨而具学术价值的专著仍然屈指可数。法国汉学家所从事的多半是中国文字、语言、风俗、历史、社会等方面的研究，较少直接探讨中法关系。”作者认为其中最值得一提的是法国著名汉学家高第（Henri Cordier，1849—1925）其人。高第除中国书

---

① 陈三井：《近代中法关系史论》，第297页。

目外，他在外交方面最重要的著作就是《中国与西方列强关系史》（*Histoire des relations de la Chine avec les puissances occidentals*），该书属于资料性质的书籍，颇有价值。[①] 其他专著还有 1937 年任西贡副领事的中国官员卓还来（Cho Huan - lai）著《迄 1883 年中法因东京问题冲突之溯源》（*Les origins du conflit franco - chinois à propos du Tonkin jusqu'en1883* ）等。此后，法国关于该主题的研究很少有具影响力的著作问世。[②]

2. 越南学界

越南作为该研究主题的主要相关国家，早期研究主要集中于刘永福抗法问题。后来的研究由于受政治因素的影响，真正有学术价值的成果不多。[越] 陈重金所著《越南通史》可算是较为客观的一部学术著作。该书是一部按王朝体系编写的简明通史，简明扼要，用不多的文字为两千多年的越南历史勾勒出一个基本轮廓；史料翔实，内容丰富；作者对两千多年的越南历史，重客观叙述，少有空论，对一些历史事件的评价，比当前某些有关的历史著作要严肃得多，公允得多。关于该书，国际学界给予很高的重视与评价。"1987 年 3 月，在新加坡出版的《南洋与中国——南洋学会四十五周年纪念论文集》中，收有著名越南史专家、时任日本创价大学亚洲研究所所长陈荆和教授的《越南文明开化之步骤——阮长祚与陈重金》一文，对陈重金的《越南史略》（笔者按：即《越南通史》）给予很高的评价。陈荆和说，这本书"以实证主义与科学方法为准则，除历朝之政治、征战外，官制、丁田、学制也概略说明，更将有问题之处加以短评以提供读者参考。总之，此书是以客观之立场，可以信赖之史实，用越南文字写成的最早之越南通史，在越南史学上具有划时代之意义"[③]。但由于作者受到阶级和时代的局限，有些观点值得商榷。如书中最为严重的错误，是有关他为法国殖民主义辩护的论点。"他在该书序言中说：'因为阮朝严禁天主教，不准外国来越贸易，并常常制造不和，迫使法国不得不用兵来维护其自身的利益。由于这种政策，才造成现今的保护制度。'这就根本颠倒了侵略者与被侵略者的位置，完全站到法国殖民者的立场上，为

① 陈三井：《近代中法关系史论》，第 294 页。

② 黄振南：《中法战争诸役考》，广西师范大学出版社，1998 年，第 9 ~ 19 页。

③ [越] 陈重金著，戴可来译：《越南通史》，商务印书馆，1992 年，第 4 ~ 5 页。以下所引，皆为此版。

侵略者辩护。”①

其他如［越］黎崱的《安南志略》（中华书局1995年版），越南社会科学委员会编著的《越南历史》（第一集，人民出版社1977年版），［越］陶维英著的《越南古代史》（刘统文等译，商务印书馆1976年版），［越］陶维英著的《越南历代疆域——越南历史地理研究》（钟民岩译，北京商务印书馆1973年版），［越］郑濡著、范宏贵和古小松译的《清朝争夺在越南的宗主权和地位》（广西中法战争史研究会编《中法战争史论文集》第4集，广西人民出版社1992年版），［越］杜文戎著，梁志明译的《十九世纪清朝对越南扩张野心和手段》（载《印支研究》1983年第2期），［越］左玉联等的《批判中国史学歪曲越南历史的扩张主义、霸权主义观点》（原文载越南《历史研究》1985年第2期，译文载《学术研究动态》1985年第7期）等。

3. 欧美学界

欧美学界具代表性的研究成果有英国爱丁堡大学教授季南（Kiernan，E. V. G.）在剑桥大学三一学院当研究员时写的《英国对华外交（1880—1885年）》（*British Diplomacy in China1880 to1885* ，Cambridge，1939）一书。该书参考了英国外交部1880—1885年对华公文，以及同一时期对日、俄、美等国部分公文，分四章将越南问题放在国际大背景下进行考察。该书后由许步曾翻译，于1984年由北京商务印书馆出版。此外，美国伊利诺伊大学教授易劳逸（Eastman，Lloyd E.）所著《皇权与官员：1880—1885年中法战争期间中国对外政策的探索》（*Throne and Mandarins，China's Search for a Policy during the Sino - French Controversy1880 - 1885* ，Cambridge：Harvard University Press，1967）一书，运用大量中文资料，将清政府权力分为王权、以李鸿章为代表的行政权及以清议为代表的言论权三部分来探讨各种权力在清政府处理中法战争过程中所产生的影响，尤其突出清议的角色，颇具新意，是目前英语学界有关该主题研究的代表性著作。

4. 日本学界

日本学界则以《越中关系史——从曲氏的崛起到中法战争》（《ベトナム中国関係史——曲氏の抬頭から清仏戦争まで》）一书为代表。该书由

① ［越］陈重金著，戴可来译：《越南通史》，第10~11页。

日本著名历史学家山本达郎教授主编，参加编写的有河原正博、藤原利一郎、大泽一雄、铃木中正、竹田龙儿及和田博德六人，1975 年由日本山川出版社出版。该书系统论述了从 968 年越南独立前后到 1885 年越南沦为法国殖民地期间的中越历史关系问题，其中第九章论述了 1840—1885 年越南阮朝中期的清越关系。该书的“梗概”部分已由北京大学历史系的李玉翻译并发表于 1984 年北京大学历史系世界史专业编译的《国外史学动态》第 10 期。该书结语部分系山本达郎所著，并由陈选节译，发表于《印支研究》1984 年第 1 期。在结语中，作者认为，在中越宗藩关系后期，由于越南谋求独立之心，中越宗藩关系事实上变得疏远了，而越南试图从中国的羁绊中解脱的过程和以中国为中心的宗藩关系体制的瓦解过程几乎是同步的。这种观点对于我们从越南的周边视角认识中越宗藩关系的终结无疑具有重要启发意义。该书的附录部分是“越南中国关系史年表”，系统地汇编了从公元 10 世纪到 19 世纪末叶中越两国历史关系的主要事件，该表由云南省东南亚研究所于 1983 年翻译并出版。

（三）学界研究的不足与本书研究思路

1. 学界研究的不足

据上述国内外研究现状不难发现，学界关于越南问题相关主题的研究已取得相当可观的研究成果，但笔者以为至少还存在如下三点不足：

第一，就史料利用而言，大陆学界关于该主题的研究多集中于中文，法文文献的利用主要依靠《中国近代史资料丛刊—中法战争》及《中国近代史资料丛刊续编—中法战争》，能直接利用法文文献的研究成果寥寥无几。越南文献关于此时期的历史记载虽然多为中文，但从研究成果的文献利用情况来看直接利用的也不多，尤其是像《阮述〈往津日记〉》这样的资料仍很少利用。

第二，研究内容的失衡性。越南问题主要涉及中、法、越三国的关系及中法战争，就现有资料整理及研究成果而言，中法战争的研究是核心，而其他如中越关系、中法关系等问题则成为中法战争研究的附庸，这种状况造成了该主题研究的单一性与不充分性。

第三，研究视角与理论方法的单一性。就现有研究成果而言，对中越宗藩关系的终结问题，多数成果着眼于法国等西方因素的影响，缺少中国与越南中心及周边的宗藩关系的内部视角。越南问题涉及近代东亚国际秩序的变迁、国际法知识的运用、高层认识与决策等相关问题，自然可以充分利用政治学有关国际关系理论及决策学，法学有关国际法等跨学科的理论与方法进行深入研究。

2. 本书研究思路

针对上述学界研究之不足，本书拟以李鸿章对越南问题的认识与策略为中心，以越南问题的历史演变为线索，着眼于学界迄今未予以重视与认真研究的1881—1886年间有关中、法、越关系的若干史实细节，努力运用历史学实证法、政治学有关国际关系理论及决策学、法学有关国际法理论等跨学科方法，并积极挖掘与运用中、英、法、日等多国多语种资料，选取李鸿章与越南问题这一新的视角，通过其对越南的认识与策略及其外交实践，分析其在处理越南问题过程中的角色问题，进而对中越宗藩关系的终结问题提出新的解释，力争使该研究对李鸿章及这一时期中越关系史乃至晚清外交史的研究有所裨益。

三、研究意义

（一）理论层面

以李鸿章与越南问题为视角的专题研究，可以弥补近代中越宗藩关系史研究的不充分性，对于尚待充实的李鸿章的研究也会有所裨益，将是学界有关李鸿章与越南问题研究的第一本专题性研究成果。

（二）现实层面

中法战争前夕，越南对清朝的朝贡行为及其贡道受到法国殖民当局的有意阻挠，中越官方往来几至断绝。但此后的中越联系并没有因此而疏远，相比以前反而更加频繁，尤其是李鸿章为了了解越南的现地实情而采取了一系列加强中越联系的措施。同时，越南政府为了求助清政府共同抗法也主动同清朝联络感情，清政府也为越南政府提供了大量的援助，这些情况无疑是中越友好往来的一个历史见证。但不可否认，因中越两国互相猜疑、持有成见，以致双方不能及时准确地互报军情及应对之策，此点不能不说是中越联合解决越南问题失败的原因之一。由此，给我们的历史启示是：建立充分的信任机制对于中国开展睦邻外交有着重要的现实意义。

此外，一国领导人的对外认识与决策对于一个国家的命运有重要影响，而如何确保决策者的认识与国际形势相适应并作出正确决策则是一国外交所面临的重要问题。那么，对李鸿章及其所代表的清政府对越南问题的认识与政策成败得失的历史考察于当代外交也能有一定的启发意义。

四、创新与不足

（一）主要创新点

（1）选题新：以李鸿章与越南问题为切入点来研究中法战争前后的中越关系，由古代传统朝贡关系体制到近代条约关系体制，强调中越关系史的全球史理解以及中法关系史的地区化（越南问题）分析，不仅是对中越关系史研究的新的尝试，也可以丰富尚待充实的李鸿章对外政策的研究。本书将是学界有关李鸿章与越南问题研究的第一本专题性研究成果。

（2）资料新：主要使用目前学界利用较少的新版《李鸿章全集》、《中法越南交涉档》、《大南实录》、《阮述〈往津日记〉》及法国海军部与外交部档案等，形成中、越、法、英、日等多国多语种史料交叉分析的研究特色。

（3）视角新：从东亚朝贡关系体制乃至中越宗藩关系的内部视角来解读中越宗藩关系的变迁与终结，以有别于朝贡制度研究的"冲击—反应"模式的西方中心论的视角，进而对东亚朝贡关系体制及中越宗藩关系的瓦解作出一个全新的诠释。

（4）史实新：1881—1886 年间有关中越关系史方面，因古代中越关系史和近代中法关系史以及古代东亚朝贡关系体制与近代国际关系体制交叉的特殊性，反而成为学界所忽视的重要历史转折点，如李鸿章借助轮船招商局加强中越官方联系与探测越南现地实情及 1883 年越南遣使来华便是其中的典型事例。

(5) 结论新：

结论之一：李鸿章有关越南问题的主张与策略选择不能单纯地贴上主和与弃越的标签，应该从清朝国防全局与晚清外交面临的困境等多方面分析其客观原因。

结论之二：李鸿章在清政府处理越南问题过程中的角色从制度与非制度性因素两个层面定位。就制度层面而言，李鸿章在处理越南问题的过程中仅仅是政策的执行者；就非制度性层面而言，即事实层面，李鸿章在处理越南问题的过程中不仅仅是政策的执行者，还是政策的创制者，并且在一定程度上还是政策的决策者。这样一种角色不分明的局面是由晚清外交体制近代化过程的过渡性特征所决定的。

结论之三：中越宗藩关系的终结应该从事实与法律两个层面进行解读。

(二) 不足之处

(1) 多国多语种文献利用不够。因越南问题涉及法国、越南等国家，而笔者法语水平不高，越南语尚在学习中，所以对法语及越南语文献的利用有限。为弥补此种缺憾，笔者将尽可能地搜集现存的中越官方的中文文献与法文翻译文献及少量的法语原始文献，加以充分利用。

(2) 理论欠缺。因该主题属于中外关系史方面的选题，自然可以利用国际关系与国际政治及国际法等相关学科的理论与知识。由于笔者对这方面的著作涉猎不足，消化有限，利用也就不充分。针对此问题，笔者将尽可能地占有更多的史料并进行深入的分析，先使文章的内容足够充实，再在此基础上进行理论的提升。

五、研究概念及相关界定

(一) 李鸿章

李鸿章（1823—1901），字渐甫，号少荃，安徽合肥人。青年时代曾在北京从曾国藩问学，1847 年（道光二十七年）中进士。不久，太平天国起义，李鸿章以翰林院编修由京回乡组织团练与太平军作战，升至道员，后投曾国藩幕府。曾国藩攻下安庆后，命李鸿章在安徽募组淮军，1862 年春李鸿章赴上海，旋署江苏巡抚。镇压太平天国后，李鸿章因功封一等肃毅伯。1865 年任两江总督，镇压捻军。1870 年李鸿章出任直隶总督、北洋大臣，长达 25 年之久。1901 年病逝于北京贤良寺，享年 78 岁。

李鸿章在晚清政治舞台上活跃了 40 年。在这 40 年中，李鸿章涉足晚清的各个领域。在军事领域，他先后创建了淮军和北洋水师两支近代化的武装。在经济领域，早期的四大军工企业他办了三个——江南制造局、金陵机器局、天津机器局，并干预福州船政局的管理和人才培养；后来又创办了轮船招商局、开平矿务局、漠河金矿、津沪电报总局、上海机器织布局等民用工业，并率先在中国创建铁路。在文教领域，他主持了多起赴美、赴欧留学生的派遣工作。以他为首的淮系集团因而成为几个洋务集团中实力最强者。外交领域，从 1870 年代起，他代表清政府经办了一系列对外交涉：天津教案、中日建交、中秘华工交涉、琉球事件、马嘉里案和中英烟台条约、越南问题、马关条约、中俄密约、展拓香港界址专条、辛丑条约。以至于在当时外国人眼里，李鸿章就代表着清政府，甚至只见李鸿章而不见清朝皇帝。梁启超则更把他在李鸿章死后不久写成的《李鸿章传》别称为“中国四十年来大事记”，认为李鸿章是近代“独一无二之代表人也”。李鸿章一生的活动几乎可以看作晚清历史的一个缩影。不了解李鸿章，就不能深入了解 19 世纪下半叶的中国，也不能深入研究中国近代史。[①]

（二）越南问题

由于学术界对越南问题一词并无明确界定，因此在阐述“李鸿章对越南问题的认识与策略”之前，有必要厘清越南问题的概念与内涵。

关于越南问题的概念，各国文献称谓不一。从法国外交部档案文献《黄皮书》（*Livre Jaune*）来看，法国将这段历史概括为“Affaires du Tonkin”，翻译成中文，即指“东京问题”或“东京事务”。越南分为北、

---

① 顾廷龙、戴逸主编：《李鸿章全集·序言》卷 1，安徽教育出版社，2008 年，第 2 页。

中、南三圻。法人称北圻为东京（即现在以河内为中心的地区，因该地区与中国接壤，中国对北圻相当重视，所以该地区成为中法纷争的焦点地区），中圻为安南（当时越南首都顺化所在地），南圻（被法国军事占领，成立法属交趾支那殖民地，法国殖民总督所在地）为交趾支那。所以，法人所指的“东京问题”也就是“北圻问题”，用以指代越南问题。从中方文献来看，如《清实录》、《李鸿章全集》及《中法越南交涉档》等，将越南问题称为“越事”、“越南事宜”或“越南事务”。至于越南方面，关于这段历史的叙述多以当事者的口吻进行表述，详细而具体，在此不一一列举。

虽然称谓不同，但各个概念所具有的含义基本都被越南问题这一概念所涵盖。事实上，越南问题这一概念是中国研究者站在中国的立场对近代法国侵略越南以来直到中法战争前后这段历史中与越南有关的问题的广义称谓，包括中越宗藩关系问题、中国西南边境安全问题及中法战争相关问题等。而本书的研究则侧重于从李鸿章的视角来研究中法战争前后的中越关系问题，中法战争当然不是本书关注的重点，对越南问题的界定自然取其狭义。具体来说，可从如下两个方面进行界定。

1. 国际秩序层面——中越宗藩关系问题

法国在越南问题的产生过程中扮演了重要的角色。法国侵越的主要目的就是要在越南建立西方殖民体系下的保护国制度，而其手段之一即是通过与越南签订不平等条约的形式来否定东亚地区国际秩序下的中国对越南的宗主权问题。具体来说，1874 年法越《和平同盟条约》规定了越南所谓的“独立”，继而通过 1883 年法越第一次《顺化条约》、1884 年法越第二次《顺化条约》，直到 1885 年《中法新约》的签订，最终从西方的国际法层面否定了中越之间传统的宗藩关系，越南成为法国的殖民地。在此过程中，以李鸿章为代表的清政府同法国围绕越南宗主权问题进行了李鸿章与法国公使宝海（Frédéric Albert Bourée）谈判、李鸿章与法国公使脱利古（Arthur Tricou）谈判、李鸿章与法国水师总兵福禄诺（Francois - Ernest Fournier）谈判、李鸿章与法国公使巴德诺（Jules Patenotre）谈判等，这些谈判构成了李鸿章处理越南问题过程中的重要内容。中法之间在此问题上的分歧实际上就是东西方两种不同的国际秩序的冲突。关于此点，1883 年 9 月 24 日，李鸿章同英国公使巴夏礼交谈时即明确提出。巴夏礼首先指出："中华之属国与欧罗巴之属国有别，欧罗巴属国内政外交皆由上国作主，中国则徒拥虚名，得一属国固属无难，惟后来生出多少难办之事。"李鸿章则回答："中西风气各异，由来已久，难以强同。"①

中越宗藩关系问题不仅仅指中西两种不同的国际秩序之间的冲突问题，也有来自宗藩关系体制内部的问题。具体来说，1883 年越南遣使事件揭示了中越宗藩关系内部的中国与越南尤其是越南在中法战争前夕有突破宗藩关系体制而建立近代型外交关系的努力与愿望，在此过程中李鸿章起到重要作用。尽管这种努力最后以失败而告终，却向人们揭示了中越宗藩关系的终结并不仅仅有赖于法国侵略势力的外来冲击，同时也有来自宗藩关系内部中心与周边亦即中越双方的内在需求与动因。

2. 地缘政治层面——以谁为邻的问题

越南位于东南亚的中南半岛东面，分为南圻、中圻和北圻三个部分。西接老挝和柬埔寨，东面和南面濒临中国海（即南海），北与中国接壤，毗连广东、广西和云南三省。越南对于中国有重要的国防意义，是中国西南重要的屏障。关于此点清朝内部有识之士有清醒的认识。如 1880 年南洋大臣刘坤一致函总理衙门指出："天下有道，守在四夷，该各国与我毗连，固非琉球可比也。"② 1881 年 3 月，出使法国大臣曾纪泽更是明确向法国驻俄公使商犀指出："我说一句痛快话，中国不愿临近属邦改隶西洋之国。"③正因越南尤其是北圻对于清朝西南边疆的屏障意义，所以，当法国侵略势力深入北圻后，越南问题引起清政府的足够重视，并出台了"保藩固圉"的政策。李鸿章在处理越南问题的过程中所采取的具体措施也是从国防安全的考虑出发的。此后，李鸿章在同法国历任公使谈判的过程中，北圻划界问题、刘永福的黑旗军安置等问题成为双方关注的重点。此外，因北圻撤军问题引起的北黎事件也是李鸿章处理越南问题过程中的重要的插曲。

本书所要探讨的李鸿章对越南问题的认识与策略应涵盖上述含义。

---

① 《附　与英使巴夏礼问答节略》，顾廷龙、戴逸主编：《李鸿章全集》卷 33，第 272 页。

② 《总署俄股抄付南洋大臣刘坤一夹单》，郭廷以、王聿均主编：《中法越南交涉档》（一），中央研究院近代史研究所，1962 年，第 147 页。

③ 《总署收出使大臣曾纪泽夹单》，郭廷以、王聿均主编：《中法越南交涉档》（一），第 152 页。

（三）宗藩关系

国内外学界有关宗藩关系的概念，从朝贡关系（或制度）、朝贡册封关系到宗藩关系、藩属关系、属国关系、事大（字小）关系以及华夷关系（或制度、秩序）乃至中华（中国的）世界秩序、天朝礼制体系等，不一而足。但鉴于中外研究中越关系史的学者长期沿用宗藩关系这一概念，本书仍从成说。

宗藩关系是古代中国与越南之间的主要关系模式。在这种关系模式下，越南国王通过朝贡与册封获得在国内的合法统治地位与丰厚的经济利益，中原王朝天朝上国的虚荣心也可以得到满足。重要的是中越的边境安全还可以维持。但需要澄清的一个事实是，中越之间传统的宗藩关系不同于西方资本主义国家和殖民地及欧洲资本主义前期各国所有的附庸国（Vassal states）和被保护国（States under protectorate）之间的关系。[①] 首先，同西方宗主权所表示的是一种国际监护权相比，中越之间不存在国际社会关系，因而不是一种什么国际监护关系，而只是表现为两国的双边关系（这是指西方殖民国家插手以前）。其次，清朝不干涉越南的内政。清朝出兵越南主要是受越南之求救而助其剿匪以尽宗藩之义，或是为了边境安全考虑，任务结束即撤兵。再次，清朝对越南更多的是谋求道德、礼仪、文化上的影响，不同于西方资本主义国家对殖民地主要谋求经济剥削和掠夺。最后，这种关系是互有所求的。清朝主要获得心理上的满足和边境安全，越南则借助清朝获得政治上的支持乃至国防安全上的保障。而西方资本主义国家和殖民地之间主要是满足殖民者单方面的需求。

（四）时间断线

本书的时间断线从 1881 年到 1886 年。之所以始于 1881 年，主要是因为本书是以李鸿章为切入点来论述中越关系问题，而李鸿章直接受清政府之命介入越南问题的时间即是 1881 年底。下限之所以限定在 1886 年，也

---

① 李扬帆：《走出晚清——涉外人物及中国的世界观念之研究》，北京大学出版社，2005 年，第 364 页；杨公素：《晚清外交史》，北京大学出版社，1991 年，第 156 ~ 158 页。

是从李鸿章参与解决越南问题的角度考虑。一般研究中越宗藩关系的著作都选择 1885 年作为研究的时间下限，而笔者认为，虽然 1885 年《中法新约》的签订宣告了中越宗藩关系的实质性终结，但此后李鸿章在处理越南问题的善后问题中，仍试图恢复中越宗藩关系，虽然努力失败了，但其历史意义不容忽视。

第一章

越南问题的缘起与清政府的早期应对

第一节　中越宗藩关系述略

一、宗藩关系概述

宗藩关系（体制），又称朝贡关系（体制）或华夷关系（秩序），只不过各有侧重。① 曾是“以中华帝国为核心的古代类型的国际关系体系”②，“进而成为近代以前以中国为中心的整个东亚地区的一种基本国际关系形态”③。“正如费正清详尽阐述的，这一体制确定了从中华文明初现曙光之时直到公元十九世纪与西方对抗之际，中国在对外关系上的基本态度与实践。”④

宗藩关系是中国传统儒家思想和封建宗法观念在对外关系上的表现。起源于先秦的分封制，秦汉以后得到进一步发展，到隋唐时期亦初具规模。宋元时期更加完善。明代是宗藩关系发展的顶峰，其制度达到了缜密的地步。然而，进入清代以后，宗藩关系出现了严重的衰落，并最终退出

---

① 参见韩东育：《东亚的心胸》，《读书》2008 年第 8 期，第 41 页。作者认为“华夷秩序”的完整形态应该由三大块组成，即文化上的“华夷关系”、政治上的“宗藩关系”和经济上的“朝贡关系”。也有学者从“宗藩”一词的含义与使用进行考察，认为：“‘宗藩’一词早在《史记》中就已经出现，是用于指称皇室宗族或宗族成员分封于地方者。现代学者用‘宗藩’一词指称中国古代王朝尤其是明清和邻国关系的做法并不科学，其‘宗藩’的含义和用法不仅与古人对该词的用法明显不同，而且容易形成更多的误解，故而应该改用‘藩属’才准确。”参见刘志扬、李大龙：《“藩属”与“宗藩”辨析——中国古代疆域形成理论研究之四》，《中国边疆史地研究》2006 年第 3 期，第 25 页。

② 何芳川：《“华夷秩序”论》，《北京大学学报》（哲学社会科学版）1998 年第 6 期，第 30 页。

③ 权赫秀：《中国古代朝贡关系研究述评》，《中国边疆史地研究》2005 年第 3 期，第 124 页。

④ 何伟亚：《从朝贡体制到殖民研究》，《读书》1998 年第 3 期，第 60 页。

了历史舞台。①

从宗藩关系两千多年的历史来看，宗藩关系处理的不仅仅是中原王朝同分封的地方政权之间的关系，而且还包括中原王朝同其他国家之间的关系。美国著名汉学家费正清将其分为三个层次，即汉字圈，主要包括朝鲜、越南、琉球、日本；内亚圈，主要包括蒙古、西藏、中亚；外圈，主要包括俄罗斯、苏禄、葡萄牙、荷兰、英国。② 美国华裔学者梁伯华教授根据自己的研究，又将费氏的架构进行了修正，将其分为五个层次，即：

（1）中国——天朝。

（2）中国边陲区——组成分子随时间不同而异，就清朝而言，有蒙古、新疆、西藏、青海等地。

（3）汉化区——包括朝鲜、安南（越南）、琉球及日本。

（4）内亚区——绝大部分的亚洲其他国家，包括暹罗（泰国）、吕宋（菲律宾）、缅甸等地。

（5）外亚区——包括不臣服或不朝贡的亚洲国家，并泛指不定期朝贡的西方国家，如荷兰及葡萄牙等国。③

宗藩关系以儒家德治观念为基础，具有和平主义性质，还具有互利性、不平等性及封闭自守性的特征。宗藩关系体制在政治上除了维护封贡双方各自的利益外，还是中国封建统治者进行安全防御的一种手段。在经济上，宗藩体制充当了贸易的工具；在文化上，宗藩体制是“用夏变夷”的途径。④

---

① 喻常森：《试论朝贡制度的演变》，《南洋问题研究》2000 年第 1 期，第 55 页。

② ［美］费正清编，杜继东译：《中国的世界秩序：传统中国的对外关系》，第 11 ~ 12 页。

③ 梁伯华：《近代中国在世界的崛起——文化、外交与历史的新探索》，武汉大学出版社，2006 年，第 76 页。

④ 李云泉：《朝贡制度史论——中国古代对外关系体制研究》，新华出版社，2004 年，第 314 ~ 322 页。

二、中越宗藩关系的演变

（一）中越宗藩关系的肇端

中越宗藩关系肇始于宋朝初年。越南古为交趾之地，在其可考的两千余年的信史中，千余年属中国郡县，是为“郡县时代”或“北属时期”。直至968年，丁部领建立大瞿越国，才从中国的地方政权变为独立的封建国家。此时的中原王朝宋朝结束了五代十国的混乱局面，重新获得统一。丁部领害怕宋朝乘机收回原属中国的交州，便主动于973年以其子丁琏的名义遣使贡方物，上表请封。宋朝“因北方外患不能兼顾南方”[①]，遂接受丁朝的请封，于975年“遣鸿胪卿高保绪率王彦符赍册加授南越王”[②]。“这样，在宋太祖的时候，中越之间开始确立了宗藩关系，尔后不管名义如何，中国的历朝历代实质上不再以自己的郡县而是以一个独立的实体来对待越南自主王朝了。”[③]

此后，中越宗藩关系历经元、明、清三朝，除了短暂的“属明”（1406—1428）时期之外，这种关系一直持续到1885年越南沦为法国殖民地才告终结。因本书研究的对象是晚清时期的中越宗藩关系，故而清代中越宗藩关系实有详细介绍之必要。

（二）清代中越宗藩关系的确立

1.“双重承认”局面的结束

清朝建国伊始，安南国内有三股政治势力并存，即南部的广南阮氏、北部的黎朝及与清朝广西交界的高平莫氏。这三股政治力量都想在清朝政权稳固之后与其建立正式的宗藩关系，这样才能取得合法地位，才能得到

---

① 龙章：《越南与中法战争》，台湾商务印书馆，1996年，第8页。

② 《大越史记全书》本纪卷一，《丁纪》，转引自中国社会科学院历史研究所编：《古代中越关系史资料选编》，中国社会科学出版社，1982年，第156页。

③ 戴可来：《略论古代中国和越南之间的宗藩关系》，《中国边疆史地研究》2004年第2期，第118页。

国内大多数人的拥护。早在1660年，安南都统使莫敬耀遣使投诚，清廷出于边疆安全及清承明制的考虑，1661年授其子莫元清为安南国都统使，双方建立了正式的宗藩关系。这无疑对实力强大的黎朝是一个很大的冲击。1666年，“安南国黎维禧缴送伪永历敕命一道，金印一颗。上嘉之，命封黎维禧为安南国王，遣内国使院侍读学士程芳朝为册封正使，礼部郎中张易贲为副使”[①]，前去册封，双方也建立了宗藩关系。此时清廷已对高平莫氏进行了册封而又对黎朝进行册封，出现了“双重承认”[②] 的局面。这种局面引起了黎朝的不满。此后，黎朝在宗藩关系的掩护下消灭了高平莫氏，清朝出于对宗藩体制的维护，对安南内政不予干涉，于是结束了“双重承认”的局面。

至于南方的阮氏封建贵族集团，清朝称其为广南国。由于它与清政府隔着一个与之对立的黎朝，且处于蛮荒之地，与清廷联系甚少。据《大南实录》载，1702年，阮氏遣使由海路“赍国书贡品如广东求封”，但无结果。[③]

2. 清朝与西山政权的宗藩关系

1771年，在南方阮王所辖之归仁府西山邑爆发了由阮岳、阮惠、阮吕三兄弟领导的农民起义，并逐步发展壮大，于是在18世纪末期的安南又出现了三种势力并存的局面。北部有郑氏掌权的黎氏王朝，与清朝建立了宗藩关系。南方的阮氏王朝，为与西山阮氏区别，将其称为“旧阮”。三股势力中，西山起义军把握时机，迅速发展壮大，先灭掉南方的“旧阮”，并直接威胁到北方黎朝政权。由于黎朝与清朝建立了宗藩关系，黎朝开始向清朝求救。清政府一开始奉行“不干涉属国内政”的政策，只要求严加边防，以防夷匪窜入内地。

1788年，据太平府知府陆有仁等禀报，安南国被阮姓攻破黎城，嗣孙黎维祁出奔。夷官阮辉宿、黎炯等保护王母、王子等避兵博山社，被寇兵追杀，逃至河边求救入隘。此时清朝才考虑到“黎氏传国日久，且臣服天朝，最为恭顺，今猝被强臣篡夺，其夷官带同该嗣孙眷属前来吁救。若竟

① 《清圣祖实录》卷19，中华书局，1985年，第271页。

② 参见孙宏年：《清代中越宗藩关系研究》，第7～12页。

③ 郭振铎、张笑梅主编：《越南通史》，中国人民大学出版社，2001年，第563页。

置之不理，殊非字小存亡之道”[①]。于是清朝出于宗藩之义，派孙士毅领军前往安南扶黎灭阮。清朝大军一到，威慑四方，很快完成使命。然而，此时黎维祁政权不得民心，在人民中缺乏影响力，致使入越清军一度陷入孤立无援的被动地位，而阮惠一再宣传清军入境是以“扶黎”之名侵吞该国，以驱逐清军为名，于12月22日称帝，改元光中，扩充军队，准备大举反攻。孙士毅战败。阮惠虽然在军事上取得暂时的胜利，但国内局势依然混乱。他也深知要想取得国内合法地位，没有清朝的承认是不行的。于是，攻占黎城后，他接连三次遣使“悔罪乞降”，陆续送出被俘清军表明诚意。乾隆帝此时也感叹：“看来天心已有厌弃黎氏之象……而朕欲扶之，非所以抑体天心，扶驭属国之道，朕不为也。”[②] 1789年，阮惠亲侄阮光显敬赍表贡，进关乞降，并吁肯入京觐见。阮惠则以“明年为乾隆八旬万寿，吁肯进京瞻觐祝厘”，乾隆帝以其“情词迫切，出于至诚”，遂封其为安南国王。[③] 至此，西山政权取代黎朝而成为安南国内合法政权。

3. 清朝与阮朝宗藩关系的确立

偏安广南一隅的阮福映在西山起义之后，怀有强烈的复国情结，他先后借助于暹罗和法国的帮助[④]使其实力大增。其时，西山政权内部发生内讧，实力大减。1796年清朝爆发了白莲教起义，国势渐微。当听闻“农耐阮种攻打升隆城，阮光缵败走被获，阮种（阮福映）入城自立”的消息时，清廷则认为“边关紧要，小心防守。至外夷自相吞噬，与内地无涉，不必过问。如阮种有纳款之事，或另有别意，再行奏闻请旨”[⑤]。清廷的态度一方面表明了其不干涉属国内政的原则，另一方面也表明清朝对阮氏意图不甚明了。

1802年，阮福映称帝，随即遣使请封，将西山阮光缵遗失册印，客留

---

① 《清高宗实录》卷1307，中华书局，1986年，第593页。以下所引，皆为此版。

② 《清高宗实录》卷1327，第966页。

③ 《清高宗实录》卷1328，第978～981页。

④ 阮福映失败后，先逃往暹罗避难，后通过法国传教士伯多禄从中斡旋，1787年与法签订《凡尔赛条约》，以割地获法军援助，帮其复国。虽然后来由于法国大革命的影响实际帮助有限，却为法国侵略越南提供了借口。

⑤ 《清仁宗实录》卷101，中华书局，1986年，第355～356页。

海匪等种种行为告知清朝。阮福映所表现出的“敬天事大之诚”和“缚献逋盗”的举动受到清朝赞赏。但清廷考虑到“邦家未定，并非素备藩封，揆之体制，尚不应在职贡之列”①，委婉地拒绝了此次请封。此后不久，阮军攻下升龙，俘获西山阮光缵，西山政权灭亡，遂派户部尚书郑怀德携国书和贡品至北京，请敕封号并请改国号为“南越”。清廷认为南越之名，所包甚广，考之前史，今广东、广西地界亦在其内，阮福映边徼小夷，此时即全有安南，亦不过交趾故地，何得据称“南越”?② 命用“‘越南’二字。以越字冠于上，仍其先世疆域，以南字列于下，表其新赐藩封”，遂后，“阮福映遣使入贡，清廷封其为越南国王，并将‘安南’改为‘越南’，永遵正朔”③。1803 年，清政府派遣齐布森赴越南进行册封，清朝和越南阮朝之间的宗藩关系正式确立。

此后，越南对清朝一直是两年一贡、四年遣使来朝一次。1839 年，清政府对此进行了重新规定：“越南国向例：每届四年，两贡并进，今既改为四年一贡，所进贡物，自应减去一次，其旧例两贡并进之处，著即停止。”④ 1852 年以后因两国内乱及太平天国运动贡道受阻而中断 16 年，1869 年重新恢复，先后 5 次入贡，直到 1885 年。越南阮氏王朝与中国清朝一直维持宗藩关系，并成为以中国为中心的东亚地区传统宗藩关系秩序的一个重要组成部分。

三、中越宗藩关系的特征

通过对中越宗藩关系的历时性考察，不难发现，宗藩关系成为近千年以来中越关系发展的基本模式。为了更准确地理解和把握此种关系模式，笔者以为如下两个问题实有探讨之必要。

首先，中越宗藩关系以朝贡和册封为核心标志。

中越宗藩关系的建立以丁部领向宋朝的遣使请封及宋朝对其的册封为

① 《清仁宗实录》卷 102，第 361～362 页。

② 《清仁宗实录》卷 106，第 428 页。

③ 《清仁宗实录》卷 115，第 529 页。

④ 《光绪会典事例》卷 504，《礼部》，转引自中国社会科学院历史研究所编：《古代中越关系史资料选编》，第 508～509 页。

标志，而中越宗藩关系事实上的终结则以 1883 年越南遣使赴清事件后，中越筹划新一轮的朝贡与册封活动的失败为标志。[①] 不仅如此，元、明、清各中原王朝的更替及越南新王朝的建立均需要新一轮的朝贡和册封来重新确立中越宗藩关系。以清朝为例。清建国伊始，安南国内有三股政治势力并存，即南部的广南阮氏、北部的黎朝及与清朝广西交界的高平莫氏。早在 1660 年，安南都统使莫敬耀遣使投诚，清政府出于边疆安全及清承明制的考虑，1661 年授其子莫元清为安南国都统使，双方建立了正式的宗藩关系。此后，越南国内战乱频仍，政权更迭，历经黎朝、西山政权，直到阮朝始统一越南，遂派户部尚书郑怀德携国书和贡品至北京，请敕封号并请改国号为"南越"。1803 年，清政府派齐布森赴越南册封，赐其国号为"越南"，清朝和阮朝宗藩关系正式确立。正如论者指出："从那时起，直到 1884 年，除了道路被叛乱所阻隔之外，还没有记载证明越南的统治者曾在任何时候不向中国皇帝请求批准他的称号或是停止向中国进贡。"[②]

朝贡和册封之所以受到中原王朝与越南的重视，其中最重要的一点是，对于中原王朝而言，接受越南的朝贡可以满足其天朝上国的虚荣心，对于越南统治者而言只有通过中原王朝的册封才能获得在其国内的合法的统治地位和丰厚的经济利益。

其次，中越宗藩关系虽然具有不平等性，却毕竟成为维护与发展古代时期中越两国关系的主要和基本模式。

宗藩关系是封建宗法分封制在国家关系上的反映，本身具有不平等性。但是，这种不平等性主要体现于"朝贡表文和一整套繁琐的朝贡礼仪中，是重名不重实，具有形式主义和象征性的特点"[③]。且"中国不干涉越南的内政，尊重其外交独立和司法主权。这种看似不平等的外交形式，也是两国文化认同和沿袭历史传统的结果，并非中国以强凌弱、以大压小的产物。恰恰相反，在这一特殊的形式下，中国在政治上有保护越南安全的义务，经济方面也付出了相应的代价，在其他方面也制定了有利于越南的

① 关于此点，本书第三章将有详细论述。

② ［美］马士著，张汇文等译：《中华帝国对外关系史》第二卷，商务印书馆，1963 年，第 376 页。

③ 李云泉：《朝贡制度史论——中国古代对外关系体制研究》，第 318 页。

政策"[1]。关于此点，越南方面也有着理性的认识。越南历史学家陈重金认为："我国自古至今虽是独立，但仍恪守向中国朝贡之例，取小国必须尊敬大国之义。因此当发生战争之时，即使我们战胜中国，待到某姓登基称帝之后，亦必须遵行此例。而各朝各代也视此条为自然之事，因为朝贡并无多少损失，国家仍保持独立，且不愿与一个比自己强大的邻国发生麻烦之事。"[2] 由此可见，越南承认了中越宗藩关系的不平等性，但从经济和边境安全的现实利益角度考虑，又认为此种关系有继续下去之必要。言外之意，中越宗藩关系模式在实践中是符合越南的现实利益的。那么，对于中国而言呢？关于中越宗藩关系的历史，早在19世纪60年代美国著名汉学家费正清教授就已经明确指出："中国通过军事征伐和行政同化，一直把北越控制到10世纪，然后才代之以朝贡关系。可是从1406年到1428年，明朝的入侵和统治又在北越重新确立了这种控制。后来又转为朝贡关系，除1789年清朝的短暂入侵外，这种关系一直保持到1885年。总的说来，中国的掌权者发现，让越南正常纳贡比对它实行直接统治要好。"[3] 换言之，从古代中越关系的两种形态来看，直接统治往往伴随着战争，恰恰是宗藩关系才能维持中越之间的长期和平，突出了宗藩关系的和平性特征，而这种特征则符合了中国处理同周边民族和国家关系的传统。所以，在近代以前，同越南建立宗藩关系则是中越关系和平发展的几乎唯一可行的现实模式。

正因宗藩关系能满足中、越双方的现实需求，中越宗藩关系才得以延续近千年，成为前近代时期中越关系的常态。然而，以法国为代表的西方列强的侵略势力介入越南事务，打破了中越之间原有的关系秩序。

---

① 孙宏年：《清代中越宗藩关系研究》，第392页。

② ［越］陈重金著，戴可来译：《越南通史》，第386页。

③ ［美］费正清编，杜继东译：《中国的世界秩序——传统中国的对外关系》，第12页。

第二节　法国侵略越南与中法围绕越南问题的早期交涉

一、法国早期越南政策的历时性考察

法人在越南的活动始于17世纪，以传教士为先锋，企图传布天主教并与越南建立通商关系。从17世纪的传教活动开始，到19世纪80年代法国殖民政策的全面展开，法国在越南的活动持续了近300年。根据法国对越南政策的演变，可以将其分为如下两个时段进行历时性考察。

第一，巴黎外地传教会（Société des missions étrangères de Paris）和法国东印度公司（Compagnie des Indes orientales）为主导的时期（1640—1787）。[①] 在这两个时期，法国在越南的活动主要以传教士的个人活动为主，并不代表法国的政府行为，活动的内容则以传教通商、探测越南现地实情为主。法国传教士在越南的早期活动与努力为法国经营越南作了前期铺垫。

第二，以条约为主导的时期（1787—1874）。此时期，法国政府开始通过条约来进一步明确并扩大其在越南的殖民侵略利益。

条约时期起始于1787年法越《凡尔赛条约》。1771年，在南方阮王所辖之归仁府西山邑爆发农民起义，广南王被杀，阮福映意图复国，是时法国主教伯多禄（Pigneau de Behaine）愿助阮福映复国以图借此机会介入越南事务。他遂代表阮福映于1787年11月28日与法国签订攻守同盟条约，即法越《凡尔赛条约》，法国承允予以阮福映兵员1 650人、炮火、军械、四艘军舰及运输舰以协助其复国。阮福映则将会安岛及昆仑岛（Poulo

① 邵循正将法国在越南的早期活动分为四个时期，具体为：异域传教会时代（1640—1680）、东印度公司时代（1680—1787）、暂时停顿时期、交趾支那总督时期。其具体内容详见邵循正：《中法越南关系始末》，第29～30页。

Condor）割让给法国，法国人在交趾支那国内单独享有完全通商自由等权利。[1] 法政府虽签署攻守同盟条约，然无意积极履行条约义务。[2] 1789 年，法国大革命发生，《凡尔赛条约》遂更无执行可能。但此约开启了法国越南关系的新篇章。

1815 年拿破仑失败，法国波旁王室复辟，法国政府在欧洲的压力日趋减小，遂将视线转移到远东地区。1817 年法外交部尚书黎世留公爵（Duc de Richelieu）致书于法军官出身而任要职于顺化王廷的舍纽（Jean - Baptiste Chaigneau），请其为法国效劳，供给越南情报。黎世留于信中说明意欲与东京及交趾支那建立正常永久的商务关系。然而越南明命帝拒绝与法国签订贸易条约，原因是越南明命帝对法国意图存有戒心，且害怕英国步法国后尘，遂拒绝给予法国以优惠政策。[3] 此后，因越南当局的禁教政策引起法方的武力干预，但也仅限于军官的个别行动，并不代表法国政府行为。

1852 年拿破仑之侄路易·拿破仑（Louis Napoléon Bonaparte）称帝，欲在世界政治上有所表现，以提高其声望，遂对越南政策趋于强硬。1857 年，法政府决定炮击岘港。1861 年占领嘉定、定祥、边和。1862 年法国迫使越南政府同法国签订法越《柴棍条约》（又称第一次《西贡条约》），该条约规定：越南境内天主教信奉自由；以嘉定、定祥、边和及昆仑岛割让予法；法人在湄公河自由航行；开岘港、广安、巴乐（在红河口）为商港，赔偿法国及西班牙四百万元，分十年偿还；法人占越南南圻三省以之隶属海军部，命名为交趾支那（Cochinchine）。[4] 该约第一次确定法国在越南政治、经济、宗教势力之根据，极可重视。[5]

上述法国通过传教、通商、炮舰、条约等近代西方列强的惯用伎俩，逐步将侵略势力渗入越南，所谓的越南问题日益凸显并开始引起各方关注。

---

① 参见中国史学会主编：《中国近代史资料丛刊——中法战争》（一），上海书店出版社，2000 年，第 347 ~ 349 页。

② 龙章：《越南与中法战争》，第 15 页。

③ 龙章：《越南与中法战争》，第 16 ~ 17 页。

④ 龙章：《越南与中法战争》，第 19 ~ 20 页，详细内容参见中国史学会主编：《中国近代史资料丛刊——中法战争》（一），第 365 ~ 370 页。

⑤ 邵循正：《中法越南关系始末》，第 27 页。

二、1874 年法越《和平同盟条约》与中法围绕越南问题的首次交涉

（一）1874 年法越《和平同盟条约》的签订

法国对越南的侵略目标并不局限于南圻一隅之地，1862 年《柴棍条约》后，法国开始将视线转移到越南中北圻地区。1866 年，交趾支那总督海军准将拉格兰第（Pierre de la Grandière）奉法国海军部命令组织勘查队，以海军中校拉格来（Ernest de Gonzague Doudart de Lagrée）为领队，海军少校安邺（Francis Garnier）为副领队，对湄公河流域进行勘查，结果证明湄公河并不适合航行，却意外地发现红河可以航行且可以直通中国，于是安邺认为："法国在印度支那政策最大成就之一应为自东京（北圻）建立对华南之商务关系。"① 因此北圻开始引起法国殖民侵略当局的极大兴趣。

法国商人堵布益（Jean Dupuis）在法国势力渗入北圻的过程中扮演了重要角色。堵布益系军火商人，在游历云南的过程中见到云南提督马如龙，并允诺供应军火给云南当局以镇压杜文秀之乱。② 不仅如此，为了将法国势力渗入北圻合法化，堵布益说服马如龙颁给通关文凭要求越南当局许其利用水陆通道运输军火至云南，并得到两广总督许可。但中国当局当时并不清楚堵布益的真正目的是要在北圻进行其"以法国为主之事业"③。而且当时法国新败于德国，对远东事务并无积极表示，对堵布益的行动仅允派军舰随行。于是，堵布益自恃其兵力及滇粤官吏之公文，私自运输越盐到云南而拒绝向越南当局纳税。因盐税为越南主要税收，越南政府异常重视，一面聚集大军于河内附近阻之，一面将现情呈报中国当局。当时中国虽许堵布益航行红河，但仅为运输军械便利起见，并不是意味着要开放

---

① Francis Garnier, *Voyage d'exploration en Indochine*, Tome Ⅰ, 1873, p. 549. 转引自龙章：《越南与中法战争》，第 21 页。

② 在太平天国革命的影响下，杜文秀于 1856 年发动了有回、汉、白、彝、苗、景颇、纳西等民族参加的反清起义，攻占了滇西大部分地区。1867 年 4 月，杜文秀击败马如龙率领的清军，随后发动了声势浩大的东征昆明之役。

③ 龙章：《越南与中法战争》，第 22 页。

红河，所以对于堵布益的放纵行为也持反对态度。堵布益见中国方面关系已绝，于是改易旗帜，改换象征中国的华旗为法国国旗，并派其助手米乐（Millot）求援于新任交趾支那总督海军准将杜布雷（Marie Jules Dupré）。越将阮知方见法旗帜，也感到事情的严重性，于是越南政府遂遣人赴西贡控告堵布益侵犯越南主权，请派人驱逐堵布益，于是北圻问题乃起。[①]

面对来自中国与越南的抗议，法国内阁及海军殖民地部虽然训令交趾支那总督杜布雷不得以任何理由使法国干预东京，但杜布雷和安邺并没有因此训令而使其在东京的计划受到限制。外交上，杜布雷先是通过与云南当局的协调而避免中国的干预，继而同越南当局通过谈判解决分歧；军事上，安邺带领军队抵达河内，以武力威胁越南当局就范。该计划的结局是1873 年 11 月 20 日，安邺占领河内城，令法军始料未及的是长期盘踞北圻的刘永福协助越王将安邺击毙。为扭转法国的不利局面，1874 年 3 月 15 日，杜布雷与越南刑部尚书黎峻、礼部左参知阮文祥签订法越《和平同盟条约》。[②]

（二）1874 年法越《和平同盟条约》的内容与评价

1874 年法越《和平同盟条约》（*Traité de paix et d 'alliance*），又称第二次《西贡条约》或法越《甲戌条约》，全约共二十二条，其中重要规定如下：

第一条：法兰西与安南王国间将有永久的和平、友谊与同盟；

第二条：法兰西共和国总统阁下，面对一切外国，不论哪一个外国，承认安南王的主权和他的完全独立，答应给他帮助及救援，并约定在他要求时，将无偿地给予必要的支持，以维持他国内的秩序与安宁；

第三条：为对此保护表示感谢，安南王陛下约定使他的对外政策适应法国的对外政策，并且丝毫不变更他现有的外交关系；

第九条：安南王陛下，认识天主教是教人为善的，取消并废止所曾颁

---

① 陈三井：《近代中法关系史论》，第 10 页；邵循正：《中法越南关系始末》，第 40 ~ 41 页。

② 参见龙章：《越南与中法战争》，第 24 ~ 32 页。

发一切反对这个宗教的例禁，且准许所有子民自由信仰奉行；

第十一条：安南政府约定开放如下诸埠口通商：平定省的施耐汛，海阳省的宁海汛与河内市，以及由海至云南经由洱河的通道；

第十三条：在每个开放的通商口岸，法国将任命领事或代理人驻扎；

第二十条：为着保证并便利本条约诸条款及规定的执行，在条约签字后一年，法兰西共和国总统阁下将遣派一位有“一般外交”公使阶级的“办理”公使到安南王陛下的地方来，安南王陛下将有权利任命公使驻扎巴黎与柴棍（即西贡）；

第二十一条：本条约代替1862年的条约。①

其他各条款主要规定了法国在越南享有治外法权、赔款问题等方面的内容。有关通商贸易问题，1874年8月31日，法越另立商务专约，共二十九款，主要规定了口岸数量与地域、进出口关税、法国在越南海关的权限及法国允助越南剿除海陆盗匪等内容。②

有关法越《和平同盟条约》，各界评价不一。法国汉学家以学理原则对此条约发表了不同看法。“有人谓甲戌条约（笔者按：即法越《和平同盟条约》）使法国取代中国对越南之宗主权；另有人则谓此条约之签订等于表示法国不再有所作为，突然停止二十年来所进行之经济渗透政策，因此顺化政府得以‘战胜者自居’；更有人谓此条约为有名无实之保护权条约。反对者则谓法国允诺保护越南并供给器材使其自卫并不显明具有建立保护权之含义而仅为维持现状与兼并政策之暂时折衷办法，结果保有两种政策之不便而未获其利。”③ 英国学者季南则认为：“1874年同安南缔结的条约是法国进展道路上的里程碑。”④ 上述评价可谓仁者见仁，智者见智，

① 条约详细内容参见中国史学会主编：《中国近代史资料丛刊——中法战争》（一），第375～389页。

② 条约具体内容见许文堂、谢奇懿编：《大南实录清越关系史料汇编》，中央研究院东南亚区域研究计划，2000年，第394～399页。

③ Cho Huan-lai, *Les origins du conflit franco-chinois à propos du Tonkin jusqu'en* 1883, 2ème edition, Saigon, 1938. pp. 63－64. 转引自龙章：《越南与中法战争》，第34～35页。

④ ［英］季南著，许步曾译：《英国对华外交（1880—1885）》，商务印书馆，1984年，第89页。

而笔者所关注的则是该条约对中国产生了什么样的影响。

（三）中法围绕越南问题的首次交涉

1. 法使罗淑亚将1874年法越《和平同盟条约》照会总署的原因

由上述条约内容可知，第二条和第十一条与中国有直接关系，具体说来，第二条规定“面对一切外国，不论哪一个外国，承认安南王的主权和他的完全独立”，其实际意图则在于“从法律上割断中越宗藩关系、孤立越南”①，从而为法国进一步侵略越南创造有利条件。至于第十一条则关涉中国云南的权益。因此时“法国决定推行谨慎小心不事张扬之外交政策，期以秩序及工作治疗普法战争所受之创伤并恢复法国之地位”②，所以，法国为了表示对中国的尊重而避免引起中国的猜疑，1875年5月24日，法国驻华署公使罗淑亚（Louis Jules Émilien de Rochechouart）③ 将该条约的内容照会清政府总理衙门王大臣恭亲王奕䜣，通报上述法越条约内容。

2. 照会的内容

鉴于该照会是法国就越南问题首次同清政府进行交涉的证据，特将照会全文录入。

1874年5月24日，法国驻华署公使罗淑亚致恭亲王照会：

谨附上1874年3月15日法国政府与安南国王陛下签订的一项条约的钞本。该条约在议会通过之后，已于本年4月14日在顺化交换批准。今

---

① 孙宏年：《清代中越宗藩关系研究》，第45页。

② 龙章：《越南与中法战争》，第36页。

③ 关于此时罗淑亚的职务，《中法越南交涉档》（一）第3页记载为“法国公使”；《中国近代史资料丛刊续编——中法战争》（第3册）（张振鹍主编，中华书局1999年版）第105页记载为“驻华代办”；《清末教案》第六册（中国第一历史档案馆、福建师范大学编，中华书局2006年版）第484页记载为“法署理公使”。据《清季中外使领年表》（故宫博物院明清档案部、福建师范大学编，中华书局1985年版）及《近代来华外国人名辞典》（中国社会科学院近代史研究所翻译室编，中国社会科学出版社1981年版）等相关资料查核，罗淑亚在华期间的履历如下：1866—1869年任法国驻华公使馆二等、头等参赞；1869年10月30日至1872年7月26日任法国驻华署公使；1874年10月24日至1876年6月16日任法国驻华署公使。据此，1875年5月24日罗淑亚的职务应为“法国驻华署公使”（“署”即“代理”之意）。

后，亲王（笔者按：即恭亲王奕䜣）将会看到应该由法国负责保卫嗣德王陛下（笔者按：即越南阮朝第四代王阮福时）的安全和独立。我深信中国一定会了解，为了使中法之间保持良好的友谊，必须严厉命令云南当局，不仅要阻止新的中国土匪窜入安南王国，而且还要召回那些现在仍在安南肆虐的中国匪帮。法国政府已决定履行它对嗣德王承担的诺言并确保安南国王在国内的安全。因此，它的任务首先就是驱散和歼灭这些支持内战的匪帮。我重申，希望殿下采取必要的措施，以便这项任务的顺利完成。由于云南省本身也很混乱，因此，该省也会因这项任务的完成而得到好处。其次，我也要请殿下注意从红河口至中国边境一段的开放通航问题。由于当初没有预计到这种意外情况，所以在天津条约和北京条约的条款中没有提及此事。但是今天事情既然已经出现，我们应该把它解决，而且应该立刻解决，以便把必然会发生的纠纷消除于初始。法国政府在签订这项条约之前早经深思熟虑，它完全了解它应尽的责任和应得的利益，它也决定要履行它的诺言，同样，它也要行使它的特权，所以在下面这两个问题上，我被授权同殿下进行协商：

（1）歼灭扰乱安南的中国匪帮。

（2）在云南开放一个我国船只能停靠并能进行正常贸易活动的口岸。我深信殿下也了解有必要去切实解决这两个问题，我也相信您愿意建立正常关系而不愿看到混乱情况的存在，混乱情况会产生严重的后果，会迫使安南国王采取果断措施去保卫他的国家的安全和贸易的发展。①

由该照会内容来看，罗淑亚着重于中国军队撤离及云南开埠通商问题，而对于中越宗藩关系问题并没有明确提出。

3. 总署复照拒绝

针对法使罗淑亚的照会，恭亲王于1875年6月15日给予回照，照会内容如下：

① 《附件　罗淑亚致恭亲王》，张振鹍主编：《中国近代史资料丛刊续编——中法战争》（第3册），中华书局，2002年，第106～107页。

本爵查同治十二年十一月间，准热大臣[①]来文，附抄致云南巡抚信内有通商贸易皆获利等语，当经照复热大臣。以滇省并非通商地方，业已致函云南巡抚遵照条约办理等因在案。此次贵国欲于滇省江面立一所在停泊船只一节，查滇省本非通商地方，是以贵国及各国约内均未载有该省准停船只明文。至交趾即越南，本系中国属国，中国边境人民向来有无与属国人民如何定期交易之处，各省情形不一，应由本衙门咨查滇省，俟声复到日，再行酌核办理。再查交趾国前因匪徒蜂起，迭经该国遣人至中国乞援，中国因其久列藩封，不能漠视，遴派官兵往剿，俟匪类剿平，自然凯撤。曾于同治十二年十二月间照会热大臣在案，上年三月间又照会热大臣，以据云南巡抚奏称，云南边界一带，接壤越南，逆匪黄崇英等攻袭越南，势颇猖獗，现委各员将防堵事宜妥为布置，请照会转行法国驻越南领事各官，言明滇军在云南边界堵剿云南各匪，与法兵不相干涉等语。[②]

由该照会内容来看，恭亲王对于罗淑亚提出的中国军队撤离越南及云南开埠通商问题均持否定态度。虽然罗淑亚没有明确提出中越宗藩关系问题，但恭亲王对越南的宗主权问题则特意强调，在照会中郑重声明如下："交趾即越南，本系中国属国。""这也是清政府第一次向西方国家公开阐述中越传统关系的特殊含义。"[③] 而问题的关键则在于恭亲王在照会中没有明确否认 1874 年法越《和平同盟条约》，以至于该条约成为后来清朝同法国交涉中的重要障碍。如 1883 年 6 月李鸿章在同法国特使脱利古的谈判中即向总署询问 1874 年 6 月 15 日照会法国署公使罗淑亚的实际情况，以便同法使据理力争。[④]

---

① 此处的"热大臣"指热福礼（F. L. H. de Geofroy），其于 1872 年 7 月 26 日接任法国驻华公使一职，直到 1874 年 10 月 24 日因病卸任，归国。

② 《总署给法使罗淑亚照会》，郭廷以、王聿均主编：《中法越南交涉档》（一），第 11～12 页。

③ 余定邦、喻常森等：《近代中国与东南亚关系史》，中山大学出版社，1999 年，第 313 页。

④ 《复译署》，顾廷龙、戴逸主编：《李鸿章全集》卷 21，第 49 页。

4. 法国对总署照会的曲解

法国署公使罗淑亚虽然在照会中并没有特意强调对越南的保护权问题，[①] 但他却将恭亲王回复照会中所强调的关于中越宗藩关系的话的意思理解为“安南，又称越南，曾是中国的属国”[②]。据此认为中国已经承认了法国与越南的现有关系。这显然是有悖历史事实的。事实上，“此文为法驻华使馆临时代理译员谢尔泽（F. Scherzer）误译为‘安南亦称越南，曾为中国藩属’的，法使馆第一译员（即所谓汉文正使）德维利亚（Devéria）事后发现错误，立即由法驻华公使馆报呈法外交部更正。法政府则坚持其使馆临时代理译员之错误翻译，谓中国政府既称曾为中国藩属，即表示中国已放弃对越南之宗主权”。[③] 由于此种翻译上的错误及法国殖民当局的故意曲解，给中法首次就越南问题的交涉蒙上了一层挥之不去的阴影。

三、法国侵越政策的全面展开与曾纪泽的外交抗议

（一）法国侵越政策的全面展开

自 1874 年法越《和平同盟条约》的签订至 1879 年，可称为法国对越南政策的“观望时期”[④]。在此时期内，越南方面视法越条约“亦仅为极普通之通商亲善条约”[⑤]，嗣德王阮福时依然于 1876 年派裴殷年、林宏和黎吉向清朝朝贡[⑥]。“法国当政者，虽多视此约含有其他政治意义，欲藉此为进一步之企图。但皆踌躇却顾，欲进复已。”[⑦] 然而，1879 年以后，法

① 《驻华代办罗淑亚致德加斯》，张振鹍主编：《中国近代史资料丛刊续编——中法战争》（第 3 册），第 105 ~ 106 页。

② 《罗淑亚致外交部长德加斯》，张振鹍主编：《中国近代史资料丛刊续编——中法战争》（第 3 册），第 107 页。

③ 龙章：《越南与中法战争》，第 45 页。

④ 邵循正：《中法越南关系始末》，第 67 页。

⑤ 邵循正：《中法越南关系始末》，第 70 页。

⑥ ［越］陈重金著，戴可来译：《越南通史》，第 387 页。

⑦ 邵循正：《中法越南关系始末》，第 67 页。

国对越南的政策日趋强硬。

1. 法国对越南政策强硬的原因

至于法国对越南政策强硬的原因，笔者以为至少有如下四点：

第一，19 世纪国际环境的影响。19 世纪后半叶，尤其是 1878 年柏林会议之后，是西方帝国主义对外殖民扩张的极盛时代，殖民成为欧洲政治的主角和外交的重心。① 这一时代特征在英国著名历史学家艾瑞克 · 霍布斯邦（Eric Hobsbawn）的《帝国的年代（1875—1914）》一书中有详细论述："本书所论时期显然是一个新型的帝国时代——殖民帝国的时代。资本主义国家的经济和军事霸权，有相当长的一段时间都不曾遭遇到严重挑战，但是从 18 世纪末到 19 世纪初的 25 年间，西方国家还不曾企图将这种霸权正式转化为有系统的征伐、兼并和统治。1880—1914 年间，这种有计划的侵略野心开始出现。"②

第二，德国外交上的支持。在外交上，德国首相俾斯麦为了转移因普法战争而引起的法国报复德国的可能性，于是向法国明确表示，他对越南北圻没有任何领土的野心，而且"欣然同意"法国在安南的扩张，这使法国没有后顾之忧。③

第三，法国国内政治局势的变化。1879 年，主张消极对外政策的麦克马洪（Pierre de Mac Mahon）总统辞职，保守派失势，共和派人士当权，共和政治制度遂在法国确立。法国因普法战争所丧失的元气亦告恢复，法国复振的成果表现于 1879 年在巴黎举行的世界博览会，共和派当权后应抉择的问题为法国是继续韬光养晦，还是推行积极之对外政策，甚至实行帝国主义，对外扩张领土。法国政府于 1879 年 5 月 13 日任命文官为交趾支那总督，首任文官总督为勒密尔（Le Myre de Villers）。勒密尔于抵西贡一

---

① 即所谓"殖民政策的一股浪潮"（une rafale de politique coloniale），Jean Ganiage，*L'Expansion Coloniale et les Rivalite's Internationales de* 1871 *a* 1914（*les cours de Sorbonne. Centre de Documentation Universitaire*）. Vol，I. p. 1. 转引自陈三井：《近代中法关系史论》，第 25 页。

② ［英］艾瑞克 · 霍布斯邦著，贾士衡译：《帝国的年代（1875—1914）》，国际文化出版公司，2006 年，第 50 页。

③ 《茹费理的殖民思想及其对华政策（1880—1885）》，陈三井：《近代中法关系史论》，第 49 页。

月后，就东京情况报告政府，主张明确建立法国之保护权，否则法国之行动应减缩为派驻领事。①

第四，来自中国和越南方面的刺激。1878 年，清朝将领李扬才②纠集武装入越叛乱，并且以越南李朝后裔自居，要推翻阮氏王朝而自立。越南当局害怕局势失控，遂向清朝求援。1879 年 2 月 10 日，越南国王阮福时呈递疏文一封由两广总督刘坤一转呈清政府，“请派名将驻节边疆扫除李扬才等匪患”③。清政府也考虑到“越南地方凋敝，何堪复遭蹂躏。此次李扬才突然起事，恐该国兵力难资备御”。再者而言，“越南世守藩封，且为南服屏蔽，兹以中国武弁无端生事，实属不成事体，若不早为剿平，诚恐别招窥伺”。于是军机处交出上谕，令广西巡抚杨重雅“迅即调派官兵，跟踪追捕，务将该犯擒获惩治，毋令深入蔓延”。④ 最后在广西提督冯子材的追剿下将李扬才擒获，李扬才事件才得以解决。清朝出兵援助越南剿匪本来是中越宗藩关系的框架下清朝的分内之事，然而，法国却认为，按照 1874 年法越条约，越南应该向法国求援而不是清朝。更为重要的是法国认为清政府出兵平叛李扬才事件是在向世人重新强调中越宗藩关系的存在，而此种行为则是对法国 1874 年法越条约的挑衅。⑤

---

① 龙章：《越南与中法战争》，第 63 ~ 64 页。

② 李扬才，广东廉州府灵山县人。少年得中武童，长大后投入清军，曾在江南参加镇压太平军，后转战两粤征剿各地的农民起义军，因功被保荐到遇缺尽先题奏总兵俊勇巴图鲁提督衔。光绪二年三月，委署浔州协副将。赴任刚一年半，即因浔州协实缺副将达三归任，饬令李扬才交卸，遂丢掉了职务。光绪四年三月，复赴桂林谒见广西巡抚杨重雅，冀求谋职。但杨重雅由于听信统领广西防军的候补道赵沃的谗言，“不肯奏留收标，且出言鄙薄有以激之”，只咨令赴广东差遣。结果，“州县凌辱，抚道挟诈”，谋职却毫无希望，只得怏怏回籍。李扬才在走投无路的情况下，遂以奉命招抚入越农民军首领叶成林为名，将田产房屋变卖，与曾在广西兵营相识的钟万新等人密谋反叛入越。参见廖宗麟：《李扬才事件与中法战争》，《学术论坛》1990 年第 4 期，第 107 页。

③ 《总署收军机处交出越南国王阮福时抄摺》，郭廷以、王聿均主编：《中法越南交涉档》（一），第 91 ~ 92 页。

④ 《总署收军机处交出上谕》，郭廷以、王聿均主编：《中法越南交涉档》（一），第 69 页。

⑤ 《巴德诺致外交部长瓦定敦》，张振鹍主编：《中国近代史资料丛刊续编——中法战争》（第 3 册），第 266 页。

2. 法国对越南政策强硬的表现

上述四个方面因素促使法国改变1874年法越《和平同盟条约》以来所奉行的维持越南现状的政策，进而努力促成其在越南建立保护国制度的目标。为实现这个目标，法国首先对越南的对华朝贡行为及其贡道有意进行阻挠。

如前所述，1874年法越《和平同盟条约》签订以后，法国单方面认为中越宗藩关系已不存在，然而，1876年越南仍照旧向清朝朝贡，法国远东殖民当局囿于当时政府的消极政策，对此次越南的朝贡行为没有干涉。1880年，越南又按期向清朝朝贡，此次的朝贡行为极大地刺激了法国远东殖民当局，并使其开始采取干涉行动。于是，1880年6月5日，法海军殖民地部长饶烈格贝利（Jean－Bernard Jauréguiberry）训令交趾支那总督勒密尔向越南顺化政府交涉，阻止越南政府派遣贡使前往中国。10月15日，勒密尔复文表示："以后似应设法阻止类似使节之出发，因其为法国保护权之否定也。"12月28日，饶烈格贝利之继任者克鲁埃（Cloué）亦令勒密尔对顺化王廷施加压力，以阻止越南派贡使前往中国。① 1880年越南遣使赴华遂成为中越宗藩关系史上的最后一次朝贡行为。②

不仅如此，越南对中国的传统朝贡道路也受到了法国殖民当局阻隔，以致最终中断。中越传统贡道分为中国境内与越南境内两大部分，主要是经广西凭祥镇南关进入中国境内的陆路交通。③ 至于越南境内的贡道，先是由河内进一步延伸至顺化王城，"从前中国册使但至河内为止，越南国王亲往受封。自道光二十九年，该国以王少国疑，不敢轻离国都为请，始变通成例，奉旨俾使臣前至富春成礼。富春即其顺化都城也"④。由于河内位于顺化的北方，所以河内仍是中越使节的必经之地。然而，1873年11

---

① 龙章：《越南与中法战争》，第56页。

② ［越］阮述撰，陈荆和编注：《阮述〈往津日记〉》，香港中文大学出版社，1980年，解说，第7页。

③ 关于中国境内的贡道变迁可参见孙宏年《清代中越宗藩关系研究》第69～71页及张金莲《发展与变迁：古代中越水路交通研究》（暨南大学2006年博士学位论文）。

④《致总署　请准越南由海道告哀》，顾廷龙、戴逸主编：《李鸿章全集》卷33，第256页。

月，法海军上尉安邺率军攻陷河内，到1880年法国殖民当局禁止越南的朝贡行为的命令下达之后，便开始在顺化驻军。1882年4月25日，法海军大校李维业（Henri Rivière）再次攻陷河内，并在河内设置了法属印度支那联邦总督。自此，中越使节往来的陆路通道基本上被法国殖民当局完全阻隔。

其次，法国为实现在越南建立其保护国的侵略目标，决定对越南单方面采取军事行动迫使越南就范。已如前述，法国驻法属交趾支那殖民地首任文官总督勒密尔明确提出在越南建立法国的保护权的意见后，得到法海军殖民地部长饶烈格贝利的赞同，同时也获得内阁总理兼外交部长瓦定敦（William Waddington）的肯定。于是饶烈格贝利提出干预东京的行动方案，根据该方案，法国可以利用中国因伊犁问题与俄国发生争议之际派遣海军在顺化河口示威，然后由法国派使节前往顺化同越南政府进行外交谈判。同时，法军在红河流域进行奇袭，假借越南王名义占领该地区。海军部估计用兵6 000名即可实现占领目标。① 1879年12月27日，瓦定敦内阁辞职，由佛莱西奈（Charles de Freycinet）继任内阁总理兼外交部长。佛莱西奈虽然同意上述方案，但在国会提出的军费预算案因款项太多而没有通过。事实上，法国内阁担心因对东京的军事行动会引起中法冲突。但到1880年7月佛莱西奈改变态度，在本月26日致书饶烈格贝利，指出："余研究关于东京之新文件后，认为海军部长最初主张占领东京之办法可能较内阁会议所同意之在红河口从事警察行动为佳。"② 同意实行对红河及其上游的占领，并认为用兵3 000即足够。至于对中国的担心问题，佛莱西奈认为"不必顾虑，因法国之行动为中国解除其不时派兵前往北圻维持治安保护贸易之辛劳，中国理应无所怨尤，而德国之态度予法国以信心，因柏林政府已向法国表明对法国在北圻建立控制权毫无妒忌之心，是以佛莱西奈致函饶烈格贝利要求渠拟定法律提案追加预算以进行行动，该提案将于国会夏季休假期满后提请内阁会议并呈报共和国总统。"③ 至此，法国通过武力在越南建立其保护国的军事行动方案正式确定。

---

① 龙章：《越南与中法战争》，第64页。
② 龙章：《越南与中法战争》，第65页。
③ 龙章：《越南与中法战争》，第65~66页。

但对于中国，法国则以1874年法越条约为口实而与其进行交涉，维持对华和平交涉的局面，避免造成直接的冲突，以为其武力侵占越南创造有利条件。所以，由此已可预见清朝驻法公使曾纪泽对法交涉的结局如何。

（二）曾纪泽的外交抗议

法国政府出兵北圻的计划，清朝方面首先由驻法公使曾纪泽注意到。曾纪泽于1879年1月10日向法国总统葛烈维（Jules Grévy）呈递到任国书，1880年1月25日与法外交部长佛莱西奈会谈越南问题。“曾纪泽向其说明越南系中国属邦，以外传法越将发生冲突，因而询问法国与越南王廷之间是否真正存在发生冲突之因素。佛莱西奈答称冲突之因素并不存在。此答复使中国公使放心。”[①] 然而，当曾纪泽在俄国圣彼得堡交涉伊犁问题之际，又从报纸得知法国政府即将或已经派兵前往北圻的消息。于是，1880年11月10日，曾纪泽照会法国新任外交部长圣迪乃（Barthélemy Saint – Hilaire），询问此消息是否属实，并询问自上次与佛莱西奈会谈后，法国政府的政策是否有所改变。关于越南问题，曾纪泽指出：“越南国王既受封于中朝，即为中国之篱屏，倘该国有关紧要事件，中国岂能置若罔闻。特希贵大臣与本爵彼此开诚相告之例，仍将贵国意见知照本爵大臣，是所切望。”[②] 然而，法国外交部“仅举法与越南按照条约办理为言，未肯将发兵之事明白答复”[③]。至于其原因，主要是因为法国对越南的强硬政策依然没有改变。尤其是1880年9月，茹费理上台组阁，积极推行殖民地政策。时任海军与殖民地部长圣迪乃“不断敦促外交部设法迅速实施两部会同拟定并经内阁同意之方案，即尽早对顺化王廷施行强大压力使阮福时承认法国之保护”[④]。

曾纪泽同法国外交部交涉无果，于是，他又将交涉对象转为法国驻俄公使商犀（Alfred Chanzy）。1881年1月7日，曾纪泽带翻译官庆常往拜法

① 龙章：《越南与中法战争》，第66页。

② 《总署收出使大臣曾纪泽文　附给法外部照会》，郭廷以、王聿均主编：《中法越南交涉档》（一），第148页。

③ 《总署收出使大臣曾纪泽夹单　附与法驻俄公使商犀问答节略》，郭廷以、王聿均主编：《中法越南交涉档》（一），第149页。

④ 龙章：《越南与中法战争》，第67页。

国公使商犀。曾纪泽首先指出："至越南地方，与中国数省连界，较诸琉球隔海之地，尤关紧要。倘贵国欲占其地，中国不预先申辩，将来必致有伤两国睦谊，且恐将来他国因此生心。俄国日本将有事于高丽。推之中国设官之属邦，亦恐他国觊觎。如英国之于西藏，俄国之于蒙古，难保其无事。以此观之，贵国于越南之事，本国安得不问？我想贵国之意，无非欲由越南入中国以通商贾。然贵国即为通商起见，须同中国永久和好，则商务方有起色。"而商犀仍以 1874 年法越条约为口实进行反驳，他指出："总之，本国若按条约办事，中国似不必过问也。"曾纪泽也觉得如此谈论下去不会取得实质性的结果，于是他直接向商犀摆明态度："我只愿贵国外部给我行文，声明贵国系照约保护该国，而无兼并之意，则我无言矣。譬如我家有一侄儿，平日恃我抚养，有一朋友帮我抚养，原无不可。忽闻此友将有欺凌我侄之事，我不能不问事之真假也。"① 由此观之，曾纪泽的态度是可以"承认中法对越南之双重保护，但反对法国用兵北圻"②。

圣迪乃对商犀与曾纪泽会谈的结果表示满意，并于 1881 年 1 月 21 日函告商犀，指出："法国在安南半岛行使保护权可确保安全，而中国南部边疆亦得以维持良好秩序，其予中国之优惠已由曾侯承认，余相信北京驻圣彼得堡之代表在此方面所表现之开明见解，当为其政府政策之忠实表达。"并令商犀向曾纪泽特别说明："中国政府应知越南除对法国外已对外国解除任何联系，有此了解可避免误会。越南之情形绝不能与西藏比拟，因西藏为天朝之一部分，亦不能与朝鲜并论，因列强已相互同意承认其对中国之属国地位，中国对此等地区国际局势可能改变之顾虑绝不能扩及北圻，圣迪乃相信曾侯能使北京政府明了此种看法。""总之，法政府已不再声述其对越南之保护权，盖认为此权业已确定。反之，法政府坚拒中国宗主权之主张。"③

由此观之，法国依然持否认中越宗藩关系的坚决态度，曾纪泽外交上的抗议毫无结果。曾纪泽本人也认识到此点，于是在 1881 年 11 月 11 日致函总理衙门时即指出："法图越南非口舌所能挽救，应拨派水师前往，使

---

① 《总署收出使大臣曾纪泽夹单　附与法驻俄公使商犀问答节略》，郭廷以、王聿均主编：《中法越南交涉档》（一），第 151～152 页。

② 龙章：《越南与中法战争》，第 68 页。

③ 龙章：《越南与中法战争》，第 69 页。

有所顾忌。"[1] 此时，清政府也开始筹划解决越南问题之策略，一方面仍然主张曾纪泽与法国外交部"坚持前议，相机辩论，期与大局有裨"[2]。另一方面开始谕令李鸿章统筹解决越南问题。

小 结

通过对越南问题的历时性考察发现，在法国入侵越南以前，无所谓越南问题，所以，越南问题是近代西方殖民侵略的产物。从法国将1874年法越《和平同盟条约》照会清政府而引起中法围绕中越宗藩关系及云南通商问题的首次交涉，到1880年前后法国确定用武力在越南建立其保护国制度而引起的中法有关中越宗藩关系的交涉，越南问题逐渐引起清政府的重视，进而成为近代中法关系领域内的焦点问题。

---

① 《总署收出使大臣曾纪泽函》，郭廷以、王聿均主编：《中法越南交涉档》(一)，第169页。

② 《总署收军机处交出上谕》，郭廷以、王聿均主编：《中法越南交涉档》(一)，第180页。

第二章

李鸿章对越南问题的早期介入与认识

如第一章所述，随着法国对越南侵略政策的全面展开，从1880年开始，法国对越南的对华朝贡行为和贡道进行了有意的阻挠，中越官方往来几至断绝。众所周知，此后所谓越南问题遂成为近代中法关系中的焦点问题，经过长期的艰难曲折交涉之后仍不免发展为中法战争。那么，在中越传统宗藩关系尤其是陆路通道已被法国殖民当局破坏中断的情况下，清政府是通过什么样的渠道来获得有关越南现地实情的及时而又准确的信息，进而又如何与越南方面保持必要的官方联系，便成为李鸿章及清政府在处理越南问题过程中十分重要却又迄今未能得到明确揭示的一个重大问题，而其答案就在于轮船招商局[①]在这一关键问题上鲜为人知的积极作为。鉴于此种认识，本章首先论述经李鸿章授权的轮船招商局是如何探测越南的现地实情来为李鸿章及清政府处理越南问题而提供决策信息的。在对这些信息整理归纳的基础上，进而分析李鸿章对越南问题的早期认识。

第一节　轮船招商局卷入越南问题

一、李鸿章密令轮船招商局关注越南问题

众所周知，轮船招商局是洋务运动时期由李鸿章主持创办的中国第一

① 目前学界关于轮船招商局的研究多从经济史的角度进行论述，而对于其政治外交功用缺乏专门论述。其中从经济史角度进行论述的代表性成果有汤照连主编：《招商局与中国近现代化》，广东人民出版社，1994年；易惠莉、胡政主编：《招商局与近代中国研究》，中国社会科学出版社，2005年；张后铨主编：《招商局史（近代部分）》，中国社会科学出版社，2007年；虞和平、胡政主编：《招商局与中国现代化》，中国社会科学出版社，2008年；陈绛：《唐廷枢与轮船招商局》，《近代史研究》1990年第2期；朱荫贵：《论清季轮船招商局的资金外流》，《中国经济史研究》1993年第2期；卢伯炜：《盛宣怀与轮船招商局的改制》，《苏州大学学报》2006年第6期；倪玉平：《招商局与晚清漕粮海运关系新说》，《学术月刊》2008年第5期；王开玺：《论洋务派官督商办企业的经营形式——以轮船招商局及李鸿章为中心》，《河北学刊》2009年第3期等。

家民用企业，开“官督商办”企业之先河，成为李鸿章手中的一枚重要棋子。那么，李鸿章在处理越南问题的过程中对轮船招商局加以利用自在情理之中。

1881 年 12 月，李鸿章赴京同总理衙门筹商越南问题的处理办法时即向总理衙门大臣提出如下政策建议，即“近年招商轮船运米越南，往来甚熟，或添派兵轮，同往游弋，藉壮声威，并另派明干得力之员，往越严密侦探现在情形，晤其国王、大臣等，将通商自强各事宜，随机开导，或可稍纾彼患，即可藉固吾圉”。总理衙门认为“目前办法，止有如此”①，并将之上奏清政府。清政府也认为李鸿章的建议可行，于是颁布谕旨命“李鸿章等妥筹越事”②。

就笔者所掌握的资料来看，这是李鸿章就越南问题首次向清政府提出的建设性意见，并为清政府所采纳。同时，也是李鸿章受清政府之命介入越南问题之始。

为落实上述意见，1881 年 12 月 18 日，李鸿章密嘱“招商局道员唐廷枢转饬粤局商董，于越南运粮之便晤该国官员，探寻法人在彼动静，所添兵船驶到若干只，如何式样。又缄张振轩（笔者按：指张树声，时任两广总督）制军，就近遴派妥员前往严密侦探”③。正因有了李鸿章的授权，轮船招商局才被卷入到越南问题之中，这也是李鸿章在处理越南问题过程中的一项极具新意的举措。

那么，轮船招商局在越南问题的解决过程中到底发挥了什么作用？这种作用又是如何发挥出来的呢？据笔者的初步研究，至少可以从以下两个方面进行分析。一是轮船招商局及其越南航线成为中越之间使节往来的主要渠道；二是轮船招商局在越南海防、顺安等地设立的分局，则又成为清政府及时了解越南现地实情的主要信息来源。以下章节将围绕上述两点展开论述。

---

① 中国史学会主编：《中国近代史资料丛刊——中法战争》（五），第 88 页。

② 《总署收军机处交出上谕》，郭廷以、王聿均主编：《中法越南交涉档》（一），第 180 页。

③ 《致总署 论法越交涉》，顾廷龙、戴逸主编：《李鸿章全集》卷 33，第 91 页。

二、轮船招商局成为中法战争前夕中越使节往来的主要渠道

（一）轮船招商局越南航线的开辟

早在创办轮船招商局之际，李鸿章就曾在奏折中明确提出："查各国通商以来，火轮夹板日益增多，行驶又极迅速，中国内江外海之利，几被洋人占尽，且海防非有轮船不能逐渐布置，必须劝民自置，无事时可运官粮客货，有事时装载援兵军火，藉纾商民之困，而作自强之气。"① 就是说，与洋人争夺中国"内江外海"的航运利益，原本就是创办轮船招商局的一个主要动机，开展航运事业包括"外海"亦即国际航运事业，遂成为轮船招商局业务发展的题中之义。

1873 年，轮船招商局总办唐廷枢②委派商董陈树棠前往日本筹办货运业务，同年 8 月初，"伊敦"轮正式开航神户、长崎，这是中国商轮首次开辟国外航线。同年底，"伊敦"轮又驶往吕宋等地开展业务。③ 1880 年，招商局派船往来越南、暹罗、新加坡、槟榔屿、印度等处，"奈东洋吕宋定章，多有偏护各该国之商船，而局船争衡匪易。其新加坡、槟榔屿等处，乃欧洲各船来华大路，力难与抗，遂俱中止。惟越南各口，仍可往来"④。到 1881 年，轮船招商局南洋航线只有越南线路仍在运营。

轮船招商局在开辟南洋航线的同时，也在积极向欧美发展。美国之檀香山、旧金山是华侨聚居地，不仅有客运之利，而且还有开展中美国际贸

---

① 中国史学会主编：《中国近代史资料丛刊——洋务运动》（六），上海人民出版社，1961 年，第 8 页。

② 唐廷枢，号景星，广东香山人，原为上海怡和洋行总买办，1873 年 7 月（同治十二年六月）由李鸿章札委为轮船招商局总办。有关唐廷枢的研究参见汪敬虞：《唐廷枢研究》，中国社会科学出版社，1983 年；欧阳跃峰：《唐廷枢：中国第一位近代企业家》，《安徽师范大学学报》2004 年第 3 期；陈绛：《唐廷枢与轮船招商局》，《近代史研究》1990 年第 2 期等。

③ 聂宝璋编：《中国近代航运史资料》（第 1 辑下册），上海人民出版社，1983 年，第 988 页。以下所引，皆为此版。

④ 聂宝璋编：《中国近代航运史资料》（第 1 辑下册），第 1010 ~ 1011 页。

易的大量商机。1879 年，轮船招商局“派‘和众’一船，驶往檀香山。1880 年，又添‘美富’一船，续走该处，及往美国之金山（笔者按：即旧金山），尚属合算”[①]。由于受到“洋船竭力抗拒”，1880 年招商局的美洲航线停运。[②] 至于欧洲航线，1881 年，招商局派“海琛”轮载运北洋水师员弁前往英国验收碰快船回华，为轮船招商局开辟欧洲航线之先导。同年，招商局“美富”轮运茶箱往英国，因洋商的排挤，“美富”轮于 1881 年 2 月回国，无利可图。到 1882 年，唯有越南一处“生意尚佳，国外航路只有此硕果仅存之一线矣”[③]。而越南航线也因 1883 年 12 月中法战争的爆发被迫中断。关于中法战争前轮船招商局的航运路线，详见下图：

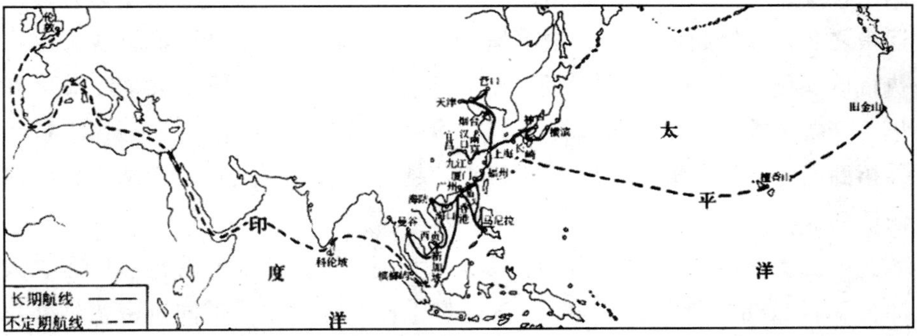

图 1　轮船招商局轮船航线图（1872—1883 年期间）

资料来源：招商局史研究网（http：//1872. cmhk. com/main. asp）

由此可见，越南航线无疑是轮船招商局早期海外航线中运营时间最长的一条航线。正因如此，在陆路通道已被法国殖民当局阻隔的情况下，中法战争之前中越之间的使节往来才得以获得了一个安全而又稳定的渠道。如前所述，尽管中越之间陆路交通为法国所切断，朝贡活动亦为其所阻挠，中越关系却并未终止，反而因共同反法的需要而加强了彼此的联系，这种联系就是借助于轮船招商局保证中越使节频繁的往来而得以实现的。

---

① 聂宝璋编：《中国近代航运史资料》（第 1 辑下册），第 1011 页。

② 聂宝璋编：《中国近代航运史资料》（第 1 辑下册），第 1094 页。

③ 聂宝璋编：《中国近代航运史资料》（第 1 辑下册），第 1094 ~ 1096 页。

（二）轮船招商局在中越使节往来中的角色分析

据笔者初步查核，中法战争之前中越之间的重要使节往来计有四次，而其中的最后一次则未能成行。

第一次是1882年唐廷庚等人奉命赴越南探测越南实况及法方军情。由于中越之间官方往来为法国所阻挠，导致清政府获取越南的现地实情信息逐渐减少，奉命主持越南事务的李鸿章认为“用兵之道，贵先知己知彼；驭外之要，尤须慎始图终”，而且有必要去深入了解“越南地形情实与法人交涉始末”①。正是为了获取全面、准确的越南实况信息且又不至于为法国所怀疑，李鸿章赋予轮船招商局越南分局②一项特殊的秘密使命，即借运粮之名，探测越南实况及法军情。③ 原招商局广东分局局董唐廷庚成为执行该项秘密使命的主要负责人，随从有候选盐大使马复贲、外委李春华、守备黄秀玲。唐廷庚一行于1882年1月18日到达香港，1月21日转乘招商局康济轮船离港，1月24日到达越南海防并开始在越南从事秘密探访活动。

第二次是1883年越南使臣范慎遹、阮述④等人奉命赴香港、广东、天津公干。⑤ 1883年1月16日，“阮述奉上谕，充钦派，带同机密院员外黎登贞、内阁侍读阮藉、笔帖式杜富肃，偕清官唐景崧、马复贲往香港、广东公干”，⑥ 具体任务为赴广东投递越南国王致清政府的公文。阮述等人于1883年1月25日夜搭乘招商局海南轮离越南沱瀼港，1月31日抵香港，2月12日乘河南轮抵广东，2月15日，阮述在广东接到香港招商局信报，唐廷庚与越南刑部尚书范慎遹、户部办理阮皤到港，并传达了越王的“新旨”，任命范慎遹为钦差正使，阮述为钦差副使，同往天津并在李鸿章与

---

① 《豫筹越南事宜折》，顾廷龙、戴逸主编：《李鸿章全集》卷10，第179页。

② 关于轮船招商局设立越南分局的情况，详见下文。

③ 《致总署　论法越交涉》，顾廷龙、戴逸主编：《李鸿章全集》卷33，第91页；《总署收两广总督张树声函》，郭廷以、王聿均主编：《中法越南交涉档》（一），第207页。

④ 阮述，号荷亭，生于越南广南省礼阳县，为当地望族。1880年，任吏部右侍郎充办阁务，同年充岁贡使，来华朝贡，归国后又于1883年1月奉命赴天津公干。

⑤ 关于此次使节往来，本书第三章将有详细论述。

⑥ ［越］阮述撰，陈荆和编注：《阮述〈往津日记〉》，第19页。

法国公使宝海谈判时备咨问，至于阮皤则作为钦派代替阮述在粤递信。[1] 2月20日，唐廷庚偕范慎遹、阮皤等到广东，2月21日，范慎遹、阮述等向两广总督曾国荃呈递越南国书。赴广东投递国书的公务完成后，3月1日，范慎遹、阮述及随员搭乘富有轮[2]离广州，3月2日抵达香港，翌日，乘富有轮离港，于3月8日抵达上海，3月11日改搭海定轮，[3] 于3月17日抵达天津。由于法国政府的交涉态度转为强硬，撤回与清政府谈判的驻华公使宝海，致使持续两个多月的李鸿章与宝海有关越南问题的交涉最终破裂，范慎遹、阮述两人天津之行的初衷也未能得到实现。由于他们驻津八个多月的时间内，越南局势急剧恶化，范慎遹、阮述归国心切，李鸿章遂同意了他们的归国请求。同年11月23日，范慎遹、阮述乘招商局保大轮离津，12月14日抵达香港。由于中法战争的战云已经日渐浓密，轮船招商局的越南航线也已中断，范慎遹、阮述只得于1884年1月5日改乘西人地利金火货船离港返越，为期近一年的往津之旅遂告结束。值得一提的是，范慎遹、阮述此行开创了越南使臣由海路赴津之先河，阮述本人就曾在其日记中明确记载道："盖常年贡部，皆由陆程，其浮海至津者，则余等此行为始也。"[4]

第三次是1882年8月吏部候补主事唐景崧[5]主动请旨赴越南，以招抚

---

① ［越］阮述撰，陈荆和编注：《阮述〈往津日记〉》，第25页；许文堂、谢奇懿编：《大南实录清越关系史料汇编》，第459页。关于"钦派"与"钦差"，陈荆和在《阮述〈往津日记〉》一书的第9页解说部分指出，"钦差"为 Imperial Envoy 或特使，钦派指越南政府派出国外之专员。换言之，越南政府所派"钦差"除传递公文外，还可与清政府协商国事，其职权范围显然要大于专门负责递信事务的"钦派"。由此可知，阮述在此次赴清活动中，其身份与职务前后发生了变化，即先是充当"钦派"赴广东递信，继而又被改任为"钦差副使"赴津公干，而驻广东"钦派"则由阮皤继任。

② 招商局轮船三十四艘，此其一也。宽广如海南船，而长过之。船面而下，分为三层，下二层装货，上一层分房搭客。见［越］阮述撰，陈荆和编注：《阮述〈往津日记〉》，第28页。

③ 亦招商局船。船小于富有，而搭客倍之，该船自浙江来，凡两湖、闽、浙、江南举人会试者多搭以赴京，共二百余人，后舱皆满。见［越］阮述撰，陈荆和编注：《阮述〈往津日记〉》，第29页。

④ ［越］阮述撰，陈荆和编注：《阮述〈往津日记〉》，第43页。

⑤ 字维卿（《阮述〈往津日记〉》为"薇卿"），广西灌阳人。同治四年进士，选庶吉士，改吏部主事。

刘永福共同抗法。清政府命其赴云南，由署云贵总督岑毓英差遣委用，岑遂命其“航海南行至粤东，假道越南，详看情形，再行赴滇”①。1882 年 12 月 16 日，唐景崧抵达广东，12 月 20 日面见两广总督曾国荃，曾国荃进一步明确指示了其活动路线及使命，即“先往富春，察其政令，能否有为，其于刘永福能否信用，再酌或径赴保胜，抑先旋广州”②。12 月 22 日，唐景崧乘海东雄轮船赴香港，1883 年 1 月 9 日转乘招商局轮船普济轮由香港启程赴越南，1 月 12 日抵达越南王城顺化海口。在顺化，唐景崧和早已在此活动的招商局局员唐廷庚、马复贲会合，一同前去会见越南政府官员，以探测越南现情。随后接到广东招商局信函，称由于中法两国围绕越南通商、分界事宜进行谈判，须越南派一二明干大员赴津备问，唐景崧认为“中外既有此举，保胜似可缓行，拟即先回广东，再议进止”③，遂于 1 月 25 日随同越使阮述、清官马复贲乘海南轮回国。是为唐景崧第一次越南之行，实际在越南停留的时间只有短短的 13 天。后来由于法国政府将法使宝海撤回致使天津谈判无果而终，曾国荃仍令唐景崧再度赴越。唐景崧第二次赴越于 1883 年 2 月 27 日成行，乘轮船招商局普济轮，于 3 月 3 日抵达越南海防。此后，唐景崧先后在越南顺化、海防及中越边界进行了深入的探访，尤其是与刘永福进行了多次的沟通并对其进行安抚，终于使刘永福能为清朝所用，④ 此可谓其赴越的最大功绩。

第四次是越南请求由海道来华朝贡请封。⑤ 此次越南的请封得到李鸿章及清政府的同意并要求搭乘招商局轮船来华，但由于法国的阻挠未能成行。

由招商局轮船运送中越使节的上述几次航运情况来看，中越使节往来的航线一般分为两段：一段从越南至香港，一段从香港至中国沿海广州、

---

① 唐景崧：《请缨日记》卷一，沈云龙主编：《近代中国史料丛刊》（43），文海出版社，第 32 页。以下所引，皆为此版。

② 唐景崧：《请缨日记》卷一，第 43 页。

③ 唐景崧：《请缨日记》卷一，第 64 页。

④ 参见廖宗麟：《抗法名将刘永福》（广西人民出版社，1991 年，第 148 ~ 179 页）及彭大雍、范宏贵：《刘永福接受招抚和撤兵回国当官刍议》（《历史教学》1985 年第 12 期，第 14 ~ 17 页）。

⑤ 本书第三章将有详细论述。

上海、天津各港口，既有远洋航线，亦有近海航线，而香港无疑是越南航线的重要中转港。之所以选择航运作为中越使节往来的交通方式，除因法国侵略势力的干涉阻挠外，亦因航运较之传统陆路交通有两个优点。一是航运速度较快，节省时间，使行动更为便捷。由香港到广东基本上每天都有船来往，且当天即可往返，而从香港到越南港口海防或顺化海口的航期基本上为3～4天。二是在中法交涉的特殊时期更具有安全性与保密性。轮船停靠港口站点既少时间亦短，不仅可以免去陆路通道上时常出现的土匪、强盗之扰，而且还可以摆脱法国侵略当局的干扰与破坏，具有相当的保密性。由于轮船招商局的对越航运基本上是商业性质，因此法国侵略当局可以阻挠中越官方往来，却无法阻止轮船招商局的正常商业性航运行为及中断其线路，遂使中越官方往来获得了一个难得的安全渠道。

综观中越之间的四次使节往来，清朝派往越南两次，越南也派往清朝两次，而上述往来使节无一例外地肩负着重要的政治外交使命，并且都经过中越双方政府的授权，无论在其内容还是形式上都可以说是中越之间的官方联系。不仅如此，从1882年1月到1883年7月的约一年半的时间里先后有四次使节往来，较之以前四年一贡的朝贡周期，中越之间的联系不仅没有减弱，反而更加密切更加频繁了。应当看到，中越官方关系进一步密切与频繁的变化趋势，对于当时中国与越南两国抵抗法国侵略势力的大局无疑是一个具有积极意义的因素。

三、轮船招商局参与探测越南现地实情

轮船招商局为扩大海外经营，不仅开辟了多条远洋航线，而且在总办唐廷枢、会办徐润的主持下，开始在南洋各地设立分局。东南亚为华侨聚居地，招商局通过实地考察，发现越南西贡一带“商贾云集，货产丰富”，1879年，两广总督刘坤一委派李炳彰前往越南设局，越王担心法国干预，未予应允。[①] 1881年，广州分局局董唐廷庚奉命前往越南谒见越王与各部大臣，获准在越南海防、顺安两地购地设局。翌年6月15日双方签订有效

① 张后铨主编：《招商局史（近代部分）》，中国社会科学出版社，2007年，第59页。

期为10年的合约，招商局遂在两地购买栈房，共用银10万两。① 越南分局设立的初衷主要是出于商业利益的考虑，为越南承运粮米是其主要业务之一。

不仅如此，在中法战争前夕的特殊时期，尤其是在中越之间传统宗藩关系框架下的官方往来已被中断的情况下，轮船招商局在越南的营业活动被清政府另外赋予了特殊的秘密使命，即招商局委员及其代理借在越南开展运粮等商业活动之便，从事探测越南实况及法国军情的活动。

毋庸赘述，在法国殖民势力已经控制越南局势以及中法之间有关越南问题的纷争日益激化的当时，要在越南当地履行上述的特殊秘密使命，显然具有极大的危险性。正因为如此，在越南各地从事运粮及客运等商业活动的轮船招商局委员及代理人员，便成为具有合法合理的掩护身份而又适宜完成上述秘密使命的最佳人选。另一方面，当时“自天津以至顺化，节节有招商局，递送密件，亦可期无洩”②，即招商局轮船的中越航线乃至其国内外航运网络，恰好形成了保障所探访信息能够安全而又及时传递的一个安全通道。正是利用上述的便捷条件，清政府通过轮船招商局获取了一系列有关越南实况及法军情况的重要信息，其主要内容详见下表：

表1　清政府通过轮船招商局获取的越南现地实情信息简表③

发送时间	来源地	发送者	信息主要内容	资料来源
1882.1.29	海防	唐廷庚	法军将进攻保胜，刘永福气概尚强	1 - pp. 216 - 217
1.30	海防	马复贲	北圻情况已为法熟知，黄、黑二旗宜予计诱招抚	1 - pp. 217 - 218

① 招商局档案：《招商局史略》，第78页；《国民政府清查整理招商局委员会报告书》下册，第29页，转引自张后铨主编：《招商局史（近代部分）》，第59页；许文堂、谢奇懿编：《大南实录清越关系史料汇编》，第444、446页。

② 《总署收北洋大臣张树声函　附一：马复贲探访清摺》，郭廷以、王聿均主编：《中法越南交涉档》（一），第402~403页。

③ 该表系笔者根据《中法越南交涉档》第一、二册相关资料而编制，并于“资料来源”项按照“1 - pp. 216 - 217”（2 - pp. - ）的形式标示其具体册数与页码，表中相关年月日时则均已换算为公历。

（续上表）

发送时间	来源地	发送者	信息主要内容	资料来源
3.6	海防	唐廷庚	越官拟派员分赴北京、英、法，并准刘永福暗置军火；法泊海防兵船多数开去	1 – pp. 265 – 268
3.9	西贡	李春华	法因非洲殖民地问题，无暇顾及越南	1 – p. 264
3.12	海防	马复贲	越南积弱贫匮，畏法如虎；法人密往芒街诱擒刘永福不果；补述与越官笔谈内情	1 – pp. 257 – 263
4.1	海防	马复贲	法增派国内新兵到越，声言攻取东京、保胜	1 – pp. 299 – 302
4.6	海防	马复贲	法军调发情形	1 – pp. 302 – 303
4.13	海防	马复贲	法人谋胁越王将刘永福调离保胜	1 – pp. 312 – 313
4.23	海防	马复贲	南国君臣优柔无识	1 – pp. 313 – 316
4.26	海防	马复贲	4月25日，法兵攻占河内；马复贲等越南探访者面临危险	1 – pp. 310 – 311
4.30	海防	马复贲	法破河内，越南君臣优柔，难免城下之盟	1 – pp. 323 – 324
5.5	海防	马复贲 黄秀玲	法将河内交还南官，迫越更约，专注云南，我应代为解纷；越北圻总统黄佐炎已到山西并请刘永福进兵，清官黄桂兰亦调兵进扎北宁	1 – pp. 306 – 309

（续上表）

发送时间	来源地	发送者	信息主要内容	资料来源
5.15	香港	唐廷庚	法占河内后，越南请清朝发兵救助	1 – pp. 318 – 319
5.16	不详	马复贲	法兵攻战河内，兵船入顺化迫约，刘永福进军山西城外，滇军前抵保胜	1 – pp. 327 – 329
6.1	海防	马复贲	越河内总督陈廷肃赴河内议和，越北圻总统黄佐炎反对；刘永福退回山西	1 – p. 355
不详	不详	马复贲	河内由越官接管，法兵船驶赴山西	1 – pp. 364 – 366
不详	顺安	顺安分局	黄佐炎、刘永福请战，法向越要求六款	1 – pp. 366 – 367
6.11	顺安	顺安分局	越南国王将允刘永福他迁	1 – p. 381
6.19	海防	马复贲	法越和款无从探悉，越官坚不吐实，请照会越王开诚相示	1 – pp. 398 – 399
7.5	不详	马复贲	法人悬赏诱擒刘永福，顺化和款不详	1 – pp. 410 – 411
7.8	海防	黄秀玲	河内、海防近情	1 – pp. 411 – 412
不详	海防	黄秀玲	7 月 8 日到 14 日探访清摺	1 – pp. 420 – 421
不详	海防	黄秀玲	7 月 14 日到 28 日探访清摺	1 – pp. 431 – 432
不详	顺安	马复贲	法人调动河内驻兵诱逼越人逐刘，越拒法要求，修约唯欲调移刘团	1 – pp. 440 – 449

（续上表）

发送时间	来源地	发送者	信息主要内容	资料来源
8. 30	海防	马复贲	清军至越，法人情怯，越亦思奋起；刘永福返保胜	1 – pp. 482 – 487
9. 8	不详	马复贲	法令堵布益向越索赔，法人恇怯近情	1 – pp. 491 – 493
9. 23	海防	马复贲	法在北圻兵船实数，法越新约三款，堵布益向越索赔，清军进驻家喻关下街等处	1 – pp. 565 – 569
9. 26	不详	马复贲	越拒法新约，北圻法人尚不敢生事	1 – pp. 498 – 500
不详	不详	马复贲	清军在越布防，越拒法新款及法人在越近情	1 – pp. 517 – 519
不详	河内	马复贲	唐炯助刘永福防守保胜，法人安静，我宜以和议方式解决越事	1 – pp. 556 – 558
10. 17	海防	马复贲	越王密呈两广总督曾国荃文底稿为法所悉，中越机事应加强保密	1 – pp. 561 – 563
不详	不详	马复贲	探闻南定越官与法开战	1 – pp. 575 – 576
11. 28	海防	马复贲	南定越法并未开仗，法现严捕清朝官兵	1 – pp. 577 – 579
11. 30	海防	马复贲	越王请赴顺商议。法船游弋府里，防人塞其港道	1 – pp. 583 – 584
12. 9	海防	马复贲	法拘清朝官兵；南定总督思背城一战	1 – p. 589

（续上表）

发送时间	来源地	发送者	信息主要内容	资料来源
1883.2.21	海防	黄秀玲	法增兵欲攻南定	2 – pp. 695 – 696
3.31	海防	黄秀玲	法兵攻克南定，越兵偷袭河内未遂	2 – pp. 750 – 753
3.31	顺化	越南机密院	法占河淋煤矿，越派官嘉定慰问法帅	2 – pp. 772 – 773
4.17	不详	黄秀玲	法胜越于嘉林并阻招商局运米	2 – pp. 791 – 794
4.23	不详	马复贲	与越陪臣范慎遹笔谈节略；越愿与各国立约通商	2 – pp. 764 – 765
不详	不详	黄秀玲	法胜越于嘉林并欲攻取北宁及法占南定后等情	2 – pp. 767 – 769
不详	海防	海防分局	法阻招商局运米并拍卖招商局存米	2 – pp. 769 – 770
5.8	不详	黄秀玲探报	刘永福将攻河内，法拍卖招商局存米	2 – p. 825
5.26	顺化	越南机密院	刘永福战胜法兵，法帅欲赴顺化交涉	2 – p. 907
7.7	顺化	越南机密院（范慎遹禀）	法人增兵越南并驱逐越驻西贡领事阮诚意，越请求援助	2 – pp. 949 – 950
7.23	西贡	张霖	法人增兵并占用轮船招商局西贡分局仓库，勾结黄旗攻黑旗	2 – pp. 960 – 962
8.6	香港探报	黄秀玲	法兵缺粮生病，有法官偕日本二人来海防视察	2 – pp. 1015 – 1016
8.6	西贡	张霖	南定法兵出城与黑旗交仗，六月十六日越王薨逝，王侄继统	2 – p. 1040

(续上表)

发送时间	来源地	发送者	信息主要内容	资料来源
8.16/8.20	海防等处	海防分局	法攻怀德为黑旗所败及法攻战海阳，封禁越海，炮轰顺化等事	2 – pp. 1045 – 1046
8.26	西贡	张霖	法攻顺化，越战败请和，法督夏文等已入城内会议	2 – pp. 1104 – 1105
9.2	海防	香港分局转发	法军攻怀德大败及越已遵新约准法派员管辖收税等事	2 – pp. 1125 – 1130
9.4	西贡	西贡分局	法越立新约，越王弟继统，法兵与黑旗交战等事	2 – pp. 1183 – 1185

这些信息在时间上包括从 1882 年 1 月到 1883 年 9 月的一年半多的时间，恰值中法之间有关越南问题纷争日渐激化的中法战争前夕以及中越传统宗藩关系已经断绝而新型关系尚未建立的重要时期，因此在中越关系、中法关系乃至中法战争等多个层面都具有十分重要的意义。具体来说，有关上述信息至少可作如下的几点归纳整理：

首先，明确了清政府如何通过轮船招商局的渠道获取越南现地实情信息的详细过程。

依表 1 中所列信息发送者的国别来看，可将其分成两类。一类是清政府派驻越南海防、顺安、西贡[1]各招商分局的委员，主要负责人有唐廷庚、马复贲、黄秀玲、李春华等，他们大多是清政府的官员。另外，还有以在

① 轮船招商局西贡分局的具体成立时间不详，据《中法越南交涉档》、《李鸿章全集》及轮船招商局等相关资料，仅能查明该分局由粤商张霖代理，并有外委李春华在此开展探访活动。

越华侨商人为主的招商局代办，如驻海防的陆建勋[1]，驻西贡的张霖[2]等。上述招商局委员与代办们，都是以办理招商局局务等商业活动为掩护，在开展局务的海防、顺安、西贡、广南等地域范围内，利用招商局“益得”、“普济”等轮船与越南政府官员及刘永福等进行联络与沟通，获取最新而准确的越南实况信息及法方军情。这些信息通过招商局轮船经香港送达两广总督或北洋大臣处，再经他们报告总理各国事务衙门，为清政府制定对越、法政策提供了重要现实依据及建议。

另外一类是来华的越南使节。已如前述，1883 年，越南使节范慎遹、阮述等奉旨赴清公干，阮皤为驻广州钦派，主要任务为传递公文。至于后来又被改派为赴津备问的范慎遹、阮述，除同清朝官员进行直接交流外，他们还有一项重要的政治使命是将他们从清朝获取的信息及他们的出使情况以公文形式发送回越南，而公文发送则“由天津招商局轮船递回香港，交钦派谢惠继[3]另寄回国”[4]。同时，他们还要把轮船招商局寄来的本国机密文件及时报告北洋大臣，以让清政府及时了解越南情况，制定相应政策。

值得一提的是，香港成为中越信息传递的重要中转站。据上表可知，香港招商分局在转递清方信函方面扮演了如下角色：一是香港招商分局向清政府转发越南各招商分局的信函；二是香港招商分局局务人员通过到港的轮船及越南华侨商人打探越南情况，进而上报两广总督。而越南方面的信函的传递也离不开香港，主要由越南驻香港钦派谢惠继转递。

明确了轮船招商局如何获取与传递越南的现地实情，那么这些信息的价值何在呢？尤其对于李鸿章对越南问题的认识又有何影响呢？

---

① 陆建勋，号榕村，先是在越南海防自开行栈，以代理招商局海防局务，后为总理海防局务委员。海防分局设立之初没有建房，唐廷庚、马复贲曾借住陆处。关于陆建勋，《中法越南交涉档》（一）第 260 页记载为代理招商局“陆达勋”，而《中法越南交涉档》（二）第 793 页则记载为总理局务之委员“陆建勋”，系指同一人。

② 张霖系粤商，久居西贡，监管华民。关于张霖，《李鸿章全集》卷 33 第 126 页记载为“张霖”，第 239 页又记载为“张沛霖”，而《中法越南交涉档》（一）第 215 页记载为“张霖”，《中法越南交涉档》（二）第 1040 页又记载为“张沛霖”，第 1104 页记载为“张霈霖”，其实均为同一人，即轮船招商局驻西贡代办。

③ 即谢述甫，为越南政府派驻香港钦派。

④ ［越］阮述撰，陈荆和编注：《阮述〈往津日记〉》，第 31 页。

第二节　李鸿章对越南问题的早期认识

据笔者初步查核，在1882年1月至1883年9月期间，清政府通过轮船招商局获得的从越南方面发出的信函达52件之多。这些信函包含的具体信息主要的则有90条之多，主要集中于法国军情、越南现状与内幕、刘永福、法越交涉及清军驻越等几个方面，具体分布情况大约为法国军情24条，约占27%；刘永福19条，约占21%；越南现状与内幕19条，约占21%；法越交涉19条，约占21%；清军驻越情况5条，约占6%；其他4条，约占4%。上述几方面的信息对李鸿章早期对越南问题的认识具有十分重要的意义，具体说来，笔者以为至少有如下三点。

一、对越南当局的认识

李鸿章虽然身在北洋，但身兼办理清朝外交事务的北洋通商（钦差）大臣一职，对于中国西南边疆的危机不能不加以关注，尤其是对于越南这一重要属国的了解。从笔者所掌握的资料来看，他对于越南国力的衰弱及其与法国签订条约而不通报清政府的情况还是有所了解的，而越南的所作所为给李鸿章留下了“首鼠两端”的不良印象。

随着越南问题的恶化，受清政府之命而负责筹划越南事务的李鸿章不得不对越南的现状作更详细的关注与了解，所以才命轮船招商局参与探测越南的现地实情。从越南发回的信息来看，有的内容关涉越南当局者。

具体说来，越南君臣的情况从马复贲与越官笔谈的内情可知大概。马复贲在信函中指出：“自抵顺化，国王即避嫌不见，无由察言观色。然闻王即位于今三十六年，九年以前励精图治，自与法立约，忧愁日甚，政渐废弛。年五十余尚无嗣。前立兄弟之子，比及弱冠，虑其情性轻浮，不足任重。再立侄二人，现闻前后所立各不相能。其为人有谋而无断，自开他日内乱之渐，不知预防，虽非昏庸之主，而暮气已深矣。其相臣陈浅诚，为王之姻娅，年已七十余，闻其公虽公，其才虽短，亦非拨乱之臣。其六部之臣则势分朋党，愚者多而贤者少。闻一二有为之臣亦无权，不能建白。至笔谈数日，亦未见其有何方略。初则惊慌失措，继则反复猜疑，终究其自筹之策，惟有效死勿去乞中国垂怜拯救而已。察其辞气，终属首鼠两端。”由此条信息，至少可以得出如下几点认识：第一，越南国王不敢亲自接见清朝官员，一个很重要的顾虑就是害怕得罪于法国，从而反映了越南当局此时对法国仍抱有幻想。李鸿章对此有着清醒的认识，即他一直认为越南已“阴降于法”。第二，越南君臣不思进取，朝纲紊乱。第三，越南当局面对困难，坐以待毙，首鼠两端。

马复贲与越官谈及山川地势时，越南官员“含糊寡言”。借阅越南地图时，越南官员又“支吾搪塞”。

至于越南的政令风俗，“富宦益务贪啬，贫民不知积聚，人鲜恒业，游惰成风。广顺以南各省，地愈狭，产愈微。为其上者复百计掊克，既有西教蛊惑利诱，得不殴而归之。法员所称六百万生灵效命之说，不尽诗词，而其尤敝者则在廉耻不存，疑诈相习，君臣上下不以信守，其上朝三而暮四，其下阳奉而阴违。传曰民生在勤，勤则不匮，又曰民无信不立，此又越国贫匮积弱之所由也。夫越人今日财富久空，兵力复薄，既与法人逼处，又终不能自立，现虽恭顺天朝如依慈母，若必如曾侯言嘱越王无与法轻立新约，非但此时法人临之以兵，不能不惟命是从”①。

上述越南孱弱的现状及其君臣多疑的表现，使李鸿章对越南不敢有积极的作为，为此，李鸿章认为当下对于越南问题的处理只可采取“不即不离，随时设法调停”② 的消极观望策略。

二、对法国军情的认识

表1所列信息内容有关法国军情的有24条，实际情况肯定要远远多于这24条，但仅就这24条而言，也包含了当时越南各地的情况，仅列两例加以分析。如在顺化的情况是“外面军情少有闻见。惟闻法人前调兵船来

---

① 《总署收两广总督张树声函　附二：马复贲致唐士贵函》，郭廷以、王聿均主编：《中法越南交涉档》（一），第258～262页。

② 《致总署　论法越交涉》，顾廷龙、戴逸主编：《李鸿章全集》卷33，第91页。

广南者，系探测各口水道”。在海防的情况是“见法人向时泊此大小兵船半多开去，仅存枝半桅兵船一只。所闻开往西贡之船今日尚未来此，所谓钢皮浅水火轮舢板原泊之一只已经开去，余四只亦未见陆续来到，添兵添船之说亦无影响，不知法人之狡谋诡计又是何用意……故法国之兵船及各国之商船均由桃山海口入泊海防”①。李鸿章得知此信息后，认为“该国目前尚无甚举动，似是虚疑恫喝之故技。只要滇、粤边境稍有防备，刘永福果能忠勇力据，军火备足，则胜负尚不可知。西人用兵素最慎重，即有浅水钢皮轮船，未必遽而深入也”②。李鸿章认为法国不会采取军事行动，事实上是受到了当时法国驻华公使宝海的鼓励。法国公使宝海从上海到天津与李鸿章会面后，李鸿章即向其询问说“外间传闻，法有吞并越南之志”，而宝使声言法无并越南之意，亦无阻其朝贡之心。③ 而事实上宝海也不知道法国实际上已经确立了要通过军事行动来建立对越南保护国的政策，1882 年 4 月 25 日法军占领河内及法国宝海公使被无故撤回即是明证。所以，李鸿章关于法国军情的认识是不准确的，也为其在越南问题上的军事部署带来消极影响。

三、对刘永福及黑旗军的认识

对刘永福的认识，负责处理越南事务的李鸿章一直心存偏见。他认为刘永福“则土寇伎俩耳。粤捻之役，凡土寇聚结山谷者，无不被贼攻陷。粤捻尚无根之贼，法自恃强，岂恳终为刘所阻。且同治十三年越王与法订约，通商红江，而刘独持之，若能永远支拄，中国亦愿借固边防”④。言外之意，刘永福的土匪出身注定其成不了大器，且 1874 年法越条约规定在保胜通商，而刘永福盘踞保胜不肯撤出，致使法越条约无法履行，李鸿章认为是刘永福影响了越南问题解决的进程。而清政府也认为刘永福“恐未可深恃，且虑行迹太露，转致枝节横生”⑤。鉴于此，对刘永福信息的准确掌

① 《附　照录唐道廷庚来文》，顾廷龙、戴逸主编：《李鸿章全集》卷 33，第 127 页。
② 《致总署　筹议越南》，顾廷龙、戴逸主编：《李鸿章全集》卷 33，第 129 页。
③ 《法国宝使来署问答节略》，顾廷龙、戴逸主编：《李鸿章全集》卷 33，第 89 页。
④ 《复张蒉斋署副宪》，顾廷龙、戴逸主编：《李鸿章全集》卷 33，第 211 页。
⑤ 《清德宗实录》卷 140，中华书局，1986 年，第 1010 页。

握则显得至关重要。所以，刘永福成为越南探访者所关注的一个重点。据表1可知，他目前“气概尚强”，越南政府“所深恃者刘永福一人”，[①] 其所占据的保胜为法国通商与进军北圻的重要障碍。越南坐探马复贲基于对刘永福的此种认识，遂向清政府建议“宜予计诱招抚”[②]。清政府考虑到黑旗军可与滇、粤防军声援，遂下令“设法笼络，俾为所用”[③]。马复贲与后来赴越的唐景崧多方联络刘永福，积极争取，终为清政府所用。李鸿章虽然对刘永福多有顾忌，但在当时的军事情势之下，李鸿章又不愿意亲自出兵越南同法国进行对抗，也只能接受刘永福为清政府所用的现实。后来，刘永福在清、越政府的支援下，取得了纸桥大捷等一系列对法军事上的胜利。这些信息的及时获得，增加了李鸿章同法国公使宝海及其继任者脱利古谈判的资本，对于中法战争前夕越南前线敌我双方军事实力对比无疑产生了重大影响。

小　结

综上所述，1880年以来，随着法国对越南政策的全面展开，越南对华朝贡行为及其贡道受到法国的有意阻挠，中越官方往来几至断绝。此时李鸿章受清政府之命筹划越南问题。为了同越南当局取得联系，获取越南的现地实情，李鸿章充分利用其手中的资源，即轮船招商局，参与到越南问题中来。轮船招商局充分发挥其运输及商业功能，为中越使节往来及探测越南的现地实情作出了重要贡献。这也是李鸿章初次参与筹划越南问题的重要作为之一。大量越南现地实情的获得，使李鸿章对越南孱弱的现实、越南当局首鼠两端的态度、法国军情及刘永福有了更加深刻的认识，也成为其对越南采取消极政策的思想根源之一。

---

① 《附　照录唐道廷庚来文》，顾廷龙、戴逸主编：《李鸿章全集》卷33，第126页。

② 《总署收两广总督张树声函　附二：马复贲禀》，郭廷以、王聿均主编：《中法越南交涉档》（一），第218页。

③ 《清德宗实录》卷150，第122页。

第三章

【李鸿章与越南政府联合解决越南问题的努力与失败】

1883 年，经过与清政府的协商和沟通，越南政府派出以范慎遹、阮述为代表的使团来华，以备李鸿章与法国驻华公使宝海谈判时咨询及与清朝议决越事。李鸿章在此次越南遣使事件中起到重要作用。首先，遣使前，通过与越南的秘密接触，李鸿章对越南欲借世界公论来摆脱其国家困境的诉求有所了解并给予一定程度的肯定；其次，因李宝谈判的需要，在李鸿章的变通下，遣使事件成为李鸿章与越南双方调整政策共同抗法的一次尝试；再次，外交努力失败后，李鸿章采取了“固防观变”的军事策略，越南遣使请求清朝军事援助的计划落空，越都顺化的沦陷基本宣告了此次遣使的失败。尽管由于李宝谈判破裂等原因，越南政府的此次遣使未能取得实质性的成效，却仍不失为中法战争前夕中法越三方唯一一次就越南问题开展多边协商与交涉的尝试，对此后的越南问题以及中越关系都产生了重要的影响。对于如此重要的历史事件，学界的研究却只局限于简单的事实陈述且语焉不详，[①] 对于李鸿章在该事件中所起的作用及该事件的详细过程及其历史意义鲜有论及。本章依据新版的《李鸿章全集》和学界利用较少的越南汉籍《阮述〈往津日记〉》，辅以新近翻译出版的法国外交档案[②]等中、英、法、韩等多种语言史料及相关研究成果，从李鸿章的视角来全面考察该事件的来龙去脉，进而分析其对越南问题以及中越宗藩关系的影响。

第一节　中越秘密接触过程中的李鸿章

如前所述，中法战争前夕，越南对清朝的朝贡行为及其贡道受到法国殖民当局的有意阻挠，中越官方往来几至断绝。面对来自法国的威胁，清朝方面，除在外交层面通过驻法公使曾纪泽向法国外交部重申中国对越南的宗主权、军事层面指示因在越南剿匪驻留的清朝军队原地驻扎布防外，

---

① 相关成果主要有余定邦、喻常森等：《近代中国与东南亚关系史》，第 318～319 页；廖宗麟：《中法战争史》，第 42 页。

② 张振鹍主编：《中国近代史资料丛刊续编——中法战争》（第 4 册），中华书局，2002 年。内容为翻译的法国海军部及外交部档案。

1881 年 12 月，清政府谕令北洋大臣李鸿章负责“妥筹越事”。[①] 李鸿章接到谕旨后，遂即采取了加强中越联系的举措。

一、招商局官员唐廷庚与越南官员的秘密笔谈

由于中越之间正常的官方联系被法国所阻挠，李鸿章为了取得与越南的联系并熟悉、掌握越南的现地实情，遂派招商局广东分局局董唐廷庚等赴越南以运粮为名进行秘密侦探活动。1882 年 2 月 11 日，唐廷庚与马复贲等抵达越南都城顺化，遂要求面见越南嗣德帝阮福时，却没能如愿。至于其原因，由唐廷庚与越南官员的笔谈录中可窥知一二。据唐廷庚的笔谈记录来看，此次唐廷庚在越都顺化同越南官员秘密笔谈共七次，其中前两次，即 2 月 11 日和 12 日，系同越南礼部侍郎陈叔讱主要围绕面见越南国王的事情进行的。其余四次则由唐廷庚同越南户部尚书、协办大学士阮文祥进行笔谈。最后一次，即 2 月 26 日，唐廷庚没有参加，由随从马复贲同阮文祥笔谈。至于其笔谈的具体内容，择其重要者选录，据此分析越南政府对时局的认识与应对之策。

1882 年 2 月 11 日，唐廷庚（以下简称“唐”）偕马复贲与越南礼部左侍郎陈叔讱（以下简称“陈”）及礼部参知阮文邃笔谈录。[②]

唐：此次非为运漕之事，别奉有密件，经督宪（笔者按：指两广总督张树声）奏派本道率同马大使（笔者按：即马复贲）面见贵王，方可传说。兹有咨文一封，烦贵官即日奏进，议定于何日进见。并一切仪节先期知会，以三日为约。

陈：上国恩待下国极厚。下国一心恭顺，何敢有他。但现在外人不愿下国与上国交往，时常刺探，进见恐启外人疑心。

唐：某等皆招商局官员，既代办贵运务，外人何能止某处之见王。

① 《总署收军机处交出上谕》，光绪七年十月十五日，郭廷以、王聿均主编：《中法越南交涉档》（一），第 180 页。

② 《总署收两广总督张树声函　附二：唐廷庚与越大臣笔谈清摺》，光绪八年二月二十三日，郭廷以、王聿均主编：《中法越南交涉档》（一），第 268 ~ 269 页。

陈：现在时势不皆当年，下国久为外人所制，若一触其忌，别生事端，下国朝夕难安。亦知上国常有怜助之心，但恐鞭长不及马腹。

唐：某等此来，现经两广总督部堂奏明圣天子，特派面见贵王，传知密件，某等安能中止。俟贵王拆阅咨文后，当有论定。至鞭长莫及一语，某等与贵官身为臣子，只当就事论事，未便多言。

陈：鞭长莫及系下列忧时之苦心，偶然然出，自知笔过。

唐：君之苦心为国，某亦非以言语相责。特某等自己表明不敢妄言耳。但贵官屡言外人，究何所指。

唐廷庚与陈叔讱的笔谈主要是围绕唐廷庚面见越南国王之事进行的。由笔谈内容看，至少可以反映出如下两个问题：一是越南政府对法国心存畏惧；二是越南政府对清朝的援助没有信心。由此可以推断，正是上述两个原因，越南国王才不敢、不愿面见清朝特使唐廷庚。换言之，该王以“向未接见天朝官员，恐启外人疑忌为辞”[①]。不肯相见，实际上是“恐露其臣服中朝之迹”[②] 而遭法人疑忌而已。因为越南此时还没有得到清朝实际的军事保护，所以越南还不敢同法国完全决裂。但越南国王不接见清朝官员的事实则成为后来李鸿章判定越南首鼠两端的铁证，为中越关系留下阴影，也为李鸿章同越南政府联合解决越南问题的失败埋下隐患。

1882 年 2 月 14 日与 16 日，唐廷庚等同越南国王特派代商之官员越南户部尚书、协办大学士阮文祥（以下简称“阮”）笔谈录。[③]

唐：天朝以贵国职贡效顺，故推恩旁逮，较诸属国为尤隆。前贵国即私背天朝与法人立约，今闻贵国有不测之患，犹必传知，可抑见天朝仁厚。贵国近与法人交往渐深，亦知法人近日举动否？

阮：下国与法人交，但苟求睦邻而已。向来为彼百端欺制，控诉无

---

① 《附　照录唐道廷庚来文》，光绪八年二月初十日，顾廷龙、戴逸主编：《李鸿章全集》卷 33，第 127 页。

② 《总署收广西巡抚倪文蔚函》，光绪八年五月二十日，郭廷以、王聿均主编：《中法越南交涉档》（一），第 377 页。

③ 《总署收两广总督张树声函　附二：唐廷庚与越大臣笔谈清摺》，光绪八年二月二十三日，郭廷以、王聿均主编：《中法越南交涉档》（一），第 271 ~ 274 页。

门。近据日报中好恶之词不一。上列所闻何事，幸即明告。

唐：据贵国所闻，法人最恶之词若有大利害否？

阮：法人常劝下国自谋富强，莫与天朝往来，此外亦无别语。但下国久赖封殖，安能就犬羊之国而不归父母之邦乎？

唐：贵国向与法人和约，因尚能睦邻安民，故天朝概置不问。今所闻之件实关贵国之社稷安危，贵国其早谋所以自全之策。本年九月钦差大臣曾（笔者按：即清朝驻法公使曾纪泽），访得法人议政院密议，抄取由电报密递回京（笔者按：即清朝首都北京）。据法人议内云，贵国东京一带土地肥沃，产米既富，各山藏矿又多，谋由红江攻取东京各处。法员派驻贵国有名脱朗者，力请发兵，且言广南各省民心归附，有愿以六百万生灵归心于救命之主等语。又从前攻东京时仅十余人，枪只一放。今日越南之弱，并枪不用放，即可唾手而得。当经法政院议定，即由该国及西贡各路暗调兵船潜谋袭取。至目前所闻，法人欲保胜而但攻刘永福，恐犹系狡诈之托词。某等之来，遇事慎密，非自畏法人也。虑或漏泄，则法人之攻贵国益亟，是无益而有害也。贵臣既奉王特派，想向日之忠诚为国昭鉴。王心尚善，体天朝轸念之诚，与自全贵国之道，迅密转奏贵王，早筹良策。

阮：（该尚书侍郎骤闻此信，面目改色，反复展观）向以下国土瘠民贫，法当无意攻取。乃不料其蓄谋如是之险。下国久赖封殖，今削弱已甚，何能自保，惟抑天朝恩全。既蒙上列下降，必有良谋，幸早赐教。

唐：某等但奉传信之命，未奉别语，何敢妄言。贵臣今宜迅密奏王，早自筹划，若有何策，或令某等预闻一二，以便将来回东复呈。

阮：下列苦心欲死，惟难向他人言耳。今晚当密奏本王。

（以下为1882年2月16日笔谈录）

唐：连日贵国自筹之策若何？

阮：下国与法人交往，惟知以信自守，法果背约侵侮下国，君臣悉力以拒，与城存亡。

唐：贵臣所谓悉力以拒，贵国兵之多寡，粮之盈绌，良将何人，何险可守？

阮：下国守具自知不足以拒法，地形之险，则北有横山，南有雄关，一夫可以当关。

唐：此特贵国都城之险阻耳，东京一带，港汊较多，今闻法人特造钢皮舢板，专行浅水港口，曾闻之乎？至刘永福现遏保胜，兵力究竟若何？若法攻东京，能否分兵下拒？

阮：永福在下国可称材勇之将，然与法人相拒，能守保胜已足，安望其兼保东京？

唐：询刘永福为人？

阮：永福虽系匪类，自下国抚用之后，尚一心为国，但目前购运军火不易，海防既为法人阻拦，钦州内地又恐犯天朝之例禁。如蒙督宪大人知照各地方官暗为保护，便于购运，则感恩无既。

唐：此事关碍甚大，恐督宪未便允从。

阮：现在下国自度以力拒法，总难深恃，惟欲抑求天朝，明认下国为藩属，代向法人理论。曾大人现为各西国所敬服。前年天朝与俄人换约之事，闻皆系曾大人用言折服之。今法人于情理不顺，若得曾大人代下国理论，当令法人忌惮而止。

唐：贵国原属天朝，亦西洋各国所共知，曾大人前此一闻此信，即为贵国辩论。奈法人以贵国前既立约，与彼邻邦，云天朝何必过问为辞，私约一层，是贵国先授法人以柄，故今日天朝虽有怜助之心，亦多未便。

越南国王虽然碍于法人的淫威而不敢亲自接见清朝官员唐廷庚等，但他也不敢完全怠慢清朝官员，于是派出户部尚书、协办大学士阮文祥代商。这说明他对清朝的援助还是抱有希望的。就唐廷庚与阮文祥的笔谈内容来看，越南政府对于法国吞并越南的野心不甚明了，当得知法国吞并越南的消息后更是茫然无措。问及越南政府的应对之策时，只有同法国誓死抗争的雄心而无具体的对抗资本与准备，唯将希望又寄托于清朝的援助。具体而言，军事上请求清朝协助购运军火；外交上希望清朝在世人面前重申中越宗藩关系，据此同法国进行理论。然而，越南同法国立约的事实使此时的清政府陷于被动。条约与朝贡的博弈贯穿于中法越南交涉的始终。

上述唐廷庚同越南官员的秘密会见与笔谈，使清朝对越南当局无知、无备、无助的现实有所了解。更重要的是越南国王借此次唐廷庚等同越南官员秘密会谈的机会命阮文祥向唐廷庚秘密表达了越南政府的“三点意见”，并请唐廷庚将此意见转达给负责处理越南事务的直隶总督兼北洋大臣李鸿章，请求援助。

二、越南政府的“三点意见”与李鸿章的应对

1882年2月14日，特派协办大学士阮文祥秘密会见唐廷庚并转达了越南政府有关中越关系的如下三点意见：“一、我国朝贡于清，诸国皆知，清国设有总理衙门，公论所在，倘他（笔者按：指法国）生心悖约，则清认为属国与诸邦争辩，则他亦不敢违公论以独行其意，仍许我国设官于清都驻候，若有何事得于总理衙门控诉；二、广东现闻诸国领事多于此住，欲赖东督奏准我国设一领事于此，以便往来商卖通报信息，因与诸国交游，得以通达情意；三、我国欲派人遍往各国如英、俄、普、法、美、奥、日本等国探学，未得其便。清国有船常往诸国，欲赖搭行无碍。”① 而唐廷庚呈报李鸿章有关越南政府的“三点意见”则为“一、派员赴京求救，并求入总理衙门学习，令彼得预闻西国举动；一、派员往英、法，求出洋钦差大臣明认该国为藩属，代向外部辩论；一、求两广督宪饬附近钦州各地方官为伊保护，刘永福俾得潜置军火”②。《大南实录》所记载的“三点意见”与唐廷庚上报清政府的“三点意见”大致相符，只是“没有包括刘永福一项，这是经过会谈后才加入的”③。

具体来说，当时越南政府对清朝的要求，一是派遣常驻外交代表驻扎北京，以便与清政府保持密切联系与沟通，以抵制法国“生心悖约”；二是派遣领事常驻与越南邻近的广州，如此不仅可以“往来商卖通报信息”，而且还要“与诸国交游”，亦即与各国开展近代外交关系；三是希望获得清政府支持（准许搭乘中国轮船）向西方及日本等国家派遣“探学”人员，亦即公务考察与留学人员。单从内容来看，上述意见不仅体现了越南政府对清朝交往方式和内容的变化及想借助清朝帮助与国际公论来改变越南所面临的困境的愿望，还包含试图进一步改变中越传统宗藩关系而开展近代对外交往的意图，表明面临法国殖民侵略迫切威胁的越南阮氏王朝有意突破传统宗藩关系的局限以应对中越关系的新局面。无论当时的越南政

① 许文堂、谢奇懿编：《大南实录清越关系史料汇编》，第452页。

② 《附　照录唐道廷庚来文》，顾廷龙、戴逸主编：《李鸿章全集》卷33，第127页。

③ 许文堂主编：《越南、中国与台湾关系的转变》，第45页。

府是否已经充分地意识到了这一点，上述的变化仍可以视为中越关系乃至以中国为中心的传统东亚宗藩关系体制开始近代转型过程的一个例证。

李鸿章通过唐廷庚的秘密报告获悉越南政府的意见后，对于越使驻京一项表示了一定的认同。事实上，早在1881年，驻法公使曾纪泽根据对时局的分析，即向总理衙门提出了筹办越事办法七条，其中前两条和越南政府的意见很接近，具体内容为："一、越南除例遣贡使之外，宜专派精通汉文明白事体大员，长住京师，听候分示，转报该国；二、越南系中国属国，例不得擅遣使臣驻扎他邦，然该国如派一精通汉文明白事体之员，带同法文翻译官一人前来西洋，作为敝处随员，亦可常探西洋消息，报其国家。"① 1882年3月28日，李鸿章致函总理衙门表示："敝处先于上元节议复颉刚（笔者按：指曾纪泽）所商办法七条，胪陈清听，方虑越南派员驻京，并赴出使英、法大臣处坐探两条或有窒碍。顷接招商局员唐廷庚移复沪局总办来文，据称，去腊二十六日往顺化都城与该国王特派之陪臣阮文祥密谈，转求其派员赴京，在总署学习，并派员往法，求星使明认藩属，代向外部辩论各等语，似颉刚所拟办法正合该国王之意……至该国久隶中朝藩属，若自愿专派大员长住京师，随事请示，似属有益无损，外人亦未便过问。"② 于是，4月2日，他在给越南国王复文中指出："派员赴总署学习交涉事宜一节，尚属可行，事关变通旧例，自应由贵国王咨呈礼部，据情代奏，听候大皇帝谕旨懔遵。"③ 换言之，李鸿章一方面出于现实主义的政策考虑承认根据形势变化变通旧例的必要性，一方面仍要求越南国王按照传统宗藩关系的惯例与渠道来获得咨请清政府礼部代奏并"听候大皇帝谕旨"，正是反映了当时清政府既不能不部分地接受近代条约关系体制的形式与内容，同时又不肯完全放弃传统朝贡关系体制的所谓"一个外交两种体制"④现象与政策。

越南对外政策的调整不仅得到负责处理越南事务的李鸿章的部分认

---

① 曾纪泽著，喻岳衡点校：《曾纪泽遗集》，岳麓书社，1983年，第192页。

② 《总署收北洋大臣李鸿章函》，光绪八年二月十日，郭廷以、王聿均主编：《中法越南交涉档》（一），第247页。

③ 《复越南国王》，光绪八年二月十五日，顾廷龙、戴逸主编：《李鸿章全集》卷33，第133页。

④ 权赫秀：《晚清对外关系中的"一个外交两种体制"现象刍议》，第70～83页。

同，也得到了淮系出身的张树声的肯定。1882 年 4 月 10 日，时任两广总督的张树声在获悉越南的上述意见后致函总理衙门："以上所求各事，其第一第二两端（即：一是派员赴京求救，并求入总理衙门学习，令彼得预闻西国举动；二是派员赴英法等国，求中国出使大臣明认该国为藩属，代向外部辩论），事属创举。"① 其中"事属创举"一句，则足以说明越南的举措突破了宗藩关系的范畴，在张树声看来，此种创举是值得肯定的。5 月 31 日，时任署北洋大臣的张树声又一次致函总理衙门，重提"以越南所求三端请示，至今未奉核复"②。他在肯定对越南的新举措的同时表示了极大的关注，希望清朝高层能给予圆满答复。至于以李鸿章为代表并包括张树声在内的许多淮系出身的军政大员在中法战争前后越南问题上的主张与作为，无疑应是中法战争、中越关系近代转型过程乃至淮系研究中有待于进一步深化的一个重要课题。

正如论者指出，当时"清方原则上已同意越南派专员长驻燕京；以便于总理衙门经常联络，并同意协助越南派官员前往欧、美、日本各国考察"，而且越南"阮廷已摒弃其传统的闭关政策，颇有积极且迅速地图强之意愿。尤其欲'设官于清都驻候'之要求，清楚地揭露清越双方均有意加强联系与提携"。③ 那么，面对法国对中越宗藩关系的阻挠与破坏，如何在外交实践中实现中越之间的官方联系则成为中越双方迫切需要解决的问题。而李鸿章与法国公使宝海的谈判则为解决此一难题提供了重要的契机。

① 《总署收两广总督张树声函》，郭廷以、王聿均主编：《中法越南交涉档》（一），第 263 ~264 页。

② 《总署收署北洋大臣张树声函》，郭廷以、王聿均主编：《中法越南交涉档》（一），第 325 页。

③ ［越］阮述撰，陈荆和编注：《阮述〈往津日记〉》，解说，第 9 页。

第二节　李鸿章争取越南参加中法会谈的资格

一、李鸿章与法国公使宝海的谈判

在中国与越南进行秘密接触的同时，中国与法国也在外交上进行着频繁的交涉，越南遣使事件就是因李鸿章与法国驻华公使宝海的谈判才得以实现。

法国为了实现其在北圻建立保护国的目标，1882 年 4 月 25 日，法海军中校李维业（Henri Rivière）率兵占领河内。法国此举引起清朝对越南问题的极大关注，清政府听取各方意见，制定了“滇粤防军以剿匪为名藉图进步并派兵船游弋越南洋面”的应对之策。[①] 法国虽然占领了河内，但其本意则是想同越南当局单方面确立法越之间的保护与被保护关系，并不想同中国发生冲突。于是，法国外交部训令驻华公使宝海设法劝阻中国政府干预越南问题，并可以向中国政府保证说明法国“在红河流域的行动目的是恢复我们条约规定的正常秩序，恢复天朝帝国边界地区的公众的安宁，以及向外国开放一条通商道路，中国由于它的地理位置将首先从中获得好处”[②]。宝海得此训令，遂向总理衙门将上述法国政府之意见传达以表达谈判的诚意。为使谈判能进行下去，宝海“提及越南问题之本质，希望中法两国各不提出其与越南关系之原则问题。他指出‘中国若提出对越南之宗主权，则法国有其保护权以对抗；若中国提出传统以辩护其在顺化之地位，则法国可以其最近之条约以抵制。双方意见径庭，焉能协调？如在此方面进行不慎之争论，岂非加深双方间之鸿沟乎？’总理衙门颇为宝海

---

① 《总署收军机处交出张树声抄摺》，郭廷以、王聿均主编：《中法越南交涉档》（一），第 320 页。

② 《外交部长致宝海》，张振鹍主编：《中国近代史资料丛刊续编——中法战争》（第 3 册），第 602 页。

之说辞所动，因而建议由中法各派代表一人商议”①。

1882年11月24日及26日李鸿章同宝海进行商谈，“双方同意不谈宗主权及保护权，而设法解决实际问题”②，并达成初步意向。11月27日，李鸿章派马建忠与宝海商定协议文词，最终形成文字协议三条：

第一，倘中国将云南广西兵现在屯扎之地退出，或回本境，或离境外若干里之遥驻扎，宝大臣即行照会总署，将法国毫无侵占土地之意，并将毫无贬消越南国王治权之谋切实声明。

第二，法国切愿设法，自海口以达滇境，通一河路，惟使此路有裨商务，自应上达中国境地，以便设立行栈埠头等事。前有在蒙自设立口岸之说，今悉蒙自荒僻，顽民聚居之处，不若蒙自下游保胜一口较为便易，且河深利于行船，倘令商船溯红江而上，以保胜为止界，则中国应视保胜如在中国境内无异，在彼立关收税，使洋货入关后亦照中国已开各口洋货运入内地章程办理。中国亦应设法使云南境内土货运往保胜，畅行无阻，如驱逐盗贼，撤去保胜境上已有关卡之类。

第三，今为驱逐沿境滋事匪徒，令地面得以治理平静，中法两国国家在云南广西界外与红江中间之地划定界限，北归中国巡查保护，南归法国巡查保护。中国与法国互约申明永保此局，并互相立约将越南之北圻现有全境永远保全，以拒日后外来侵犯之事。③

二、李鸿章争取越南参加中法会谈的资格

上述法国公使宝海与马建忠所议三点协议，概而言之，即包含“中国将滇桂兵退回，通商事件，中法分巡红河南北”三层意思。④ 清总理衙门在得此信息后，对其持肯定意见，并于12月13日照会法公使宝海：“本衙

① 龙章：《越南与中法战争》，第98页。

② 龙章：《越南与中法战争》，第99页。

③ 《总署收署北洋大臣李鸿章函　附一：宝海议越事三条》，郭廷以、王聿均主编：《中法越南交涉档》（一），第532页。

④ 《复总署　论法越边事》，光绪八年十月十八日，顾廷龙、戴逸主编：《李鸿章全集》卷33，第180页。

门查应议各条，均须俟两国派定大员后，并应由越南国王遣派大员三面会商，斟酌妥议。总之，此事需要法国面上过得去，中国面上过得去，又使越南国能办得动，斯为尽善办法。”① 总理衙门的考虑不可谓不周全，既照顾到中、法两国的实际利益，也顾虑到在越南能否执行所议各条款的问题。而法国对于越南参加三方会谈持有异议，即“属邦未便会商”②，主要还是为了维护其在越南的保护国政策。在中、法就越南能否参加三方会谈出现分歧时，李鸿章综合考虑中、法、越三方面因素，于1882年12月27日致函总理衙门主张：“至越员会商，在我固无此体制，在彼（笔者按：即法国）亦未必甘心，今若与说明带同备问，似可兼顾越南一面。”③ 显然，李鸿章将越南“参加会商”变通为“带同备问”。正是如此变通，法国才允许中法谈判时越南在场。

其实，当时越南使臣参加李鸿章与宝海有关越南问题谈判的资格与身份是相当不明确甚至是尴尬的。因为按照宗藩关系体制，如让越南参加中法会谈，显然不符合越南的属国身份，而按照西方保护国原则，越南也是无权参加会谈的，这也是法国极力反对越南参加会谈的一个主要原因。李鸿章不但要让越南参加会谈，还要求“全权代表所作出的决议只有在顺化朝廷认可之后才最终生效”④。此举固然是出于利用越南来牵制法国的策略性意图，却也是为越南争取超越属国或被保护国地位的国际法资格，而这样一种争取努力本身已经是在开始突破传统宗藩关系的体制，不能因其努力最终失败而低估了其重要的历史意义。

---

① 《总署给法国公使宝海照会》，光绪八年十一月四日，郭廷以、王聿均主编：《中法越南交涉档》（一），第559页。

② 《复总署　欲筹越议》，光绪八年十二月十五日，顾廷龙、戴逸主编：《李鸿章全集》卷33，第201～202页。

③ 《致总署　陈法使仍依前议》，光绪八年十一月十七日，顾廷龙、戴逸主编：《李鸿章全集》卷33，第191页。

④ *Documents Diplomatiques Affaires du Tonkin*, *Deuxième Partie*, *Décembre 1882－1883*, Paris, 1883, p. 59，转引自 Eastman, Lloyd E., *Throne and Mandarins*, *China's Search for a Policy during the Sino－French Controversy 1880－1885*, Cambridge: Harvard University Press, 1967, p. 63.

第三节　1883 年越南遣使事件与李鸿章的应对

一、越南政府向清朝秘密派遣使节的经过

如前所述，正因为李鸿章已经了解到越南政府遣使赴清计划的真实意图，1883 年 1 月 10 日，李鸿章致函两广总督曾国荃，传谕在越南办理招商局事务的局员唐廷庚“商同越南派明干大官一二人，于正杪来华备问”①。越南政府在接到唐廷庚转递的清政府的公文后，遂“命刑部尚书范慎遹充钦差大臣，侍郎加参知衔阮述副之，往清国天津公干”②。自此，越南遣使赴清才成为可能。关于 1883 年越南遣使赴清的具体情况，详见下表③：

表 2　1883 年越南使节赴清情况简表

	使团成员	时间	使命	遣使路线	备注
赴粤使节	钦派：阮述 随员：阮藉、杜富肃、黎登贞	抵粤：1883 年 2 月 12 日 离粤：3 月 1 日	向曾督（国荃）投递国书	越南沱瀼港 —海南轮→香港 —河南轮→广东	1883 年 2 月 15 日得越南政府旨，阮述充副使偕范慎遹赴津

① 《致总署　述越南往还文牍》，光绪八年十二月二十三日，顾廷龙、戴逸主编：《李鸿章全集》卷 33，第 205 页。

② 《命范慎遹往清国天津公干》，许文堂、谢奇懿编：《大南实录清越关系史料汇编》，第 459 页。

③ 此表系笔者根据《阮述〈往津日记〉》与《建福元年如清日程》编制而成。其中，《建福元年如清日程》的具体情况详见该书附录部分。

（续上表）

	使团成员	时间	使命	遣使路线	备注
赴粤使节	钦派：阮皤 随员：黎得詠（侍卫）、张仲发（编修）及两名通事	抵粤： 1883 年 2 月 20 日 离粤： 10 月 25 日	传递公文	越南海防 普济轮→香港 汉口轮→广东	偕范慎遹从越南启程至粤，接替阮述驻粤
赴津使节	钦差正使：范慎遹 钦差副使：阮述 随员：阮藉（侍讲）、黎登贞（员外）、杜富肃（笔帖式）、阮文有（侍卫）、潘瑜（司务）	抵津： 1883 年 3 月 17 日 离津： 11 月 23 日	李鸿章与法使宝海谈判时备问，并与清政府议决越事	越南沱瀼港 海南轮→香港 河南轮→广东 富有轮→香港 富有轮→上海 海定轮→天津	范慎遹于 1883 年 2 月 20 日抵粤，3 月 3 日偕阮述从香港出发赴津，此前其具体航行情况与阮皤同，此表按阮述航行路线录入

上表所揭示的有关 1883 年越南遣使赴清的情况，笔者以为至少有如下三点内容值得关注。

第一，越南政府在广州设常驻使节。已如前所述，越南政府所陈三点意见中的第二点即请求清政府准其设领事于广州，但碍于宗藩体制，此点意见未得到清政府明确答复，因而在实践中才改为钦派。关于“钦派”与“钦差”，香港学者陈荆和在《阮述〈往津日记〉》一书的第 9 页“解说”部分指出，“钦差”为 Imperial Envoy 或特使，“钦派”指越南政府派出国外之专员。换言之，越南政府所派“钦差”除传递公文外，还可与清政府协商国事，其职权范围显然要大于专门负责递信事务的“钦派”。由此可知，阮述在此次赴清活动中，其身份与职务前后有变化，即先是充当“钦派”赴广东递信，继而又被改任为“钦差副使”赴津公干，而驻广东“钦派”则由阮皤继任。

第二，中越公文传递程序与渠道的改变。越南政府的公文一般情况下要由两广总督代呈。越南政府在广州设立钦派后，则可由驻广州钦派转递给天津的越南特使范慎遹、阮述，便可直接递交北洋大臣及总理衙门。这样，越南可以直接与清政府的高层联系，在提高其国家地位的同时，也可以提高其政策制定的针对性与时效性。

第三，关于此次遣使的使命问题。除传递公文外，还有一项使命，即在李鸿章与法使宝海谈判时以备咨问，并与清朝议决越事。法国因政局变动，对越政策也随之强硬，宝海在此种演变中则因法国政局尤其是对越南政策的上述变化而被召回，[①] 中、法、越三方会商的计划也就未能实现，越南使者在李宝淡判时备问的使命也就无从谈起。关于此点，李鸿章在第一次接见越南使节进行笔谈时即明确提出。

二、李鸿章与越南使节的第一次笔谈

据《阮述〈往津日记〉》记载，越南使节范慎遹及阮述等于1883年3月17日到达天津，但因正使范慎遹生病，未能于抵达天津的当日与李鸿章见面，仅将越南嗣德王致李鸿章之密函二件及呈礼部之文转交给李鸿章。直到3月24日，越使范慎遹与阮述才得以同李鸿章相见并进行笔谈。当时清朝在场官员还有署直隶总督张树声[②]。因在中法战争前后，中越官方的直接接触屈指可数，且负责处理越南问题的李鸿章对此次越南使节的接见算上此次也仅两次而已，所以，李鸿章与越南使节的笔谈实有详述之必要。关于笔谈之详细内容特录如下：

范慎遹（以下简称“范”）：下价范慎遹年庚乙酉五十九岁。
李鸿章（以下简称“李”）：病痊愈否？
范：下价贱恙幸痊十之七分。

---

① Billot, Albert, *L'affaire du Tonkin—Histoire Diplomatique de L'établissement de Notre Protectorat sur L'annam et de Notre Conflict avec la Chine, 1882 - 1885, par un Diplomate*, Paris, 1888, p. 35.

② 因李鸿章母亲去世，丁忧回籍，北洋事务暂由张树声代理。

李：国王好否？来书亦云有病，究系何病？

范：下国王抑托天朝福庇好。惟年来多事，积忧成病，如咳嗽眩晕等症。

李：法国与越立约几次？每次系在何年？

范：壬戌年曾立一次，至甲戌年再立新约，其旧约废。

李：属邦与他国立约必应报知天朝。如朝鲜与日本约，则具约本呈礼部转奏。现与美英德各国议约，皆请中朝核准，由本大臣派员前往会议，故约内条款有利无损。如果擅自与法立约，先未呈明天朝，后又未专使申报，显违属邦体例。今隔十年，始咨呈约稿，于事何济？

范：当年法国恃疆①凌迫，下国急于求安，且事出创举，体例未谙，致此违率，罪无可辞。抑祈天朝体谅，轸其迫切情形，略其前过，图以后善。俾下国长蒙覆庇之恩，是下国之福也。

李：壬戌既立一次，至甲戌再立，不得谓系创见。即云被人凌迫，事后即应呈报。该国从前蒙蔽，今日弥缝，究之成约，以后法人动以违约相责，此兵端所由开，中国如何能代解说。

范：壬戌之年既急于求安，与彼立约，又蒙天朝大体，略而不问，致又因循办过，觉来甚属径②率。至如法人所谓下国违约，均无事实，惟他恃强织说，以寻兵衅，致上述天朝，祈为排解。

李：天朝始实未知，并非略而不问。至法人所称违约，即指约内第十一款由红江通商云南，换约后即行开办。越官刘永福部众在红江上游阻挠，显违原约，故以进剿刘团为词。

范：下国与法人和约有由洱河上达上国云南境界，系出下国之界即接云南省界限，非谓可达其界内也。法国商船之不能往，系以上游江道滩石

① 原文如此，“疆”系“强”之误。
② 原文如此，“径”疑系“轻”之误。

险阻，火船不能行，非下国违约不许，亦非刘永福阻止之也。附呈说贴。[1]

李：该国与法约内本不应牵涉通商云南字样，即云接界，应仅提汝国界内何处为止，何可踰[2]界说到云南？此是大错。法人指称黑旗阻商路，黑旗即永福也。尊论非永福阻商，恐不足以箝法人之口。

范：癸酉年法人曾扰下国东京，下国官兵协同刘永福进剿，杀该国统兵（安邺），故该国积恨永福而不肯明言，只以阻商为词。

李：此事亦曾闻知。法人既藉口阻商，将欲添兵大举，贵国何以备之？

范：呈节略三纸：下国频年用兵，财力俱屈，此次诉于天朝，亦求力为排解，使他退听。下国亦愿守和好如旧，倘他不听，至以干戈相见，则下国于陆路尚可索赋以从，图为防守。至如沿海实不胜防，而顺安汛迫近国都三十余里，尤为关要。如蒙天朝设法派出兵船帮助，防守该汛口，方免别碍。下国北圻除沿边诸省外，其中州惟北宁山西与迤南之清化乂安诸省，地形险阻，可以扼守。至如河内（即东京）海阳南定宁平诸省，或沿海滨，或近江道，防守颇难。现有山北军次遥为声援，又有经略臣带兵巡缉，随机应卒。诸府县募勇，总社绅豪团结数多，彼若惹事，则纠合防剿，虽江道未能与彼争长，而陆路则彼亦难于得志。下国都城即近海口，而都城兵数满二万，夹近之广南广治二省，兵数更稀。陆路隔远，难于策应，若他横发，则根本既属可虞，而都中漕运全资北圻，海道或阻，更为深碍。

范：下国与法人约由洱河上达滇省界首，仍约以红江之左右陆路该商不得通行，至如江道则听他通行。他之不能往，系以江道险窄之故，非刘永福之禁阻也。惟法人以刘永福现居保胜，而先设疑心也。

---

① “附呈说贴”的内容主要是对刘永福非阻商路的原因解释。该贴具体内容为：“下国抚用刘永福（现授副提督衔，从统督黄佐炎调遣），许居保胜，以捍边匪，系在与法人未开商之前，非开商后始有此事也。刘团虽于此抽厘以济军饷，但凡经过商货而既有商政札文，则该团不敢复征。其所征惟白盐为多，而白盐系国内所出，非由宁海入港之货，是无碍于商路，其事甚明。法人所谓阻商，特巫说耳。”见《总署收署北洋大臣李鸿章函　附与越使谈话节略》，郭廷以、王聿均主编：《中法越南交涉档》（二），第715页。

② “踰”通“逾”。

李：余熟闻法使议论，故以实告，汝等必谓非阻商路，可自向法人辩说。中国原未认法越甲戌之约，更未便凭空谗言。

范：下国商船臣节次已与他辩说，而他不听，只要以斥阻刘团，下国区处未完，他即惹衅。其现在情形艰难如此，幸蒙天朝列上宪有心照顾，致下国均以情上诉，不敢虚饰。

李：中国亦欲力为排解。去冬法使过津，有两国派员会议越事之说，余曾于照复国王文内略为提及。今春又接电报，法国外部以津议各节未合法越成约，作为罢论。并闻法廷将添饷入越，未知于意云何？汝既称陆路可图防守，果能实践斯言，亦不必求中国援助。至中国现有兵船分防各海口，尚不敷措注，恐未能远赴顺安汛为该国助守都城。但都城兵数果有二万，即存半尚有一万，尤可背城战守也。

范：用兵之说实出于万不得已。其陆地则下国不得不自图防守，至于沿海与江道，而该船炮所及者，实力不能防，致上诉天朝者，亦以排解为先，既有派员会议之举，万祈贵中堂轸念，为德图终，与彼讲说，使下国得纾其难。贵中堂威略远播寰瀛，他所素慑，必能使之退听，而下国亦蒙覆庇于无穷矣。

李：现法国又不愿与中国会议越事，只有听之。余请旨准假归营葬事，不日启程，汝等在此静候，抑即回国耶。

范：下价此次承国命赴津，以候询问，兹承批示各理，则下价等空行无济，惭惧良多，进退维谷，抑承审定，下价不敢率请也。

李：稍换可再与张宫保①禀商，如本大臣在此一样。②

就上述李鸿章与越南使节范慎遹的笔谈内容，概而言之，主要有法越立约问题、刘永福阻挠商路问题、越南布防问题等。此外，李鸿章还向越南使节明确告知“法廷复翻前议，不愿中国过问”③越事，越南参加中法会谈遂不可能。毋庸赘述，这样一种令人遗憾的结局，与中越双方欲借此

① 系指张树声。

② 《总署收署北洋大臣李鸿章函　附与越使谈话节略》，郭廷以、王聿均主编：《中法越南交涉档》（二），第713～717页。

③ 《致总署　论越事应固防观变》，光绪九年二月十七日，顾廷龙、戴逸主编：《李鸿章全集》卷33，第220页。

次遣使解决越南问题的初衷相去甚远，这是令越南使节始料未及的。

从笔谈的内容也很容易判断出李鸿章基本是以责怪的口吻同越南使节进行问答的。李鸿章之所以态度如此，主要是因为越南政府直到越南问题已到不可收拾之地步才将越南与法国立约的情况向清朝汇报，造成清朝同法国交涉中的被动局面。尤其是与朝鲜相比，李鸿章认为越南的行为是有违属国的本分与忠诚的，进而认为越南有依靠法国而谋求独立之心。不仅如此，李鸿章对目前越南使节的表现也不甚满意，如范慎遹告知越都顺化大概有兵二万，而李鸿章当面询问与其一同从顺化到天津的清朝官员唐廷庚与马复贲时，他们却告知李鸿章“往来顺化未见一兵，该国以民为兵，多虚额而无实用，所言颇为伪饰”。就越南使节所呈递的 1874 年的法越《和平同盟条约》的约本而言，李鸿章认为与该国刊行及曾纪泽所翻译的文义也有差距，进而指出“其消沮闭藏之隐情，殊为可哂”。李鸿章又从唐廷庚处获知，“越王当日见中国内地多事，颇欲依附法人，故两次定约内多违碍中朝之语，不肯申报。迨中法狡谋，处处受制，惧其鲸吞蚕食，力不能支，又不得不求上国援助”①。据越南使者的表现及从唐廷庚处获知的越南当局的一些情况，李鸿章对越南政府更加不信任，而此种不信任可视为李鸿章对越南采取消极政策的原因之一，也成为 1883 年中越借遣使事件之机联合解决越南问题失败的影响因素之一。

三、李鸿章应对越南问题的“以夷制夷”策略

1883 年越南遣使事件中越南使节的一项重要使命即欲借此次遣使赴津的机会，请求清政府帮助其实施自强政策，并接洽无侵略野心之国家与越南订立条约。1883 年 3 月 24 日，李鸿章在天津接见越南特使范慎遹并与之笔谈，范慎遹转交嗣德帝致李鸿章的密函二件，其中嗣德帝提出：“越南甚欲自强，请求中国派遣工匠技师与军事教练，携带机械，在广南、沱瀼、海防、海洋等城市造船铸炮。如此办法难于实施，则请允许派遣数十名越南人前往中国新建兵工厂、造船厂，学习新技艺。并希望中国政府接

① 《总署收署北洋大臣李鸿章函　附与越使谈话节略》，郭廷以、王聿均主编：《中法越南交涉档》（二），第 713 页。

洽无侵略野心之国家与越南订立条约，派遣领事驻海防，藉以遏阻法国之侵略北圻。”[①] 李鸿章对于越南嗣德帝所表现出的自强之志给予肯定，并在致总理衙门函中特别指出：“该国王虽近耄荒，而于时势大局似尚明晓。”[②] 但“因局势变迁，无法实行”[③]。

至于越南与无侵略野心之国家立约以牵制法人的请求，则是越南政府“以夷制夷”策略的一种表述。越南国王在致李鸿章的密函中对此种策略有详细评述，越南国王指出：“而年来诸贤谋国，广交互市，设使习技，皆为当今之上策，无出乎此。第念素习与初习有间，未可以旦夕取效，苟欲万里重洋，冒险争长，勤远略，威不服，窃恐如元之征日本，有损无益，未为得策也，故宜以和守为宜，犯则驱除，服则通商，较为有益无损。所可惜者未能设计离间，使彼相攻，财力俱困，不暇远谋，以收东安安枕之利。目今西方大国惟英法美普俄而已。英与法则外亲内忌，普与法仇，美俄则旁观图逞。虽则已设公使总理，而未能申公论，使彼仍为党援，未足以制服之。窃望有何妙策能离间之，或以互市之利，以为操纵之权。”[④]

而此点则与李鸿章的“以夷制夷”策略不谋而合。众所周知，李鸿章对朝鲜问题的处理中的一个重要策略即让朝鲜同欧美各国签订通商条约来达到制约日本的目的。[⑤] 1883 年 4 月 22 日，总理衙门收到越南陪臣范慎遹禀文一件，该禀文指出：“如蒙天朝体顾，不弃藩封，使下国得如高丽之赖以绥靖，且得与各国通商，日增利益，凡事资有公论，不至孤立，是下国之甚愿甚望也。”[⑥] 此即询问越南能否效仿朝鲜与各国订约通商。总理衙

① 龙章：《越南与中法战争》，第 106 页。

② 《总署收署北洋大臣李鸿章夹单》，光绪九年二月十五日，郭廷以、王聿均主编：《中法越南交涉档》（二），第 699 页。

③ 龙章：《越南与中法战争》，第 108 页。

④ 《总署收署北洋大臣李鸿章夹单　附越南王密函》，郭廷以、王聿均主编：《中法越南交涉档》（二），第 701 页。

⑤ 详见［韩］权锡奉：《清末对朝鲜政策史研究》，（首尔）一潮阁，1986 年，第 79 ~ 116 页；权赫秀：《19 世纪末韩中关系史研究——以李鸿章的朝鲜认识与政策为中心》，第 38 ~ 52 页。本书第五章有详细论述。

⑥ 《总署收署北洋大臣张树声函　照录越南陪臣范慎遹等复禀一件》，郭廷以、王聿均主编：《中法越南交涉档》（二），第 758 页。

门对此的答复是“将来或仍仿朝鲜例，由越南与各国议订商约，再由署北洋大臣李鸿章等酌夺情形办理”[①]。

不仅如此，法国对于越南遣使赴津事件还作出了种种猜测。其中最重要的一条是认为清朝会充分利用此次越南遣使赴清的机会大做文章，时任驻华公使的宝海在致法国外交部长杜克列（Duclerc）的信函中表达了此种猜测：“今天是要派一个安南使节去欧洲，由中国外交使节介绍给各国政府并在这些外交使节的支持下与各国政府进行谈判，以便准备我前面所说的事（笔者按：越南与欧美各国签订条约，达到制约法国的目的）。安南使团的人员已经配齐，其中包括最近派到广州、然后去天津的官员；这些官员一到那里就被留下，以便把他们用于上面提到的事（笔者按：即越南遣使赴欧美之事）。”[②] 关于法国的此种猜测与担心，据有关资料表明，也并非毫无根据。众所周知，李鸿章对朝鲜问题的处理中的一个重要策略即让朝鲜同欧美各国签订通商条约来达到制约日本的目的，正因有此先例，法国才担心清政府会故伎重演，损害法国在越南的利益。

事实上，李鸿章早已在越南问题上开始推行其惯用的“以夷制夷”策略。早在 1881 年 12 月，李鸿章同英国驻华公使威妥玛（Sir Thomas F. Wade）会谈时，就明确指出“越南与缅甸、印度毗连，如越为法吞并，亦于英土不利”，因而建议威妥玛与英国外部商议，“派使与越南议立通商条约，以牵制法人，使勿进步”。[③] 然而，威妥玛并没有接受李鸿章的上述建议，认为法国人在越南的地位已经很稳固，要加以制止是办不到的。[④] 李鸿章试图劝说英国与越南立约的策略也就未能实现。到 1883 年 6 月，李鸿章致电驻德公使李凤苞，要求他告知德外部“或劝派使与华、越订通商之约”[⑤]。然而，正如论者指出，当时的德国政府“时而表示同情中国，

---

① 《总理各国事务衙门筹办法越事宜摺》，中国史学会主编：《中国近代史资料丛刊——中法战争》（五），第 144 页。

② 《宝海致外交部长》，张振鹍主编：《中国近代史资料丛刊续编——中法战争》第 4 册，第 289 页。

③ 《致总署 论法越交涉》，光绪七年十月二十七日，顾廷龙、戴逸主编：《李鸿章全集》卷 33，第 91 页。

④ ［英］季南著，许步曾译：《英国对华外交（1880—1885）》，1984 年，第 91 页。

⑤ 《寄驻德李使》，光绪九年五月十二日，顾廷龙、戴逸主编：《李鸿章全集》卷 21，第 58 页。

时而态度倾向法国，其予人之印象为兴风作浪，李鸿章谓其‘专于簸弄’”[①]，李鸿章劝说德国与越南订约的计划也告流产。于是，李鸿章又转而请求美国驻华公使杨约翰（John Russell Young）出面调停，却遭到了法国的拒绝。[②] 鉴于上述外交努力失败的经历，李鸿章认为“各国与越订约似宜于越战稍定后方可”[③]。

总之，尽管由于西方列强之间的利益关系及战争等因素的制约，李鸿章试图通过劝说西方列强与越南建立条约关系以牵制法国的策略及其一系列的外交努力，最终都没有得到落实。然而，上述外交努力的失败事实并不能否定如下的一个事实，即在中越传统宗藩关系遭到法国侵略威胁之际，清政府与李鸿章曾经试图借用近代条约关系的形式与内容来继续维护传统宗藩关系，而如此借用近代之手段以寻求维护传统体制之目的正是19世纪末晚清政府内外政策的一个基本特征。

四、李鸿章应对越南问题的“固防观变”的军事策略

1883年越南遣使事件中越南使节另一项重要使命就是试图通过此次遣使赴清的机会获得清政府的军事援助。法国之所以撤换公使，撕毁协议，其实早已确立了通过武力来实施其在越南建立保护国的政策。越南当局无力抵抗，只得向清朝求援。如前所述，1883年3月24日，越南特使范慎遹同李鸿章笔谈时即向李鸿章提出请求清政府派兵船往助顺化，而李鸿章则以“目下南、北洋兵船尚未练成，断断无可远派，且法国水师擅长，实非中国兵船所能制胜。吴全美凑集数船，奚足以与法船角逐，只可在粤、越交界遥作声势”而予以回绝，并制定了“固防观变”的观望策略，命“滇、粤力添兵进扎，严明约束，固我边防，徐观其变，再作区处”[④]。在清政府获悉越南南定于1883年3月27日失陷后，上述的观望策略进一步

① 龙章：《越南与中法战争》，第173页。

② ［英］季南著，许步曾译：《英国对华外交（1880—1885）》，第97页。

③ 《总署收署北洋大臣李鸿章函》，光绪九年五月二十二日，郭廷以、王聿均主编：《中法越南交涉档》（二），第910页。

④ 《致总署　论越事应固防观变》，光绪九年二月十七日，顾廷龙、戴逸主编：《李鸿章全集》卷33，第220页。

得到重申与确认。1883年4月14日，清政府就越南问题发布上谕，指出："法破南定，著滇粤两军扼要进扎，吴全美督水师移近越洋巡哨。总之，衅端不可自我而开，要必壮我声威，用资震慑，并期实堪备御，进止足恃，以杜诡谋，而维大局。"①

由于范慎遹苦苦哀求"天朝若不加意封殖，趁此因机相应，则下国事势更恕贻艰"，而越南形势急转直下，迫使清朝不得不有所动作。② 1883年5月1日，清政府命李鸿章"迅往广东，督办越南事宜，所有广东、广西、云南防军均归节制"，③ 大有与法国决战之势。但事情的发展并非如此，尤其是督办此事的李鸿章即持有不同看法，他认为："臣若遵旨驰往粤东，当檄调远省大军分道并进，声势浩大，真若欲与法国开衅者，倘因此尽遭兵端，该国或据为口实，添调兵船来扰海口，南北各省防不胜防，全局为之震动，日本从而生心，为患更大。"④ 李鸿章从清朝国防的全局所进行的分析得到清政府的认可，先是同意李鸿章暂驻上海不赴广东，后又命李鸿章"速赴天津，仍回北洋大臣署任，筹备海防一切事宜"⑤。至此，李鸿章为避免陷于同法国开战的危险，只是出于对边防安全的考虑进行了军事防御部署，但对越南的军事援助并无实质性的作为。

至于其原因，笔者以为除上述李鸿章从清朝边防全局考虑而不敢轻易出兵越南外，另一重要原因是李鸿章对越南当局的不信任。李鸿章在接见越使之前就认为："法国于同治十三年与越南所定约款，越王并不先行奏闻，其受法所饵，乐为自主之国，不愿为中国统属，居心实不可问，即先后被法人割据南圻六省，亦未据报有案。查向章，中国册封使臣至河内为止，越王亲来候旨，道光二十九年今越王嗣位，劳崇光奉使册封，乃至其富春（笔者按：即顺化）都城。查阅该国总督阮登楷原奏云，邦交大礼，

① 《总署收军机处交出内阁奉上谕》，光绪九年三月八日，郭廷以、王聿均主编：《中法越南交涉档》（二），第738页。

② 许文堂主编：《越南、中国与台湾关系的转变》，第57页。

③ 《总署收军机处交出上谕》，光绪九年三月二十五日，郭廷以、王聿均主编：《中法越南交涉档》（二），第771页。

④ 《复陈赴粤督军事宜片》，光绪九年四月初一日，顾廷龙、戴逸主编：《李鸿章全集》卷10，第180~181页。

⑤ 《请饬潘鼎新帮办片》，光绪九年四月二十四日，顾廷龙、戴逸主编：《李鸿章全集》卷10，第183页。

必于京师行之，在我有无穷之利，在彼有必从之理。又云此议若成，清果以道路之难，停其册封，则国体益尊，民生久利，尤为计之得等语。观此，则越之悖妄，不待与法定约而已见端矣。”① 越南想摆脱宗藩关系的束缚而依靠法国寻求独立的居心及藐视天朝权威的做法为李鸿章所不满。越南嗣德帝不仅没有表示足够的诚心来冰释前嫌，他的种种做法又加剧了李鸿章的不信任。如前所述，1882 年，唐廷庚奉命赴顺化要求面见嗣德帝，嗣德帝为避免法国的猜忌而命协办大学士阮文祥接见。这种既想讨好法国又不想得罪清朝的首鼠两端的行为必然遭到李鸿章的猜忌，对此，嗣德帝应负一定责任。而前述对 1883 年 3 月 24 日越南使节范慎遹与李鸿章笔谈内容分析而得出的结论更加证明了李鸿章对越南的不信任。

概言之，上述“固防观变”策略是李鸿章依据越南首鼠两端的现情及权衡清朝边防的利弊所作出的一种放弃越南的现实的属国策略选择，体现了其处理属国问题的灵活性与开放性。这种策略的选择是其现实主义外交使然，而“这种现实主义则是满清帝国全面收缩的必然”②。所以，越南此次遣使寻求清朝军事上的援助计划的落空遂不可避免。

五、越南政府遣使请求册封与李鸿章的应对

1883 年 7 月，越南阮朝第四代国王嗣德帝阮福时薨逝，其弟阮福升嗣位，为取得其在国内的合法地位，遂于 8 月 3 日致书北洋通商大臣李鸿章，表示欲遣使至北京朝贡并请求册封，至于贡道则请求由海道前往。如此选择的原因，他解释如下：“查典例，兹下国应先具函递禀两广总督抚列宪大人钧照据情转奏，仍谨委员在关上候命，得旨后委陪价由广西陆道进京。惟兹彼族（笔者按：指法国）尚据下国北圻，使部由此治装前行，必为所阻，又恐修远难能早达。”③ 换言之，因越南赴清朝贡的陆路通道被法

① 《密陈法越订约亦派专员议办片》，顾廷龙、戴逸主编：《李鸿章全集》卷 10，第 186～187 页。

② 李扬帆：《走出晚清——涉外人物及中国的世界观念之研究》，北京大学出版社，2005 年，第 237 页。

③ 《总署收署北洋大臣李鸿章函　附一：越王弟禀》，郭廷以、王聿均主编：《中法越南交涉档》（二），第 1052～1053 页。

国所阻，所以不得不更改贡道以使越南使者得以成行。但按照中越宗藩关系的惯例，清朝对越南使者的贡道向有定制，即由广西镇南关进入清朝，已如前述。所以要变更贡道必须征得清朝的同意才行。那么，李鸿章是如何应对越南嗣国王阮福升的请求的呢？

虽然李鸿章对越南提出的军事援助的请求没有给予积极回应，但他对越南提出的遣使请求册封的请求则给予了极大的肯定，并力争促成此事。9月5日，李鸿章在致总理衙门函中首先分析了此番封贡的重要性，李鸿章指出："中国于援越一事既因与法和好未便横挑强敌，而越南君臣恳切求援始终不懈，惟此封、贡名目尚属不费之惠，亦稍慰其慕义之诚。况中国迭次与法人辩论，证明越南为属邦，各国亦深信无异词者，赖有封、贡一说为之标准，是昔日之封、贡尚觉无甚轻重，至今日则封、贡尤为紧要关键。趁此越王自来吁请，正可相机应付。万一因循不举，法人转指为中国甘心让越之明证，将益启其鲸吞之志。"接着，李鸿章又从三个方面分析了封贡不成的危害。具体来说，从中越关系的角度来看，"此次若不酌改贡道，即封、贡碍难举行，从此中国与越南遂无往来联络之谊"；从中法谈判的角度来看，如果中越之间的封、贡不成，"即将来与法人理论，亦更无言可执"；从越南的角度来看，"设令久延不办，则该国外患方殷，新王未定，难保不因孤弱而生内变。该嗣王求封不获，又迫于强寇，更难保不因绝望而启他图"。不仅如此，李鸿章还对越南贡使入京的海道线路、搭乘工具及关税等都作出了详细的安排，即"越南贡使如由海道径诣广东省城，再附招商局轮船前赴天津入都，除该使行李及贡物准其查验免税外，如有附带商货，仍令照例纳税，尚于关章税务无损"①。

清政府采纳了李鸿章的建议，同意越南改由海道朝贡，并明确要求"此次赞准贡使由海道径诣广东省城，再附招商局轮船前赴天津入都。该使行李及贡物，准其查验免税，如有附带商货，仍令照例纳税。沿途经过地方，并著该督抚等饬属一体妥为照料，将来该国使臣到京一切事宜，著礼部仍照向例办理"②。

---

① 《致总署 请准越南由海道告哀》，顾廷龙、戴逸主编：《李鸿章全集》卷33，第255～256页。

② 《总署奉上谕》，郭廷以、王聿均主编：《中法越南交涉档》（二），第1095页。

李鸿章及清政府本想利用此次封贡之举来向法国证明中越宗藩关系事实上的存在，然而法国却没有给越南最后的机会。随着法人用兵顺化，封禁海口，并于1883年8月25日逼迫越南政府订立《顺化条约》，越南被迫承认法国为其保护国，中越之间的朝贡与册封实际上只能成为一种美好的愿望而已。

六、越南遣使事件的失败及其意义

中越之间筹划的新一轮的封贡没有对法国的越南政策带来任何实质性的影响，法国认为李鸿章及清政府的“观望”是在拖延时间，于是决定对越南顺化进行武力占领。[①] 1883年8月19日，法水师提督孤拔（A. A. P. Courbet）攻占顺安炮台，8月25日迫使越南政府签订法越第一次《顺化条约》，该约第一款规定：“南国接受法国保护，遇有与外国交涉之事，必须由法国作主。”[②] 在天津的越南使节范慎遹、阮述获知此信息后，认为在天津于国事已无用，于8月31日修禀文呈李鸿章请求回国，并于当日日记记载：“我国与法之事，原由中朝来文愿为调停，又召余等至津询问，乃讲说既不能成，又畏缩趦趄，不肯以兵船相援，以致法人乘我有事，迫我以和。我国当此变故交集，其势不得不从，而中朝不能保护藩封，不知何辞以自解于天下也？世局至此，尚何言哉！”[③] 越南使节的此番言论，实际上可以看作是此次遣使事件的失败。9月4日，越南使节面见李鸿章，此次会见属于辞行性质，是越南使节此次遣使赴清期间第二次得到李鸿章的接见，也是最后一次。11月12日，李鸿章以“陪臣在津，现无商办之事，应准回国，以免羁候”[④]，同意越南使节回国的请求。11月23日，越南使节乘坐轮船招商局保大轮离津回国。至于驻粤钦派阮皤早在10月25日已搭船回国。至此，中越利用此次遣使事件解决越南问题的计划以失败而告终。

---

① 《脱利古致外交部长沙梅拉库》，1883年6月22日于上海，张振鹍主编：《中国近代史资料丛刊续编——中法战争》第4册，第534页。

② ［越］陈重金著，戴可来译：《越南通史》，第395页。

③ ［越］阮述撰，陈荆和编注：《阮述〈往津日记〉》，第49页。

④ ［越］阮述撰，陈荆和编注：《阮述〈往津日记〉》，第56页。

1883 年的越南遣使事件虽然没有取得实质性的成效，但其所揭示的中法战争前夕中越关系所呈现出的历史特征，对于我们重新认识中越宗藩关系的终结仍有重要的启发意义。据笔者的初步研究，这种意义至少有如下三点。

第一，此次遣使事件是中法战争前夕中、法、越三方唯一一次就越南问题开展多边协商与交涉的尝试。19 世纪中叶以后，法国殖民主义势力正式介入越南，以宗藩体制为特征的中越双边关系衍生为中、法、越三边关系。从 1875 年中法就 1874 年法越《和平同盟条约》的首次交涉开始，到 1880 年中国驻法公使同法国外交部的交涉，均没有越南方面的参与。李宝谈判后的李鸿章与法国继任驻华公使脱利古的谈判也仅限于中法之间，直至 1883 年 8 月 25 日法越第一次《顺化条约》的签订，越南被迫放弃对法国的抵抗，成为法国的被保护国止，越南无论是在理论上还是在事实上都已无参与解决越南问题的可能。就上述事实而言，在中法战争前夕，此次越南参与中法共同解决越南问题的机会无疑是唯一的，也是最后的。尽管越南参与中法谈判的计划没有实现，但清朝就越南参与谈判的资格的争取是为越南争取超越属国或被保护国地位的国际法资格，而这样一种努力本身已经是在开始突破传统宗藩关系体制的限制，不能因为努力的最终失败而低估了其重要的历史意义。

第二，此次遣使事件揭示了中法战争前夕中越宗藩关系无论在形式上还是在内容上，都已经开始出现了前所未有的新变化。众所周知，中越宗藩关系主要包括求封与册封、奉正朔与颁正朔、朝贡与回赐、告哀与谕祭大体四个方面的内容，而此次遣使事件所反映的中越交往的情形从形式到内容都有别于中越传统宗藩关系。具体来说，就形式而言，已如前述，越南政府在广州设常驻使节、中越公文传递程序与渠道的改变及行走路线的调整等方面都与宗藩关系体制下的中越交往方式有所不同。就内容而言，越南政府曾试图通过此次遣使获得清政府对其早期近代化努力的支持与协助，如请求清政府接洽无侵略野心之国家与越南订立条约，进而实施其自强新政等。以李鸿章为代表的清政府对越南的上述请求不仅表示了赞同，而且在实践中也努力调整政策应对之。上述变化意味着面对法国侵略势力对中越传统宗藩关系的冲击与威胁，清政府与越南都曾试图突破宗藩关系的限制而建立更加直接有效的近代型外交关系。从而表明中越宗藩关系的终结并不仅仅有赖于法国侵略势力的外来冲击，同时也有来自宗藩关系内部中心与周边亦即中越双方的内在需求与动因。

第三，此次遣使事件的失败，实际上意味着中越宗藩关系的旧体制已经无力应对法国势力侵略与破坏的新局面，具有近千年历史的中越传统宗藩关系的终结早在1883年中法战争爆发前就已经成为事实。已如前述，中法战争前夕中越宗藩关系无论在形式上还是在内容上都已经开始出现了前所未有的一种新变化、新努力。然而，这样一种新变化、新努力都随着此次越南遣使事件的失败而告终。不仅如此，李鸿章及清政府并没有在军事上积极弥补外交上的失利，而是采取了消极的军事防御措施。正如论者指出："当法国改变战略，一面出兵北圻，一面以军事威胁顺化时，清政府只关心边境安全，对于嗣德帝哀求出兵顺化防卫一事置之不理。"[1] 从而导致法国以武力占领越都顺化，迫使越南签订第一次《顺化条约》，越南承认法国为其保护国，"越南的问题差不多解决了"[2]，此后的中法战争则可以看作是法国方面为落实这样一种国际法结果而发动的一场侵略战争，中、法、越三方关系由此变为中法之间的双边关系，清朝错过了与越南联合解决越南问题以挽救中越宗藩关系的最后机会。1883年越南遣使事件也成为中越宗藩关系框架下的中越官方的最后一次往来。此后，中越双方试图利用新一轮的封贡来抗击法国的尝试均未成功。如1883年7月，越南嗣德帝薨逝后，嗣位的阮福升请求由海道来华朝贡请封，虽然得到清政府的批准，但因法人用兵顺化，封禁海口，逼迫越南订立第一次《顺化条约》，最终未能实现。中越之间的朝贡和册封行为的失败实际上意味着以朝贡和册封为核心标志的中越宗藩关系事实上已经终结。至于1885年《中法新约》第二款有关"至中、越往来，言明必不致有碍中国威望体面"[3] 的虚文，只不过是以国际法的形式正式确认了上述的既成事实而已。

---

① 许文堂主编：《越南、中国与台湾关系的转变》，第38页。

② E. Driault, *La Question d'Extrême - Orient*, Paris, 1908, p. 267，转引自［美］马士著，张汇文等译：《中华帝国对外关系史》第二卷，第387页。

③ *Treaties*, *Conventions*, *etc.*, *China and Foreign States*, Shanghai: Published at the Statistical Department of the Inspectorate General of Customs, Vol. 1, 1917, p. 902.

小　结

本章是以1883年越南遣使事件为中心展开论述的。通过对1883年越南遣使事件的背景、经过及其结局的分析，笔者发现，在中法战争前夕，为了应对来自法国侵略势力的威胁，以李鸿章为代表的清政府与越南都曾试图突破宗藩关系的限制而建立更加直接有效的近代型外交关系，越南政府还曾试图通过此次遣使获得清政府对其早期近代化努力的支持与协助，这表明中法战争前夕中越宗藩关系无论在形式上还是在内容上都已经出现了前所未有的新变化。然而，这样的新变化、新努力都随着此次越南遣使事件的失败而告终结，同时也宣告了中越宗藩关系事实上的终结。这样一种令人遗憾的历史结局，李鸿章作为清政府负责处理越南问题的主要责任人应该负有不可推卸的责任，如他在此时期对越南问题采取的消极观望的态度及军事上没有对越南提供实质性的援助，致使越南都城顺化沦陷，法国强迫越南签订不平等的第一次《顺化条约》，越南沦为法国的被保护国。但如果让李鸿章一个人来承担这种历史责任则又显得过于沉重。正如论者指出："在这个新旧交替的大时代里，东方传统的国际秩序因中华帝国的积弱而开始瓦解，代之而起的是西方帝国主义的国际新秩序，任何个人根本无力扭转乾坤，也很难拿捏得恰到好处。"①

① 许文堂主编：《越南、中国与台湾关系的转变》，第61页。

第四章

中法战争前后李鸿章与法国有关越南问题的交涉

1883 年越南遣使事件失败后，越南沦为法国的被保护国，中越宗藩关系事实上已经终结，中越关系为中法关系所取代。此后，李鸿章有关越南问题的处理主要表现在其与法国脱利古特使、福禄诺舰长、巴德诺公使、戈可当（Georges Cogordan）公使的交涉及《中法简明条款》、《中法新约》、《中法越南边界通商章程》的签订等问题上。本章将围绕着这些问题，尤其是《中法简明条款》的分歧引起的北黎事件与李鸿章的关系等学界尚有争议的问题及李鸿章在同法国公使谈判时对中越宗藩关系的争取所做的努力等方面而展开论述，以期能给出更加全面、合理的解释。

第一节　李鸿章与脱利古特使有关越南问题的交涉

脱利古原为法国驻日本公使，因法国驻华前任公使宝海的撤职而接替其职务。至于其主要使命，“一为向中国表示中法间之交涉，不以宝海之撤职而决裂；一为侦察中国之实情，窥探中国战备之内容，使法得知将来红江流域对华作战时军事之范围”[①]。所以，脱利古与李鸿章之谈判的真正目的可以视为“在于排开中国，减少法越间交涉之困难，使越失其奥援，军事外交均对法屈服，法可费力较少，成功较速而已”[②]。由此已可预见李鸿章与脱利古谈判之结局。

一、李鸿章谈判的全权问题

关于此次谈判，首先以脱利古就李鸿章是否有谈判的全权问题而展开交涉。脱利古自称其“奉法廷特派来华为全权大臣，专办安南要事”，为了确保谈判双方身份的对等及谈判的合法性，脱利古非常关注李鸿章是否有谈判的全权。1883 年 6 月 8 日脱利古面见李鸿章时即向其询问道：“闻

① 邵循正：《中法越南关系始末》，第 99 页。

② 邵循正：《中法越南关系始末》，第 106 页。

中堂奉旨督办越南事宜，有权议事否?”[①] 对于脱利古的疑问，李鸿章并没有给出明确的回答，只是向其表明如下事实，即“本大臣向办外交事件，不仅越南一事，其有关涉重大者，自由朝廷专主，本大臣亦可与闻。贵使有何议论，可为代达”[②]。所谓“与闻”，按《现代汉语词典》的解释，即指“参与并且得知内情”[③]，并无作决定的权力。显然，李鸿章并没有表明其有全权。然而，脱利古则从法外部得知“曾侯言明李中堂已奉有全权谕旨，与脱使专议越事”。李鸿章只得以“所言不确，恐有误会，鸿实未奉有‘全权’字样”再次申明。[④] 事实上，关于此次李鸿章与脱利古谈判的全权问题，李鸿章只是遵照总理衙门的嘱托行事，当脱利古到上海后，由其与脱利古晤谈。[⑤] 至于清廷的谕旨，则是几个月后的 1883 年 9 月 21 日 (光绪九年八月十七日)，也即是李鸿章同脱利古在上海谈判不成，李鸿章奉命回天津布防，脱利古随后到天津同李鸿章再次谈判时发布的。该谕旨的内容是：“法使脱利古现于本月十三日（笔者按：即西历 1883 年 9 月 17 日）由沪乘兵船来津，巴夏礼（笔者按：即 Harry Smith Parkes，时赴任英国驻华公使）亦相继北上。彼族诡诈多端，无非为恫吓要求之计。该使等到津后，著即责成李鸿章据理与之狡辩，以折其谋。该大臣务当切实筹划，相机因应，留其（笔者按：即脱利古）在津商议，俾令许就范围。”[⑥] 至于曾纪泽在巴黎所说的李鸿章已奉有全权谕旨的说法，已无从考证，但至少可以反映出一个问题，即李鸿章与巴黎的曾纪泽存在分歧。关于此点，本书第五章将有详细论述。

---

① 《附　答拜法使脱利古问答节略》，顾廷龙、戴逸主编：《李鸿章全集》卷 33，第 228 页。

② 《附　答拜法使脱利古问答节略》，顾廷龙、戴逸主编：《李鸿章全集》卷 33，第 228 页。

③ 中国社会科学院语言研究所词典编辑室编：《现代汉语词典》（修订本），商务印书馆，1999 年，第 1540 页。

④ 《寄曾侯》，顾廷龙、戴逸主编：《李鸿章全集》卷 21，第 68 页。

⑤ 《寄直督张》，顾廷龙、戴逸主编：《李鸿章全集》卷 21，第 49 页。

⑥ 《总署收军机处交出本日奉上谕》，郭廷以、王聿均主编：《中法越南交涉档》(二)，第 1113 页。

二、李脱上海交涉

李脱随后的正式谈判则是围绕着 1874 年法越《和平同盟条约》进行的。1883 年 6 月 8 日，脱利古与李鸿章在上海进行的第一轮谈判中，脱利古即向李鸿章明确表示："法国愿与中国长保和好，并无失和之意。惟甲戌年已与越南立约，乃越人不守成约，于红江通商一节，招诱土匪，抗违阻挠，致启兵端；日前业已开仗，法国上下已立意尽力用兵，必须办到尽头地步，以保甲戌年所立条约应得之权利名分。将来中国若愿与法国商议边界与通商事宜，法国固所甚愿；若欲稍侵甲戌年约之权利，法国断不稍退让，即与中国失和亦所不恤。"继而指出"目下情形只论力不论理，我国谕令本大臣，不得认安南为中国属邦，此事实与中国无涉"①。针对脱利古强硬的态度，李鸿章先是口头声明表示中国当时没有承认 1874 年法越条约，继而向总理衙门进行确认"甲戌法越之约照会钧署，当时如何回答"②，得到总理衙门的回复后，再以照会形式正式向法使脱利古声明如下："至同治十三年法越所立条约，查光绪元年五月间总理衙门复文内声明，越南系中国属国，又称越南久列藩封，不能漠视等语，是即中国不认此约之明证。本大臣亦不能认此条约，合亟明白奉复。"③

对于李鸿章的上述照会，脱利古并没有回复。1883 年 6 月 21 日，李鸿章将此事告知总理衙门，李鸿章指出："脱使自接敝处函复后，数日未得音耗。"④ 关于此点，依据本书第一章所指出的法国对总署照会的曲解不难理解。因为李鸿章已于 1883 年 6 月 6 日接到清政府"著即速赴天津，仍回北洋大臣署任，筹备海防一切事宜"⑤ 的谕旨，所以李鸿章要立刻回天

---

① 《寄曾侯》，顾廷龙、戴逸主编：《李鸿章全集》卷 21，第 68 页。

② 《复译署》，顾廷龙、戴逸主编：《李鸿章全集》卷 21，第 49 页。

③ 《脱利古致外交部长电》，张振鹍主编：《中国近代史资料丛刊续编——中法战争》（第 4 册），第 519 页。

④ 《复总署　论法事暂难就议》，顾廷龙、戴逸主编：《李鸿章全集》卷 33，第 232 页。

⑤ 《署理北洋通商大臣李鸿章奏法越交涉事端重大遵旨妥筹全局摺》，中国史学会主编：《中国近代史资料丛刊——中法战争》（五），第 126 页。

津筹划北洋海防。李鸿章在即将离沪赴津之际，向总署表达了对此次谈判的悲观看法，李鸿章指出“脱使语事多矫强，此议难望有成。脱使屡称不赴京、津，只可听客所为而已”①。

因涉及越南问题的本质问题及脱利古的性格过于乖戾，李脱的初次谈判没有取得任何实质性成效。

三、李脱天津交涉

脱利古对于李鸿章的离开表示强烈不满，并进而认为这是中法谈判决裂的标志。然而法国政府却不这么认为。法国外交部长沙梅拉库在致脱利古电中首先肯定了脱利古的成绩，认为通过脱利古与李鸿章的谈判，法国至少确认了如下三条信息：一是法国政府了解到在哪些问题上可以达成谅解；二是中国不会公开宣战；三是不会有第三国出面干涉，继而认为李鸿章的突然离沪，丝毫不会改变这种局面。而脱利古接下来的任务则是在上海耐心等待重开谈判。② 后来发生的事情也证实了法国预见的正确性。首先是法国出兵占领越南首都顺化，迫使越南签订了法越第一次《顺化条约》。然而中国当局并没有出兵顺化进行援助，李鸿章请求其他列强调停的计划也没有落实。此种局面无疑大大增加了法国同中国进行谈判的筹码。正如法国外交部长沙梅拉库在致脱利古电中所指出的那样：“对我们来说，当然我们要尽量详细审查那些条款。如果帝国政府向您要求谈判时，您就得大力支持。协和帝（笔者按：即越南嗣德帝）的全面归顺，使我们在同中国交涉时可采取比较和解的态度。我们准备考虑总理衙门的忧虑，同它一起研究边境安全的保证措施。”③ 此种言论预示了中法要重开谈判。

1883 年 9 月 17 日，法使脱利古从上海到天津，李鸿章谓其“耻于奉

---

① 《复总署　送脱使问答节略》，顾廷龙、戴逸主编：《李鸿章全集》卷 33，第 237 页。

② 《外交部长致脱利古电》，张振鹍主编：《中国近代史资料丛刊续编——中法战争》（第 4 册），第 610 ~ 611 页。

③ 《外交部长致脱利古电》，张振鹍主编：《中国近代史资料丛刊续编——中法战争》（第 4 册），第 869 页。

使无功，徘徊沪上，已逾两月，此次北来，一意婉言，不复露骄横之象”①。因脱利古在上海时所表现出的骄横、傲慢给李鸿章留下了极坏的印象，李鸿章直言：“脱任性，不若宝（笔者按：指法国前任驻华公使宝海）和平，与宝大忤。”② 虽然如此，这也仅是李鸿章与脱利古的个人恩怨，此时清政府已谕令李鸿章把握好与脱利古谈判的机会，要“据理与之驳辩，以折其谋”③。于是，李鸿章与脱利古开始围绕着越南北圻通商划界问题在天津展开新一轮的谈判。

1883 年 9 月 18 日，脱利古向李鸿章提出协商建议三条：“一、保护在越之中国商民；二、剿除北圻土匪；三、另订中法边界。”④ 言外之意，越南要全归法国保护、剿灭黑旗军及越南归法国保护后中法接壤之处须勘定界务。⑤ 这三点建议等于是要把越南完全变为法国的殖民地。李鸿章也认为此三点较 9 月 15 日法外部备忘录所列建议更难被中国接受。⑥

9 月 21 日，李鸿章与脱利古在天津进行第二次会商。脱利古从现实利益角度考虑，提出“中国以越为属国，自称上国，只是虚名。今日两国当商一实在办法，如议通商、分界各事较空论属国虚名者有益”。关于通商问题，脱利古先答应赔偿法军进攻顺化时对轮船招商局越南分局造成的损失，进而提出为招商局在越南经商提供更优惠的条件。对此，李鸿章则提

① 龙章：《越南与中法战争》，第 148 页。

② 《复译署》，顾廷龙、戴逸主编：《李鸿章全集》卷 21，第 56 页。

③ 《总署收军机处交出本日上谕》，郭廷以、王聿均主编：《中法越南交涉档》（二），第 1113 页。

④ 《附　与法使脱利古问答节略》，顾廷龙、戴逸主编：《李鸿章全集》卷 33，第 264 页。

⑤ 邵循正：《中法越南关系始末》，第 110 页。

⑥ 龙章：《越南与中法战争》，第 148 页。法外部备忘录是由曾纪泽电报略述梗概，即通商、分界与建立中立地区。此处关于建立“中立区”的建议，出自法国外相沙梅拉库，具体指“法国政府约定不侵占以下地带中之任何地点，亦不采取军事行动，该地带北至中国边界止，南则自海岸二十一纬度至二十二纬度中间某点划线至红江上游之保胜（Lao - Kay）止为界，中国政府亦约定不侵占此地带中任何地点，亦不采取军事行动。此地带内之行政权，仍属越南官吏，惟不得设立炮台。如有盗匪窜入该地，或该地有纷乱事情发生，危及其邻近地带之安宁，则中法政府经会商决定军事行动之范围后，联合或单独派遣军队前往弹压，事定即须撤回”。换言之，即在华界之外设立一中立地带，其余完全为法国势力范围。参见邵循正：《中法越南关系始末》，第 109 ~ 110 页。

出“招商局在越南境内经商，可永远不完税捐”，脱利古担心此例有悖其他列强通商之公平而没有答应。[①] 虽然李鸿章与脱利古没有达成一致意见，但由此可以看出，李鸿章在处理越南问题的过程中，流露出他为了取得实际的经济利益，可以放弃徒有虚名的上国之名，这应是其与其他同时代的传统的中国官员不同的一面，体现了其在外交理念中既讲求实力又讲求务实的一面。

关于划界问题，李鸿章从法国能获得的实际利益的角度进行了详细的分析，主张“以河内为界，即在二十一度，似于法国甚有益处。盖河内以北如归中国保护，自应设法疏通商路，收抚黑旗，勿与商务有碍，法人可省无数兵力饷力；且以河内为界，法兵留防暂不必全撤，于法国面子亦下得去。查史书，汉时日南、交趾支那郡县，与内地各省无异，唐时乃弃为外藩。明初收入版图后，因土蛮反侧无常，不值虚耗财力，乃复封立藩王。可见该国情形甚不易治，此固中外皆知。今法国不考究往事，并未虑及该处土人难于抚驭。遽欲以力夺势取，不知土蛮游匪居万山之中，法兵获胜，彼则散入山谷；法如撤防，彼即复出为患。法亦何能常置戍兵数万人，糜有用之财守无用之地乎。法国未能深维始终，徒徇一二奸商之请，利其矿藏，而欲发兵袭取，如何能以久保，后来当必悔其非计”。曾纪泽也主张以二十一度为界，但法国则主张以二十二度为界，双方出现分歧。英国公使巴夏礼则向李鸿章建议，以二十一二度之间为界进行划分。[②] 然而，法使脱利古则主张“北圻海岸之二十一及二十二纬度中间，自此往西，至红江流出中国界外之处，即钦州交界，海岸斜趋而西上至保胜”。李鸿章认为“钦州海岸不及二十一度，保胜又不及二十二度，顾云中间也。其腹地仅划至高平以南，又在太原、宣光以北，不独与鸿章所拟河内迤北二十一度平界不符，即与巴使（巴夏礼）调停之二十一、二度中分平界亦不符”[③]。至此，李鸿章与脱利古关于北圻分界谈判也没有达成任何协议。

---

① 《附　与法使脱利古问答节略》，顾廷龙、戴逸主编：《李鸿章全集》卷33，第266～268页。

② 《附　与英使巴夏礼问答节略》，顾廷龙、戴逸主编：《李鸿章全集》卷33，第271页。

③ 《致总署　述争界》，顾廷龙、戴逸主编：《李鸿章全集》卷33，第273页。

四、对李脱谈判的认识与评价

已如前述，法使脱利古与李鸿章谈判的动机就是要稳住清朝，进而以用武力占领越南为最终目的。法国以武力占领越南首都顺化并迫使越南签订法越第一次《顺化条约》，越南被迫承认法国为其保护国。就此而论，法国基本实现了其在越南建立保护国政策的阶段性目标。所以，李鸿章与脱利古的谈判对于清朝而言并没有收到任何实质性的效果。但从历史研究的角度来看，在谈判中，李鸿章主张放弃越南朝贡的虚名而从划界通商等实际利益着眼，反映了李鸿章在处理越南问题的过程中的现实主义外交思想。对于北圻划界的主张，并不是要瓜分越南及侵占其土地，而只是从清朝西南边防的安全角度着眼。对此，李鸿章有具体解释：“越南分南、北二圻，中国封为藩属，原为保固边疆起见，并不专为越南，则北圻自重，南圻较轻，此论其地势也。”①

越南中圻的沦陷及李脱谈判的失败使清政府认识到北圻将要面临的危机。1883 年 10 月，清政府谕军机大臣照会法使脱利古：“越南久列藩封，历经中国用兵剿匪，力为保护，为天下各国所共知。今乃侵陵无已，岂能受此蔑视？倘竟侵及我军驻扎之地，惟有开仗，不能坐视等语。如此后法人仍欲逞志于北圻，则我之用兵，固属名正言顺。”② 李鸿章对此持赞成态度，他分析认为：“檄令滇、粤防军，如法兵犯我驻守之地，不能不与开仗，似只有如此办法。第念开仗以后，我胜则法必添兵再战；我败则尚可退回本境，法必不遽深入，亦尚不至牵动大局，届时再徐议分界划守。”③ 换言之，面对来自法国军事上的威胁及清朝上下战争呼声的高涨，李鸿章必须转变态度，支持中国同法国开战，进而走向议和。所以，中法战争已不可避免。

① 《附　与英使巴夏礼问答节略》，顾廷龙、戴逸主编：《李鸿章全集》卷 33，第 272 页。

② 《清德宗实录》卷 170，第 21 ~ 22 页。

③ 《复总署》，顾廷龙、戴逸主编：《李鸿章全集》卷 33，第 300 页。

第二节　李鸿章与福禄诺舰长有关越南问题的交涉

一、李鸿章力促中法和谈的努力

1883 年 12 月，法军在北圻远征军总司令海军准将孤拔的率领下向驻扎在北圻的清军发起攻击，山西、北宁相继沦陷。“清政府乃有迁就和议之意。”① 而法国“自 3 月 12 日占领北宁，迄 4 月下旬法政府未因作战胜利而修改其对华政策，法政府殆因慈禧惩处失职人员之表面强硬政策而于决策时有所瞻顾，同时设法寻求实施新决策之途径”②。此时，法舰窝勒达（Volta）舰长福禄诺中校则为法国实施所谓的“新决策之途径”作出了巨大努力。

福禄诺与李鸿章本为旧识，欲通过与李鸿章更为熟悉的前津海关税务司德璀琳（Gustav Detring）致密函于李鸿章，试图调节中法之间的纠纷。关于此点，李鸿章在致总理衙门的信函中有详细说明：“前津关税司德璀琳自西洋到粤，深悉近日法情，并晤法水师兵头，谓有紧要条陈，须赴津面禀。光绪五、六年德璀琳任津关税司时，适有法国水师总兵福禄诺带船在津驻防，彼此时相过从，谈艺甚洽。福禄诺常为敝处斟酌水师章程，动中要款，皆德璀琳为先容也。今福禄诺与德璀琳遇于香港，正北宁军溃之后，福酋因与鸿章有一日之雅，欲为从中讲解，密致一函，交德税司赍呈。”③ 在福禄诺致李鸿章的密函中，福禄诺详细陈述了关于解决当前越南问题的四点个人意见：

第一，现在法国既为中国南省之强邻，中国宜与之订立南省通商章程

① 邵循正：《中法越南关系始末》，第 148 页。

② 龙章：《越南与中法战争》，第 211 页。

③ 《致总署　述德璀琳条陈》，顾廷龙、戴逸主编：《李鸿章全集》卷 33，第 378 页。

并税关规则，日后商务愈旺，则两国交情愈密。

第二，现在情形既已如是，中国即可不必想法以限制或拦阻法国保护越南之权利，法国于此事现已定局，后此必遵成例办理，中国惟有因之以为利而已。越南开口通商，法国必出资修造运河、铁路，而收其利者必为滇、粤华商，于中国为益尤大也。一于拟定约章中，法国愿极力担保，约中措询[①]必有以全中国体面，不至于中国朝贡之邦少失天朝应有权威。

第三，中国宜迅将驻法公使曾侯调开，缘曾侯办事未妥，中国将其调回甚有题目。若不遽回，亦宜勿令再充驻法公使。其在巴黎办事，于法国国家命意所在全未知晓，其所预断越南事宜亦毫不符合，惟时时妄以中国将与法战相吓诈，致使中国有失体面，欧洲众议皆以中国为不可信。曾侯一日不行调开，即法国一日不与中国商议此事。

第四，法国欲向中国索偿兵费，且拟乘此机会用其兵力占据东方沿海地方，以为质押，中国如果与法国实心敦睦，及早挽回，法国亦可将此层极力相让，如立一简明条约，果能即在天津或北京议定画押，外面不至张皇，殊有以全两国之体面。曾侯及都中诸公既走入迷途，今若幡然变计，能使中国从办得到处商议，复归正路，实足为中国大臣生色。[②]

上述意见的要点主要包含了通商、中国承认法越关系现状、撤换驻法公使曾纪泽及具有威胁意义的索偿兵费与据地质押策略。李鸿章对福禄诺的意见则作如下评论："函内词意侈陈军情，固是西人夸张恫吓习套，而论及治病用药之法，似将来此事收束亦只能办到如此地步（若此时与议，似兵费可免，边界可商；若待彼深入，或更用兵船攻夺沿海地方，恐并此亦办不到），与其兵连祸结，日久不解，待至中国饷源匮绝、兵心民心摇动，或更生他变，似不若随机因应，早图收束之有裨全局矣。"显而易见，李鸿章对福禄诺的和谈主张是持赞同意见的，但李鸿章为避免主和之责，进而向总署询问道："据德税司云，福禄诺与之要约，八日内在烟台候信。如廷议许其讲解，应请先给回信，再由鸿章查看福禄诺如何议论。或彼国有大员来津，届时当奏请钦差大臣前来会商，相机筹办。鸿章身任疆事，

---

① "询"，原文如此，疑系"词"之误。

② 《致总署》，顾廷龙、戴逸主编：《李鸿章全集》卷33，第381～382页。

分应备兵御侮，不敢专主和议，伏乞鉴原。”① 清政府对李鸿章的疑问很快给予回复。1884 年 4 月 22 日，军机处寄李鸿章电信：“奉旨‘事属可行，许其讲解，钦此’。望将此意电知福酋，并展期十余日，俟贵处将二十五日交议复奏到时，会议请旨即行电知。简明条约可在津定。至划界通商修和之类，似以中法派员到越会勘详议为宜，能否办到，希酌。总以无损国体为要。曾大臣本系连任，年限届满，留撤俟由内酌。”②

既然清政府同意中法和谈，目前和谈之路上最大的障碍就是有关曾纪泽的撤留问题。李鸿章为此再次致函总理衙门，指出：“据德税司面称，该水师提督利士比（笔者按：Lespès，法驻远东舰队司令，准将军衔，为福禄诺上司）及福禄诺曾约定，如曾侯不撤，法国断不肯会商。若待曾侯年满撤回，福酋必不见信；倘彼迟疑不来，或俟伊国兵船大帮北驶要挟，再将曾侯调开，转失国体。曾侯在法办理越事错误实多，各国公论皆所不惬，倘于此时未与法议之先，旨由中出，毫无痕迹，不仅法人敬服，事可就商，即欧洲各国闻之，亦服中朝举措之当。鸿章仍坚执未讲先撤使为不可行。”于是建议将“撤使”变更为“易使”，而接替曾纪泽者为驻德随员参将陈季同，可令其代理使事。③ 而总署给出的意见则是“拟令李凤苞暂兼法使，曾纪泽暂办英俄两国使务”④。至此，与李鸿章在处理越南问题上持不同政见的驻法使臣曾纪泽从此淡出。

正如论者指出：“中国方面则李鸿章因德璀琳之危言耸听，而归咎曾纪泽，谴责其强势外交，李鸿章曾师事曾国藩，并为其幕宾，藉其提携得以飞黄腾达，但对其子则以长者自居，对其外交活动迄无赞许之词，两人因对法外交，意见矛盾，处于对立地位，李鸿章急于谋求和解，而支持更易使节。”⑤ 关于曾、李意见之不和，总署也略有所知，在确定派遣李凤苞为驻法公使后，总署特意致电李鸿章，指出：“越事枢纽全在钧处，丹崖（笔者按：即李凤苞）能通消息，不至如曾之不和耳。昨已电知曾侯，丹

① 《致总署　述德璀琳条陈》，顾廷龙、戴逸主编：《李鸿章全集》卷 33，第 378 页。
② 中国史学会主编：《中国近代史资料丛刊——中法战争》（五），第 311 页。
③ 《致总署　议易法使》，顾廷龙、戴逸主编：《李鸿章全集》卷 33，第 384 页。
④ 《附　译署来电》，顾廷龙、戴逸主编：《李鸿章全集》卷 21，第 143 页。
⑤ 龙章：《越南与中法战争》，第 216 页。

崖到即交卸。希嘱丹崖，速往勿误。”[①] 由此，李鸿章在清政府处理越南问题的过程中的地位可见一斑。

二、李福谈判与《中法简明条款》的签订

（一）李福谈判

法国内阁于 1884 年 4 月 30 日授福禄诺谈判全权，并给出以下谈判要点：第一，法国承诺于今后在任何情况下保障毗邻东京之中国边界，抵抗任何侵略；第二，天朝于获得法国对中国南部边界完整与安全之确切睦邻保证后，承诺即行撤退北圻之中国驻军；尊重法国与顺化王廷已缔结及将来缔结之条约；在商约中容许法国与安南在东京全部边界以互惠条件自由贸易。[②] 清政府也向中方谈判全权代表李鸿章给出谈判要点如下："越南世修职贡，为我藩属，断不能因与法人立约，致更成宪，此节必先与之切实辩明。通商一节，若在越南地面互市，尚无不可；如欲深入云南内地，处处通行，将来流弊必多，亟应预为杜绝。刘永福黑旗一军，屡挫法兵，为彼所深恨，蓄志驱除，自在意中，岂可遂其所欲、更长骄矜之气？此次法人侵占越南，衅自彼开，用兵以来，屡经谕令通商各口岸保护法商，所以优待者甚众，我与彼毫无失和之意，为各国所共知，若再索偿兵费，不特情理所必无，亦与各国公法显背。以上各节，均与大局极有关系。”[③]

1884 年 5 月 6 日，福禄诺同法公使馆汉文译员兼管天津法领事馆事务之法兰亭（J. Hte. Frandin）与清方全权代表李鸿章在天津进行谈判。该谈判的详细经过如下[④]。其中福禄诺简称“福”，李鸿章简称“李”。

福：中堂深明交涉之法，和局可以长保，吾知中国所争者不在区区一

---

① 《附　译署来电》，顾廷龙、戴逸主编：《李鸿章全集》卷 21，第 146 页。

② 龙章：《越南与中法战争》，第 219 页。

③ 《清德宗实录》卷 181，第 15 ~ 16 页。

④ 《附　与法国总兵福禄诺面谈节略》，顾廷龙、戴逸主编：《李鸿章全集》卷 33，第 385 ~ 386 页。

越南，实以署邦甚多，不能轻弃越南，致使上国体制有碍。

李：此事关系极重，允宜恪遵朝廷意旨。贵兵官谓中国所争者在上国体制，不徒在区区一越南，可谓明白已极。

福：此稿已有三款[①]，第一款云，中国南省毗连越南北圻之边界，无论外国何人来侵犯，无论系何情形，法国约明均应保全助护。

李：此条于中国有何益处。

福：将来别国如有与中国开衅，法国不能暗地与之立约，有碍中国，且保全二字即系法国不再侵犯之意。第二款云，中国既经法国许以实在凭据，于中国南省边界勿得侵占滋扰，中国约明即将北圻驻扎各防营退回，并约明于法越已定未定各纳[②]概置不问。

李：从前法越甲戌条约云，不论何国皆无统属，去年七月新约首条云，越南有与何国交通必由法国掌管，即大清国亦均不得预及南国之政云云，此等话于中国数百年来为越南上国体制大有违碍，必须删改。

福：此事再商，末后可另添一条，专论法越历次约章。

李：必须说明历次条约销废，另行议改。

福：亦可商量。

李：此条不问二字系何意思。

福：不问二字与不认二字有轻重之别，中国多问法越条约并非认允其约，犹之法国不问越南朝贡中国之事亦非承认中国属邦也。

李：何不即将此节写上条约。

福：彼此议论三年，正为此事，若载如属国字样，法国断不能明认，且此种简明条约最怕有人挑剔，全在措辞得体，于中国无碍，所以须另添一条，浑融在内。（又念第三款云北圻边界听凭彼此货物往来，运销无阻。）

李：但不准在中国境内开口通商。

福：兵费照公法必应议赔。

李：中国驻兵越境，保护属国，为应尽之职，贵国自行添兵攻取，衅自汝开，与中国何干，何能说到此节。

---

① 系福禄诺所拟定。

② 原文如此，“纳”系“约”之误。

福：法国众议如此，我何敢违。

李：我已说过，提到兵费既无办法，如若真心要成就此事，切勿再提。

福：万不得已，只可另添一条，因感中国和好商办之情，姑允将兵费免去，但中国亦宜敦睦谊，优待法人，许于越南北圻之边界，所有法越与内地货物听凭运销，并约明日后派使另议详细商约税则，期于法国商务极为有益，庶外部可借词搪塞议院需索兵费之口。

李：在越南境内中国有可让法国者，总可和衷互商，若欲在中国境内开口、设领事等事，中国断不能准。（因命随员马道建忠等回寓，与福禄诺著所议大略另行商订简明条款。）

福：我等商定大略，急须电告外部，以定和战大计，中堂即先函知总署，俟两国国家答应，法国即派水师提督利士比来津，与中堂画押，不过八天工夫，即可定议。

由李福谈判的会谈记录来看，该谈判以福禄诺所拟定的三款意见为基础。就第一款而言，李鸿章没有提出反对意见。李鸿章所反对者为历次法越条约中否定中越宗藩关系的规定和赔偿法国军费的问题。最后协商的结果是，福禄诺答应另加一条专论法越历次约章，至于赔偿军费的问题也不了了之。这些分歧的解决，基本宣告了此次谈判的成功。

不仅如此，该会谈记录还给我们提供了一条值得关注与思考的信息，即福禄诺在谈判开始时所提出的一个观点："中国所争者不在区区一越南，实以署邦甚多，不能轻弃越南，致使上国体制有碍。"该观点得到李鸿章的认可。据此，我们至少可以得出如下两点认识：第一，清政府对越南问题的重视，不仅仅是为了维护越南的属国地位本身，更重要的是对整个宗藩关系体制的维护。因为越南的丧失会使宗藩体制产生一个无法弥补的缺口，尤其会助长日本等其他列强对中国周边属国的侵略之心。后来的历史事实即证明了这种影响。将越南问题的解决放在清政府维护整个宗藩体制的宏观背景下加以认识与考察，更加容易理解清政府在处理越南问题的过程中所采取的政策的合理性。第二，对李鸿章而言，由于对越南当局的不信任，他不愿为了越南而付出太大的代价。虽然如此，他在实际处理越南问题的过程中仍始终竭力维护中越宗藩关系，除受清政府的命令之外，对整个宗藩体制的维护不能不说是影响他决策的重要因素之一。

（二）《中法简明条款》的签订

由于李福谈判的顺利进行，1884 年 5 月 11 日，由李鸿章同福禄诺签订协议五款，是为《中法简明条款》（*Convention of Tientsin, 1884*）。根据法文直接翻译为“1884 年天津条约”，所以又称“天津专约”。该条款由李鸿章与福禄诺签订，因而也称为“李福协定”。该约中文本见《光绪条约》[①] 第 1 册第 421 ~424 页、《清季外交史料》[②] 第 1 册第 734 页、《李鸿章全集》第 33 册第 387 页、《中法越南交涉档》第 3 册第 1694 页、《中外旧约章汇编》[③] 第 1 册第 455 ~456 页、《中国近代史资料丛刊—中法战争》第 7 册第 419 ~420 页等资料。《海关中外条约》（*Treaties, Conventions, etc., China and Foreign States*, Vol. 1, pp. 894 – 896.）收录该约法文本及中文本。该条约共五款，其具体内容如下：

第一款：中国南界毗连北圻，法国约明无论遇何机会，并或他人侵犯情事，均应保全护助。

第二款：中国南界既经法国与以实在凭据，不虞有侵占滋扰之事，中国约明将所驻北圻各防营即行调回边界，并于法越所有已定与未定各条约均概置不问。

第三款：法国既感中国和商之意，并敬李大臣力顾大局之诚，情愿不向中国索偿赔费，中国亦宜许以毗连越南北圻之边界，所有法越与内地货物听凭运销，并约明日后遣其使臣议定详细商约税则，务须格外和衷，期于法国商务极为有益。

第四款：法国约明现与越南议改条约之内，决不插入伤碍中国体面字样，并将以前与越南所立各条约关涉东京者尽行销废。

---

① 许同华、汪毅、张承棨编：《光绪条约》，文海出版社，1914 年。

② 王彦威纂辑，王亮编，王敬立校：《清季外交史料》（一），书目文献出版社，1987 年。

③ 王铁崖编：《中外旧约章汇编》（第 1 册），生活 · 读书 · 新知三联书店，1957 年，第 485 页。

第五款：此约既经彼此签押，两国即派全权大臣，限三月后，悉照以上所定各节会议详细条款。再，此约缮中法文各两份，在天津签押盖印，各执一份为据，应按公法通例以法文为正。[①]

该条约签订后，李鸿章即对条款进行解释并上报清政府，以力求符合谈判前清政府所给出的谈判要点。具体说来，关于"越南职贡照旧一节"，李鸿章认为"已槼栝于第四款法国现与越南议改条约，决不插入伤碍中国体面字样之内。据福禄诺云，法已派驻京新使巴德诺往越，如蒙准行，伊可电达外部，令巴使与越王另议，将甲戌及上年约内违碍中国署邦语义尽行删除，但不可明认为中国署邦也"。关于"通商一节"，李鸿章认为"已包括在第三款毗连越南北圻边界所有法、越与内地货物听凭运销之内。既云边界，必不准深入云南内地明矣"。至于"刘永福一节"，李鸿章认为法国未有提及，"我自不应深论。盖刘永福本系越将，前守山西及协剿北宁均被大创，法人视之蔑如，似在无足重轻之列，将来若派使会议及此，再与酌定安置之法，亦未为晚"[②]。关于"兵费宜拒一节"，李鸿章认为法国"上下处心积虑，本欲讹索兵费六百万磅，即各国新报私议，皆为是言。臣豫嘱税务司德璀琳道员马建忠等，多方开导，复当面严词厉色，力与驳斥。今约内载明，情愿不向中国索偿，尚属恭顺得体，足以风示各国。中国许以北圻边界销运货物，为有益法国商务，俾该外部得有词以谢议绅，亦为中法和好互让之据"[③]。既然和议已成，有关前线撤军的问题也成为和约重要的一部分，对此，李鸿章解释说"其第二款北圻华军调回边界，查桂军退扎谅山，滇军退扎馆司、保胜，皆近边界，此约尚蒙许可，只须密饬边军屯扎原处，勿再进攻生事，便能相安，亦不背约"[④]。从李鸿章对该条约的解释来看，李鸿章认为该条约基本符合清政府的谈判要点。站在李

① 《附　中法会议简明条款》，顾廷龙、戴逸主编：《李鸿章全集》卷33，第387页。

② 《致总署　与福禄诺议定五条》，顾廷龙、戴逸主编：《李鸿章全集》卷33，第386～387页。

③ 《总署收北洋大臣李鸿章文　附：摺稿简约》，郭廷以、王聿均主编：《中法越南交涉档》（三），第1692页。

④ 《致总署　与福禄诺议定五条》，顾廷龙、戴逸主编：《李鸿章全集》卷33，第387页。

鸿章的角度，如此解释本在情理之中，关键还是要看清政府对此条约的态度如何。

清政府获悉李鸿章与福禄诺所达成的《中法简明条款》后，对此条约基本持认同态度。关于此点由清政府的上谕即可略知一二。1884 年 5 月 13 日，清政府上谕指出："此次简明条约，与初十日所谕（笔者按：即清政府给出的谈判要点）该署督各节尚不相背，惟越南系我藩属，第四款内虽有现与越南改约决不插入伤碍中国威望体面字样之语，究系隐约其词，并不将属藩一层切实说明，殊为惬心，将来条目中越南册贡照旧办理，务须注明，越南既系属邦，一切政令与中国交涉者朝廷均可酌办，即如越南与法人两次立约并未预为奏闻，南官黄佐炎、张登坛心存疑贰，误我戎机，中国皆可以大义责之，现在简明条约既定，所最要者全在随后所议详细条目。商务界务确切分明，不准稍容含混，议定后必须请旨定夺，不准匆遽迁就，彼族议事尚须议院会商，岂有中华大政反不集思广益之理，此层亦可与福禄诺豫为说明，免致临时再有急促情事。"①

由该上谕内容可知，虽然清政府对该条约基本持认同态度，但并不意味着清政府对此约完全满意。比如关于中越宗藩关系一层，清政府即认为该约没有明确指出，含糊其辞。虽然如此，清政府也不能因此而破坏掉这来之不易的和平。因而又将宗藩关系一层寄托于将来对条约的详细商定上。众所周知，1885 年的《中法新约》基本上是按《中法简明条款》进行详细拟定的。关于宗藩关系一层只是规定"至中越往来，言明必不致有碍中国威望体面"的虚文，并没有超出《中法简明条款》所规定的范畴。由此，可以认为《中法简明条款》关于中越宗藩关系的规定事实上已成为中法之间处理中越宗藩关系的最终结果。那么，也可以据此认为李鸿章关于宗藩关系的谈判结果并没有符合清政府给出的"越南职贡照旧"的谈判

① 《法越交涉议定法约折》，顾廷龙、戴逸主编：《李鸿章全集》卷 10，第 442 页。

要点。说其违旨也好，遵旨也罢，[1] 中越宗藩关系在国际法意义上已经不复存在已是不争的事实。中越宗藩关系不仅实亡，而且名也不保。

正因如此，李鸿章在《中法简明条款》签订后遭到清朝诸多大臣们言语上的攻击。有学者统计，“此约成后，李鸿章大受攻击，参劾他的奏章达四十七起”[2]。如御史屠仁守即指出：“核阅李鸿章与福禄诺问答，辄谓中国所争在体制，不在区区一越南。行人失辞，莫此为甚！不思属藩见灭，于体制乎何有？至李鸿章身任畿疆，昧于大计，持禄保位，苟安目前。练兵二十余年未成，兵且将老；制器二十年未精，器且将朽。犹托于持重待时。朝廷试以实事核之，其果足倚以安危乎？若必屈意事和，度非李鸿章不可；诚欲为自强之计，而专恃一李鸿章，臣窃恐犹缘木求鱼也。然恃之不能，去之亦未易。淮军骄惰，御侮不足，为患有余。”[3] 此种言论虽然有言过其实之嫌，但从中可以看出清流言辞之犀利，李鸿章处境之艰难。不仅如此，《中法简明条款》所引起的分歧导致的北黎事件更使李鸿章陷入水深火热之中。

三、李鸿章与《中法简明条款》引起的分歧问题

《中法简明条款》签订后，清政府把希望都寄托在此后的详细条款的议定上。1884 年 6 月 26 日，清政府颁布上谕：“法、越交涉各事，前经李鸿章与法使议定简明条约，迭次谕令该督将详细条目预为筹画。现在法使将次到津，所有界务、商务一切应议事宜，关系重大。著派锡珍、廖寿恒、陈宝琛、吴大澂会同李鸿章详细妥筹，临机因应。其最要者，分界究以何处为限？商税不得逾值百抽五之法，格外通融；越南为我封贡之国，

① 详见吴宝晓：《关于中法战争时期李鸿章违旨问题考辨》，《安徽史学》2006 年第 3 期，第 83 ~ 86 页。作者赞同李鸿章是按照清政府谈判要点进行谈判的，也就是没有违旨。作者给出的理由是：“经过将清政府授权和李福协定内容进行比对，认为李鸿章基本是按照授权谈判的。传统说法在藩属、通商问题的理解上存在误解。李福协定中放弃越南的关键原因，是甲申易枢后清政府对越目标发生变化，把保护越南看作是李福协定后的善后问题。”

② 雷禄庆编：《李鸿章年谱》，商务印书馆，1977 年，第 321 页。

③ 《屠仁守奏自强之道不宜畏避迁延疏》，中国史学会主编：《中国近代史资料丛刊——中法战争》（四），第 550 ~ 551 页。

均须切实说明，不得稍涉迁就。刘永福一军，亦须由我措置。此外如有应行辩驳之处，尤当事事留心，争得一分，即有一分之益。李鸿章等俟锡珍等到齐后，再行会商开议。”① 然而，就在中法双方准备就详细条款进行谈判时，清朝与法国前线驻军却在越南北黎（中文资料多称“观音桥”或“谅山”）发生军事冲突，是为北黎事件（又称“观音桥事件”或“谅山事件”），中法之间来之不易的和谈局面破裂。至于北黎事件的真相问题，国内学界的观点，归纳起来主要认为是法国企图吞并全越，进而觊觎中国西南而故意挑起战端。② 而对于李鸿章是否应该为该事件负责任及负多大责任，仍含混不清。③ 本书主要依据当事人福禄诺于1921年在《两世界评论》（*Revue Des Deux Mondes*）上所公布的事实真相，即他本人承认当时的撤兵节略确实系他本人涂抹，力求对关于李鸿章在北黎事件中所负责任的问题进行重新评判，进而分析此事件对李鸿章在处理越南问题的过程中的角色变化的影响问题。

（一）《中法简明条款》中法文本分歧问题

《中法简明条款》共计五款，从相关资料来看，该约第二款和第五款的中文本与法文翻译文本存在分歧，兹列于下，以进行比照研究。

中文文本。

第二款，中国南界，既经法国与以实在凭据，不虞有侵占滋扰之事，

① 《清德宗实录》卷185，第4~5页。

② 详见朱亚鹏：《论北黎事件的真相和责任》，《中山大学学报》1999年第6期；张壮强：《〈中法简明和约〉与观音桥之战》，《学术论坛》1998年第2期等。

③ 如邵循正在《中法越南关系始末》一书中，认为李鸿章应该为该事件负全部责任，他指出：“福果有抹销约文之事，则福应负全责，李可告无罪；不然则李不但负北黎事件责任，且有伪造污蔑对方之嫌。按北黎事件前后，李均力持与福禄诺绝无正式公文往来，仅系面谈，何以一月之后，忽有法方正式照会出现，可见其曲在李。使约文中之涂抹果出福手，则李有确证在握，北黎事件法对华有责言时，即可公布以折其口，何必迟迟至是始行公布。马建忠、罗丰禄皆李翻译官，其声明自不可视为确切证据，且四月二十三日李、福晤商之时，罗不但未在场，且不在津，则此电之价值可知。使福已抹销撤兵日期，许李更定，则李不负北黎事件责任，其致潘鼎新电何必言弥缝前事，不肯任咎乎。综一切之证据观之，皆不得不伸福而曲李。”见该书第182页。

中国约明，将所驻北圻各防营，即行调回边界，并于法越所有已定与未定各条约，均置不理。

第五款，此约即经彼此签押，两国即派全权大臣，限三月后，悉照以上所定各节，会议详细条款。再，此约缮中法文各两份，在天津签押盖印，各执一份为据，应按公法通例，以法文为正。[①]

法文翻译文本。

第二款　中国南界，即经法国尽其邻谊，妥为保护，与以实据，不使有侵占滋扰之虞，应将北圻防军，火速撤回边界，并将法越已订、未订各约，一体遵照。

第五款　中法两国自此约签押日起，限三个月内，各派全权大臣，会同按照以上各款，详订条约，按交涉公例，以法文为凭。再，此约中法两文各二分，经两国全权大臣签立名押，各执中法文各一通。[②]

两种文本通过比较很容易发现中文条约文本中“均置不理”、“限三月后”与法文条约翻译文本“一体遵照”、“限三个月内”意思上有明显差别。“均置不理”可以理解为中方对于法越之间所立条约采取不承认的态度，而“一体遵照”则直接表明了法国要求中国不但要承认法越之间所立各条约，而且还得遵守各条约的内容。言外之意，就是要用中法之间的条约关系来取代中越之间传统的宗藩关系。此层意思姑且不论，“限三月后”与“限三个月内”的区别则是显而易见的。“即行调回边界”与“火速撤回边界”也有程度上的不同。由于此种理解上的偏差，法方在此约签订一个多月后即开始巡边，碰上了驻扎在谅山前线的清朝军队，遂引起军事冲突。

军事冲突之后，关于该冲突的责任问题，法方认为是条约文本翻译的

① 《总署收北洋大臣李鸿章文　附：摺稿简约》，郭廷以、王聿均编：《中法越南交涉档》（三），第1694页；王彦威纂辑，王亮编，王敬立校：《清季外交史料》（一），第734页，第二款“均置不理”记为“概置不问”，意思基本相同。

② 《总署收福禄诺问答节略》，郭廷以、王聿均编：《中法越南交涉档》（四），第2307～2309页。

错误引起的。那么，事情的真相到底是什么呢？

既然法方认为是条约文本翻译的错误引起军事冲突，那么，问题的关键是首先要搞清楚“限三月后”与“限三个月内”哪个短语翻译得更准确的问题。该约第五款的法文文本关于该短语的原文是“dan un délai de trios mois”[①]，正确的翻译应该是“限三月后”。由此可知，确实是翻译的错误。其次还需要澄清的一个事实是该翻译文本是谁提供的问题。根据《中法越南交涉档》可知，该翻译文本系福禄诺提供。既然如此，福禄诺的翻译显然有故意曲解原约之嫌疑。关于此点，负责签订此约的中方代表李鸿章有特别说明，他指出：“至谓条约法文与汉文不符，似系旁观挑衅之论，臣本不识洋文，税务司德璀琳，道员马建忠素精法文，皆欲成就此事，臣原令该员与法领事法兰亭等再三校对，据称并无舛误。自来各国订约必声明以洋文为正，非独此次法约为然。而嗣后，彼此辩论又往往以汉文不符，两相齮龁，此总理衙门与臣等所历办而深知者。诚如圣训，无理取闹，不过临事多一辩驳。”[②]

此番说明纵然有为其开脱责任的成分，但也不无道理。近代以来，西方列强利用同中国签订的条约文本的不同进行有利于列强自身的解释，这成为西方列强的惯用伎俩。又因条约本身具有不平等性，所以，中国在不平等条约时代处处受到西方外交原则的欺骗。从另一个方面也反映了清朝外交的实际水平，比如外交官的对外认识、国际法知识、外语水平等方面都存在不足。从中国外交近代化的角度而言，此时期的中国外交处于起始阶段，吃亏难以避免。而李鸿章在处理外交事务过程中的所作所为则可视为中国外交近代化步履艰难的一个缩影。

（二）《中法简明条款》后有无“撤兵节略”问题

北黎事件后，据法方称，《中法简明条款》签订后，福禄诺在临行前（即西历 1884 年 5 月 17 日）给李鸿章一前线撤兵节略，内容如下：

二十天后，即六月六日，我们就能够占领谅山、高平、室溪及东京领

① *Treaties, Conventions, etc.; China and Foreign States*, Vol. 1, p. 896.

② 王彦威纂辑，王亮编，王敬立校：《清季外交史料》（一），第 750 页。

土内背靠广东、广西境界的各个地方。同天，我们将能于整条东京海岸线上建立海军碇舶站。

四十天后，即六月二十六日，我们就能够占领老街和东京领土内背靠云南领土的各个地方。

这些期限届满后，我们将立即进行驱逐迟滞在东京领土上的中国防营。①

这个期限和法方所解释的“三个月内”是完全吻合的，也为其摆脱军事冲突的责任找到很恰当的理由。然而清朝总理衙门得知此消息时却表现得很吃惊，因为总理衙门对于《中法简明条款》后还有撤兵节略之事一无所知。为摆脱清政府外交上的被动局面，总理衙门将其所掌握的事实情况照会各国公使，以求得诸列强的理解与评判。致各国公使的照会称：“本衙门检查简明条约，五款之外，并无另有续约，当即函询李大臣（笔者按：即李鸿章），据称，福总兵在津临行时，曾有是说，并未允许，亦无往来公文为凭，是法兵往取谅山，未免误会福总兵期限之言。”② 从而可知，此节略确实存在。但如此重要的事情，李鸿章为什么没有上报清政府呢？这不能不说是李鸿章的一个重大失误。李鸿章对此又是如何解释的呢？

面对总理衙门的质问，李鸿章上奏清政府对其与福禄诺谈判后有无节略问题及为什么没有上奏清政府等问题作详细解释。李鸿章解释道：“查福酋于四月二十四日启程回国，二十三日来署辞行，谈次取出法文节略一纸，令翻译官译述，内有三条：一、该国已派巴德诺为全权公使，与中国会议详细条款，该使离顺化后来华。一、该国应保护北圻全境，提督米禄拟二十日后即派法兵或越兵前往攻击黑旗或其他匪党，中国兵营宜限时退出。一、本国即行通知巴德诺，应将去岁法、越新约第一款内所有即大清国云云删去，无非礼敬中国，不愿伤其威望。以上各节，皆系申明约内第二、第四、第五各款所当讲解与应办各事等语。鸿章当以第一、第三条均

① 中国史学会主编：《中国近代史资料丛刊——中法战争》（七），第216页。

② 《总署给各国公使照会》，郭廷以、王聿均主编：《中法越南交涉档》（三），第1776页。

应俟巴使到后酌议，赞可毋庸深辨。彼注意系第二条中国兵营限时退出。即面告以滇、粤各军闻分扎谅山、保胜一带，皆据中国边界甚近，十余年来久驻剿匪，署邦赖其弹压，与法国毫无关碍，兹既议和，应俟详细条款定后再议办法。今汝国商令限期退兵，语近胁制，我实不敢应允，亦不敢据以入奏。该酋仍力请照约将防营调回，告以相距过远，该处情形难以遥度，总在统兵大员随时察度妥办。我劝法兵不必急于前进，即与华兵相遇，亦勿接战生衅。福即辞去。其电报该国不知如何措词，当时实未备文照会，更无所谓续约也。彼此游谈，不足为据，是以未及函陈钧署，但于致滇督、桂抚函内述及福酋有限期退兵之说，属其相机进止，随时察酌情形，奏明办理。我既不能深入越境，夺占膏腴，则越边丛山荒瘠之地，似得失无关轻重也。"①

据此可以得出如下结论：李鸿章之所以没有将所谓的"撤兵节略"上报清政府，其最重要的原因是，李鸿章认为该节略不具备法律效力，所以不用上报。此种结论很容易让人理解与接受。因为作为办理晚清外交的重要人物之一，他深知"人臣无外交"的道理。现在关键的问题是这个"撤兵节略"是否有效的问题，也即福禄诺是否将该节略涂抹的问题。

1884 年 10 月 17 日，英文《字林西报》载："福禄诺所定谅山退兵之节略，乃法总领事在上洋遇人即言，涂抹一节，系出于李相翻译官之代笔。"② 1884 年 12 月 25 日，"《上海新报》录马建忠、罗丰禄致该新报馆主人书云：前于四月二十三日，福禄诺呈递李中堂节略一纸内，有数处经福禄诺涂抹，而福禄诺居然致函于新报馆，令其照函刊诸报内，其中言辞，竟不认有此涂抹之事。惟是当日福禄诺与李中堂会议之时，我等二人均在座，亲见福禄诺涂抹数处，并画有押字，此事确实无讹，不容彼之掩饰也"③。邵循正先生则认为罗丰禄当时不在场，所以此证据不可信。④ 而

① 《复总署　申明福禄诺原议》，顾廷龙、戴逸主编：《李鸿章全集》卷 33，第 399 页。

② 《总署收同文馆译报》，郭廷以、王聿均主编：《中法越南交涉档》（四），第 2267～2268 页。

③ 《总署收同文馆译报》，郭廷以、王聿均主编：《中法越南交涉档》（四），第 2408 页。

④ 邵循正：《中法越南关系始末》，第 182 页。

直接参与此事的李鸿章道出了其难言之隐，“查福禄诺临行时忽以限期退兵之语相要挟，臣当即正言驳斥。其时适固所议简约虽蒙圣明曲谅，而都人士啧有烦言，若闻福禄诺又请限期退兵，必更哗噪，徒惑众听，臣又明知事难照行，而约款未可据背，欲令岑毓英、潘鼎新查照调回边界，约文自行斟酌妥办，实据委曲求全之苦衷，固未敢据以上闻，亦未立即告知总理衙门，疏忽之咎，诚所难辞”①。李由于担心接受法方提出的立即撤兵的节略会招致国人的反对因而将此事隐瞒未报，实有不妥之处。

那么，有关“撤兵节略”的事实真相到底如何呢？台湾学者龙章先生在《越南与中法战争》一书中揭开了这个谜底。他在书中指出：“据云费理（笔者按：即茹费理）深信删除之文件系华人作伪，迄 1887 年犹持此论，及至事过境迁，福禄诺于 1921 年撰写专文，以《外交回忆录：天津条约时期之法国与中国》（La France et la Chine au traité de Tientsin：Souvenir Diplomatique）为题，由《两世界评论》（*Revue Des Deux Mondes*）发表，始坦白承认系渠本人删除撤兵日期。”②

（三）李鸿章与北黎事件的责任问题

由上述福禄诺承认涂抹节略的历史事实可知，如果把北黎事件的责任完全归咎于李鸿章一人，实在有失公平。但他作为处理越南问题的主要负责人也不能完全摆脱干系。如在《中法简明条款》签订后，李鸿章即认为该约为权宜之计，以后难免有口舌纠缠。关于此点他对前线的淮系将领潘鼎新有明确表示：“新使巴德诺闰月杪来津，必先催询我军是否调回边界，当告以闻已调回，含糊答应而已。但边军勿先与接仗，若彼来攻，亦不得不回手，作为非朝廷旨意，事后亦易解说也。吾弟临机应变，必有善处之方。兄前与订此约，实因彼将调集兵船，攻战台湾，为讹索巨款地步，不得不随宜应付，为救急止兵之计。以后口舌纠缠，固所不免，然亦不致决裂也。”③ 因李鸿章把此约视为权宜之计，所以引起争端遂不可避免。

---

① 王彦威纂辑，王亮编，王敬立校：《清季外交史料》（一），第 750 页。

② *Revue Des Deux Mondes*，1921（10），pp. 755 – 790，转引自龙章：《越南与中法战争》，第 249 页。

③ 《致潘鼎新》，顾廷龙、戴逸主编：《李鸿章全集》卷 33，第 393 页。

由于《中法简明条款》引起的分歧导致了中法之间的军事冲突，冲突的结果是法军失利，“计阵毙兵头一名，兵七名，阵伤副兵头一名，兵四十二名”[①]。如果法军获胜，情况可能会另当别论了。李鸿章也认为：“惟是此次越境观音桥接战获胜后，法人藉词要索，所欲甚奢。”[②] 之后法国交涉的重点则是迫使清政府赔偿高额的军费，军事上也开始进攻台湾等沿海港口，其侵吞越南，迫使清政府就范的野心昭然若揭。

然而，由于当时背负着中法重开战火的罪名，李鸿章在国内外之声望一落千丈。此后中法有关赔款问题的谈判，则由曾国荃负责，后来的《中法新约》也主要由海关总税务司赫德负责，李鸿章只负责了最后的确认签字。由此可见，在处理越南问题的过程中，李鸿章的角色以北黎事件为界，前后发生了变化。在北黎事件以前，李鸿章被总理衙门认为是清政府处理越南问题的“枢纽”，有关越南问题的军事、外交等各个方面李鸿章都有权过问。然而，因为李鸿章对北黎事件处置不当，使清政府在外交上陷于被动，中法重开战端，李鸿章也被清政府暂时排除于对法交涉之外。

第三节　李鸿章与巴德诺公使有关越南问题的交涉

一、李鸿章被排除于中法交涉之外

（一）曾国荃与巴德诺的谈判

北黎事件之后，法国采取了据地为质，索取赔款的对华政策。1884 年 7 月 12 日，署法国驻华公使谢满禄（Semallé）将法国政府的意见照会清总理衙门，该照会称：“经我国政府于 7 月 4 日，移咨贵国驻法使臣去后，

---

① 邵循正认为此数字仅是初一日死伤人数，初二日死者，将校一人，卒十人，伤者将校二人，卒三十三人，失踪者二人。见邵循正：《中法越南关系始末》，第 170 页。

② 王彦威纂辑，王亮编，王敬立校：《清季外交史料》（一），第 750 页。

已得确据，实为中国官兵深悉。贵国如此干犯约章，必系有人从中拨弄，以伤我二国之和好，从此我国政府不能不索实在凭据，必得天津条约见诸施行。现在巴大臣（笔者按：巴德诺，于7月14日接替谢满禄为法国驻华公使）已奉廷寄，请贵国明降上谕，火速撤退北圻戍兵，合之简约第二款，一并载入京报。此外，巴大臣并奉命向索兵饷至少二百五十兆佛郎，缘贵国违约而我兵糜费不少也。此节应如何定章，下次会议核夺。以上各节，自本日为始，限七日内复照办，不然，我国必须自取押抵之物及赔补银两。”① 由该照会可知，法国将北黎事件的责任归咎于清朝，并据此索取赔款，据地为质，且要求清政府在7日之内，也即是在7月19日之前答应法国的上述要求。此照会实际上是法国对清政府的最后通牒（Ultimatum）。清政府对此却不以为然。7月13日，总理衙门回复谢满禄，指出：“索偿，显与津约第三条不符，且致详议条款因此延宕，深为可惜。来文所谓径行自取押款，并自取赔款，于约尤为相背。中国即当布告有约各国，将越南一事，详述始末，并中国万难允此无名兵费之故。用西国成法，将索偿一事，作为普噜台司特（笔者按：protest，“抗议”的音译），待他日再行理论。”②

李鸿章也从即将离津的法代理领事法兰亭及已任领事林椿（Ristelhueber）处获知，“巴、孤（笔者按：孤拔）与外部密谋，必据一地为质，哀的美敦书（笔者按：最后通牒）二十八限满（笔者按：即7月20日最后通牒日期已满），即攻打马尾船厂。倘先允将船厂作押，可免动兵，详约议定仍交还”。李鸿章将此情告知总署，并指出“未敢允”。③

就在中法意见陷入分歧之际，“总税务司赫德参与中法谈判，彼数度晤巴德诺，旋因其建议而由总署于7月19日奏请派署两江总督曾国荃为全权大臣赴上海与巴德诺谈判详细条约”。因最后通牒限期于7月19日届满，在赫德的建议与斡旋下，巴德诺允许展限八日。④

---

① 《总署收法署使谢满禄照会》，郭廷以、王聿均主编：《中法越南交涉档》（三），第1766页。

② 《总署给法署使谢满禄照会》，郭廷以、王聿均主编：《中法越南交涉档》（三），第1768～1769页。

③ 《寄译署》，顾廷龙、戴逸主编：《李鸿章全集》卷21，第190页。

④ 龙章：《越南与中法战争》，第257页。

1884年7月19日，清廷谕旨："法使巴德诺现在上海，著授曾国荃为全权大臣，克日前往与议详细条约，并派陈宝琛会办，派邵友濂、刘麒祥随同办理。所需兵费、衅款万不能允，告以请旨办理。条约最要者越南照旧封贡。刘永福一军如彼提及，答以由我措置。分界应于关外，界分空地作为瓯脱。云南运销货物应在保胜开关，商税不得逾值百抽五之法。以上各节切实辩论，均由电信请旨定夺。谕李鸿章加派翻译一人同往。如所议无成，曾国荃、陈宝琛即回江宁布置，切勿登彼船只，受其挟制。现在福州、马尾有警，如二十八九日已有开仗之信，曾国荃即无须赴沪。"① 由该谕旨可知，清政府给出曾国荃等人的谈判要点主要有不赔款、越南照旧封贡、刘永福一军由清朝措置及分界通商事宜等，大体与之前李福谈判要点相似，只不过清政府两次强调要"请旨"办理，显然与之前李鸿章有关"撤兵节略"之事未告知清政府的重大失误不无关系。此外，也可看出清政府对此次谈判的成功并没有寄予太大希望。

而李鸿章在此次中法谈判中的角色，清政府只是让其派出翻译一名以备曾国荃差遣，并没有让其参与其中。至于其原因，曾国荃曾致电总理衙门指出："鸿章受清议攻击，不符众望。"② 曾国荃深知李鸿章因议和而遭受清议攻击的艰难处境，所以，他对此次受命也颇有推辞。7月20日，他致电总理衙门时即指出："国荃只知疆臣守土，求尽死守封疆之职，万万不敢与闻和议。赫德所请江督至沪与巴使会商一层，荃性撅烈，不善议款，即圣朝亦不可派战将与外人说和，乃免决裂。"③

虽然清政府没有让李鸿章参与曾巴谈判，但他对曾国荃主持谈判给予了支持。首先，对于曾国荃的担心与犹豫，李鸿章则勉励其应该以"国事为急，勿计毁誉利害为要"④。其次，李鸿章还将前期谈判详情告知曾国荃，"从前简约，本系止兵草约，多挂漏牵混之处，物议繁兴，负疚滋甚。不意又有谅山之战，致腾彼口，以原约第二款即行调回边界为词，犹可说也。然万国公法，迟延有因，并非背约。至福酋临行面称，限二十日、四十日撤兵，语近胁制，当已斥驳，并无公文照会，何足为据。迭经缄致总

① 《寄江督曾》，顾廷龙、戴逸主编：《李鸿章全集》卷21，第193页。

② 雷禄庆：《李鸿章年谱》，第324页。

③ 《附　江督曾致译署》，顾廷龙、戴逸主编：《李鸿章全集》卷21，第192页。

④ 《寄江督曾》，顾廷龙、戴逸主编：《李鸿章全集》卷21，第193页。

署，并电属李丹崖与法人再四争辩，彼亦中阻”[①]。

尽管如此，李鸿章对曾巴谈判的前景并不乐观。李鸿章在给张佩纶的信中即指出：“沅帅（笔者按：指曾国荃）沪议恐必无成。近来朝令夕改，更举棋不定，勿论曾岂远胜何。”[②] 在给张荫桓的信中也表达了此种担心，“沅帅此行，如略不松劲，难保不即开兵端”[③]。后来的事实证明了李鸿章预见的正确性。曾巴谈判因赔款数额分歧过大而没有达成一致意见。

在曾巴谈判陷入僵局时，李鸿章试图挽救。李鸿章“以上海谈判将无结果，遂要求法政府令巴德诺赴天津谈判，法政府答称赔款问题解决后，巴德诺始能前往天津”[④]。此后，“美公使杨约翰在沪劝巴德诺耐心求致和解，法公使虽认为与李鸿章谈判详细条约应属有利，惟以未解决赔款问题而赴天津将为中国人视为胜利，彼不信李鸿章有诚意，疑其以谈判者之身份恢复其政治地位”[⑤]。此时，参加曾巴谈判的会办陈宝琛则致书总理衙门：“巴不愿北，美又不肯，然此事非李相不能了。”[⑥] 言外之意，只有李鸿章出面才能使中法谈判继续下去。事实上，李鸿章也在努力挽救中法谈判的败局。1884 年 8 月 11 日，李鸿章向总理衙门表明了他的主张：“鸿系丛谤之身，本不敢再与斯议，惟事势紧急，大局攸关，战后亦必赔偿，为数更巨。可否令丹崖准福禄诺所议，由署迅速电复丹崖，传知遵办。”[⑦] 8 月 12 日，李鸿章进一步向总理衙门阐述了此种主张：“偿款迄未议准，现法议院大臣与茹费理拟出大军，与中国决战，尚未即定。拟莫如趁此未甚决裂时，速电李凤苞，予以全权，令与法廷妥慎讲议，庶偿费较少，而保全者大云云。”[⑧] 总理衙门对李鸿章的建议并没有给予明确答复，只是向其传达了清政府的谕旨：“本日奉旨，法须先撤闽台水陆各兵，始准来津议细约。著李鸿章转电李凤苞告法外部。”[⑨]

---

① 《致曾宫保》，顾廷龙、戴逸主编：《李鸿章全集》卷 33，第 402 页。
② 《致张佩纶》，顾廷龙、戴逸主编：《李鸿章全集》卷 33，第 402 页。
③ 《复张樵野京卿》，顾廷龙、戴逸主编：《李鸿章全集》卷 33，第 403 页。
④ 龙章：《越南与中法战争》，第 260 页。
⑤ 龙章：《越南与中法战争》，第 261 页。
⑥ 《附　陈会办致译署》，顾廷龙、戴逸主编：《李鸿章全集》卷 21，第 229 页。
⑦ 《寄译署》，顾廷龙、戴逸主编：《李鸿章全集》卷 21，第 239 页。
⑧ 《寄译署》，顾廷龙、戴逸主编：《李鸿章全集》卷 21，第 241 页。
⑨ 《附　译署来电》，顾廷龙、戴逸主编：《李鸿章全集》卷 21，第 242 页。

事实上，清政府此时已经确定了以武力备战应对法国的政策，1884 年 8 月 18 日谕旨指出："法人狡悍，无理已甚，现惟一意主战。著岑毓英饬令刘永福先行进兵，迅图规复北圻。岑毓英、潘鼎新关内各军陆续进发，不日即有明发谕旨宣示，并将刘永福加恩录用，其方友升、王德榜两军著即募补足额。本日已催令鲍超迅赴云南会同岑毓英办防，以厚兵力。此旨并著潘鼎新速即知会岑毓英遵照。"①

至此，曾国荃与巴德诺的谈判没有达成任何协议，中法关系又进入战争状态。在曾巴谈判的过程中，李鸿章虽然没有直接参与谈判，但他从对曾国荃的支持、借助驻法公使李凤苞的对法交涉及美国等西方列强的调停等方面力争促成此次中法和谈。尤其是在和谈陷于僵局之时，陈宝琛力荐李鸿章重新主持中法谈判，从一个侧面显示了李鸿章在晚清对外议和中的影响力。

（二）赫德、金登干与法国的秘密交涉

曾巴谈判失败之后，法国施行了其据地为质的对华侵略政策。其侵略势力从越南本土深入到中国东南沿海的福建和台湾地区。清政府采取了"牵敌以战越"的策略，② 取得明显效果。1885 年 3 月 29 日，清军取得镇南关—谅山大捷，31 日，法国茹费理内阁倒台。此种局面极有利于中法和平。

事实上，在此之前，中法已各派代表在巴黎进行秘密谈判。但这次清政府派出的议和代表依然不是李鸿章，而是海关总税务司赫德（Robert Hart）以及海关驻伦敦代表金登干（James Duncan Campbell）。清政府授予赫德和金登干全权，并对议和的过程严格保密。至于没有让李鸿章参与中法密谈，则与《中法简明条款》所引起的分歧与冲突不无关系。关于此点，正如论者指出："赫德颇不以李鸿章匆骤签署天津简明条款为然，因中法两国事后发生之困难及中法之战皆导源于此。彼认为德璀琳之干预对中国颇为不利，彼致函金登干云'李鸿章与德璀琳之信誉已受累，彼等所希望者为不改变天津条约并获接受，此将为费理与福禄诺引为欣慰'。彼

---

① 《附　译署寄粤督张》，顾廷龙、戴逸主编：《李鸿章全集》卷 21，第 253 页。
② 《清德宗实录》卷 189，第 11 ~ 15 页。

认为若无德璀琳之匆骤干预，中法两国可循外交途径从容谈判，不致有中法之战。”[1] 赫德有意将李鸿章及德璀琳排除于中法交涉之外。

在同法国秘密接触之前，为了推动谈判的继续，赫德即向总理衙门建议另提一附加条款，“合理地解释津约条款和文字”，总理衙门“经过商议后允批准，但不要公开发表，因为不愿显露急于求和”[2]。该附件条款的具体内容如下：

第一，草约用三种文字，各以本国文字为准，遇有解释不同，以第三种文字决定；

第二，草约内“威望体面”一词包含下列友好的谅解，即安南王一向定期致送的礼品和贡物，继续与否，由安南王自择。草约内“边界”一词解释为在谅山最南处东西划一直线。[3]

第一条有关草约文字的规定，显然是吸取了《中法简明条款》因条约文本翻译不一致引起分歧的教训。第二条关于“威望体面”一词的特别说明，表明赫德深悉中法分歧的关键所在，后来关于该词的争端与解释即是明证。

金登干将此附加条款告知茹费理时，茹费理表示不能接受。至于其原因，茹费理指出：“附加条款与津约矛盾，津约不提宗主权是有意的，‘威望体面’字样绝不能解释为含有宗主权的意思。至于中国所要的边界地带，那也正是法国所要的，所以附加条款完全不能接受。”并补充说：“我以外交部长的身份，对任何提案，除非来自总理衙门并正式送交，不便赞成或接受，谈判无论是经过李、德璀琳或其他人，都难保其后不为总理衙门所一概推翻或否认。”[4]

① 龙章：《越南与中法战争》，第358~359页。

② 陈霞飞主编：《中国海关密档——赫德、金登干函电汇编（1874—1907）》（第八卷），中华书局，1995年，赫致金第164号，1884年12月14日，第364~365页。

③ 陈霞飞主编：《中国海关密档——赫德、金登干函电汇编（1874—1907）》（第八卷），赫致金第166号，1884年12月16日，第366页。

④ 陈霞飞主编：《中国海关密档——赫德、金登干函电汇编（1874—1907）》（第八卷），金致赫第316号，1885年1月25日巴黎，第381页。

很显然，因《中法简明条款》引起的分歧，茹费理对李鸿章的外交信誉也产生了怀疑，目下只认总理衙门的正式提案。

针对法国的狡诈与多疑，也为了确保中法外交上的和解，清政府在作出种种让步之后，遂正式向法方提出四款方案，具体内容如下：

> 第一款：中国方面允准1884年5月天津草约，法国方面允在津约规定外别无要求；
>
> 第二款：双方同意尽命令能发出和收到的速度在各处停止敌对行动，法国应允立即停止台湾封锁；
>
> 第三款：法国应允派公使北上，即到天津或北京，商定详细条约，双方规定撤兵日期；
>
> 第四款：中国海关驻伦敦办事处税务司，二品衔，法国荣誉军团骑士金登干受命为专使代表中国与法方代表签订本草约，作为初步协议或谈判起点。①

清政府虽然向法国表达了其谈判的诚意，但茹费理却对赫德提供的清政府的四点谈判意见是否经过清政府批准及金登干是否被授予全权等问题均有疑问，而且对法军留驻台湾作为保证一节也不满意。他认为应该以北圻和商务利益作为保证。② 针对茹费理的疑惑，赫德解释此提案直接来自皇帝且包括在谕旨内，曾经存录。对于金登干的“全权”问题，赫德补充说方案内已有明确说明，由皇帝授予，包括签字和应当怎样签的训令。③

就在赫德与茹费理秘密谈判之际，“李鸿章向法驻天津领事林椿宣称：若以实施天津简明条款及中国予法国贸易利惠为基础，则中法可达成协议，彼并愿进行谈判。然赫德不愿他人分担谈判之责任，亦不愿他人干预使其谈判受不利影响。彼要求法政府勿听信李鸿章，谓其无权进行中法和

---

① 陈霞飞主编：《中国海关密档——赫德、金登干函电汇编（1874—1907）》（第八卷），赫致金第198号，1885年2月28日北京和伦敦，3月1日巴黎，第394页。

② 陈霞飞主编：《中国海关密档——赫德、金登干函电汇编（1874—1907）》（第八卷），金致赫第333号，1885年3月3日夜，第396页。

③ 陈霞飞主编：《中国海关密档——赫德、金登干函电汇编（1874—1907）》（第八卷），赫致金第202号，1885年3月7日经伦敦，第398页。

谈，李鸿章则向林椿指责赫德，谓其干预特别危险。巴德诺以此项消息报呈法外交部，谓‘相互竞争之人物从事谈判将有无可重视之结果。对方之目的仅利用和平可期，以妨碍法军之进展’。但茹费理则认为林椿继续听李鸿章发表意见并无妨害”[①]。显而易见，李鸿章有意干涉赫德参与的中法和谈，但不为法国政府所接受，反而为法政府所利用。中国对法谈判仍由赫德主持。

茹费理为了避免伤及法国人的情绪，将第一款在形式上作了修正，即法国方面宣布除完全履行全部草约外，并无其他目的。其他三款可以接受，但在草约后附加几点说明：中国皇帝命令履行 1884 年 5 月 11 日条约并将现在驻北圻的中国军队撤入边境的谕旨一经颁布，所有在台湾和中国沿海的海路军事行动将一律停止。法国在北圻的军队司令官将收到不得逾越中国边境的命令。中国军队奉命令撤入边境之后，台湾封锁立即解除，法国公使将与皇帝派出的全权代表接触，尽速谈判和签订和平、友好、通商条约。在此条约内，将规定法军自台湾北部撤退的日期。为了使中国政府能将撤入边境的命令尽速送达云南方面的军队，法国政府将给以一切便利，由北圻各路传递命令，交中国军队司令官。在整个休战期间，直至最后的条约签字时，双方承允不向台湾输送军队和军火。详细条约一经签字，并经谕旨批准后，法国对运输战时禁运品——包括米——的禁阻立即解除。[②] 经过一番讨论，双方基本能同意对方提出的方案。综合中法双方的意见，归纳起来就是中法停战的条件协议，只等中法派正式代表签字即能合法化。

然而，已如前述，法军在谅山为华军打败，茹费理内阁倒台。现在中法初步达成的协议的签字问题面临如下四个不利条件，即“茹费理即已辞职，不愿约束新内阁的未来政策；皇帝谕旨批准草约，但未提解释说明书（笔者按：即茹费理提出的补充说明）；递交领事的通知，是由李鸿章签字，而非总理衙门签字；毕乐未经格利维总统授权，不敢签字，总统仍在

① 龙章：《越南与中法战争》，第 361 页。

② 陈霞飞主编：《中国海关密档——赫德、金登干函电汇编（1874—1907）》（第八卷），金致赫第 350 号，1885 年 3 月 25 日，第 408 页。

迟疑”[1]。不仅如此，“总理衙门唯恐谅山的胜利，会使宫廷听从那些不负责任的主战言论，给予迅速解决，担心一个星期的耽延，也许会使三个月以来的不断努力和耐心所取得的成就完全搁浅”[2]。

赫德担心形势的变化会使其为和平而付出的努力归于失败，于是“促请费理（即茹费理）同意签署”。不仅如此，赫德还“建议毕乐与法总统同意后，与金登干签署议定书，事后可由总统咨送众议院，法政府最初认为此建议不可行，然茹费理所获情报证实赫德之忧虑，迁延时日可使和谈前功尽弃。中国之主战派随时可占据上风，而中国国内舆论因华军之胜利可随时压迫清廷收回其已同意之让步。此种紧迫局面自不能使茹费理及其同僚犹豫或严格遵守宪法步骤。茹费理以事不宜迟遂于4月4日晨召集其已辞职之同僚于外交部，于仔细研判局势及所得情报后，遂一致决定即行签署议定书，毕乐奉命前往总统府请求授予签署议定书之全权。4月4日午后，毕乐与金登干签署中法停战议定书”[3]，即《中法停战条件》。

《中法停战条件》原始文本为法文，中文本为翻译文本。因该文件在巴黎签订，又称“巴黎议定书”。法文本见《海关中外条约》（*Treaties, Conventions, etc., China and Foreign States.* Vol. 1, pp. 898－899.），《海关中外条约》收录的还有英文翻译文本。中文翻译文本见许同华、汪毅、张承棨编的《光绪条约》第1册第495～498页、《中外旧约章汇编》第1册第463～464页、《中国近代史资料丛刊—中法战争》第7册第420～421页等书。至于该停战条件的内容有三款并附有一解释条款五条，大体内容已包含在上述清政府提交的四点方案及茹费理的修改条款之中。本书只录入其中的三款内容如下：

第一款：中国允将西历一千八百八十四年五月十一号所订天津条约批准，法国亦惟愿完全实行此项条约，别无他目的。

第二款：中、法两国允俟必须之命令能颁布及奉到后即行停战，法国

① 陈霞飞主编：《中国海关密档——赫德、金登干函电汇编（1874—1907）》（第八卷），金致赫第368号，1885年4月3日上午11时15分，第416～417页。

② 陈霞飞主编：《中国海关密档——赫德、金登干函电汇编（1874—1907）》（第八卷），赫致金第216号，1885年4月3日下午6时30分，第417页。

③ 龙章：《越南与中法战争》，第365页。

并允将台湾封港事宜撤除。

第三款：法国允派大臣一员至天津或北京，商定所订条约之细目，然后再由两国订立撤兵日期。

为避免重蹈《中法简明条款》签订后因撤兵问题引发争论的覆辙，《中法停战条件》签订后，清军机大臣即告知李鸿章："中法和议已经金登干于二月十九日（4月4日）在法都画押，本日军机大臣面奉谕旨'允准津约，并饬令各处军营定期停战，滇、粤各军定期撤回边境'。希阁下即将此信给林椿领事阅看，嘱其转电法督，照约施行可也。现约彼此停战及关外华军撤兵日期，速电各处军营照行，以免歧误。"① 得此谕旨，李鸿章立即通知江浙闽粤滇台各督抚："现定越南宣光以东三月初一（4月15日）停战，十一（4月25日）华兵拔队撤回，二十一（5月5日）齐抵广西边界。宣光以西三月十一（4月25日）停战，二十一（5月5日）拔队撤回，四月二十二（6月4日）齐抵云南边界。台湾三月初一（4月15日）停战，法国即开各处封口。希即分电福建、台湾、广东、广西、云南各督抚及统兵大臣，遵照办理。"②

《中法停战条件》是中法秘密谈判的阶段性成果，此后，中法双方开始围绕条约草案筹划，并初拟条约草案十款。经法外长法来西纳和清总理衙门双方派代表谈判协商，唯有第二款和第十款有争议，这两款主要涉及语言文字和情感方面的事情。第二款法方大意为中国须自制，避免有碍及法国在安南建立秩序之事。中方则让法方允许中国与安南继续交往，安南不致有触犯或伤及中国威望体面之事。对于第十款条约法方要以法文为准，中方则坚持以第三种文字即英文为准，主要是为了避免翻译上的错误。对于此种争议，清慈禧太后完全放弃北圻和第十款，但仍坚持第二款。

赫德则认为"第二款对中国只是为了面子，而第十款实际却很重要"。进而解释，津约的草草签订，以致中法约文有不符之处，现在应尽力防止

---

① 《军机大臣致北洋大臣李鸿章信》，中国史学会主编：《中国近代史资料丛刊——中法战争》（六），第383页。

② 《寄江督闽粤滇台各督抚》，顾廷龙、戴逸主编：《李鸿章全集》卷21，第497页。

翻译上的错误，没必要拘泥于在形式上以订明哪种文字为准。“至第二款，太后（笔者按：即慈禧）不仅主张和平，且在谅山胜利群议主战之时仍愿忠实履行谈判已取得的协议，她（笔者按：即慈禧）提出第二款，只是为在退让之中，能够挽回一些体面，因此她所加的一款，是应当可以应允的，它只是对中国一个面子上的礼让，不包含任何宗主权和朝贡意义，这款的字句简直可以照下面写：‘中国与安南按本约继续交往，法国承允对中国不致有失礼之事。’上面所指中国，是指政府，不包括人民。”这两款对于中国，“其一只有感情价值，另一款则有些实际作用，而对法国来说，两款是都没有实际影响的”①。赫德的用意很明确，就是试图说服法国让出虚名进而求得实际利益，不能因为第二、第十两款而使谈判全盘失败。

针对赫德的建议，法方在弄清楚中文“交往”一词在北京经常是指“外交交往”的意思时，对第二款更加不能接受。现在第十款及一切问题均取决于第二款。②

因第二款成为中法和谈的重要分歧所在，总理衙门为了消除这种分歧，于是主张在以下三个办法中任择一个：

第一，法国承允中国与安南照旧交往，安南不致有碍中国威望体面，中国方面对安南亦不干预；

第二，保留原款开首文字，以下增入“至于中安往来，法国承允安南不致有碍中国威望体面”；

第三，第二款全删，它的缺漏可以用津约及本约第十款来弥补。

以上三个办法，总理衙门最不喜欢第三项，但宁可接受它，以避免谈判决裂。第二项办法只是反面的规定，即对交往或表示崇敬均未作规定。第一项办法正反面都有，虽规定可有交往，但无肯定安南须尊崇中国之

---

① 陈霞飞主编：《中国海关密档——赫德、金登干函电汇编（1874—1907）》（第八卷），赫致金第257号，1885年5月20日下午2时，第470~471页。

② 陈霞飞主编：《中国海关密档——赫德、金登干函电汇编（1874—1907）》（第八卷），金致赫第476号，1885年5月22日下午12时30分，第472页。

意，如安南不愿，尽可不交往。[1]

对于以上三种办法，法政务司副司长戈可当认为法方在略作口头修正后可接受第二项办法。[2] 但对于“往来”、“威望体面”两词仍有疑问。法方总是认为“往来”一词含意太丰富。“总理衙门对‘交往’的解释，用简单的两个中国字说，即‘往’与‘来’，个人间的往来造成私人关系，国家间的往来造成国际关系，无论私人或国际关系，都是多种多样的。”但“中国不会采取主动，即既不和安南对话，也不提出任何要求，一切主动来自安南，但安南既为法国所有，这样的主动是不可能的”[3]。而法来西纳“坚持在约内对‘来往’的真正意义——即由于新秩序所造成的关系——有所解释，以保证将来的和好与谅解”[4]。总理衙门对此的解释是：“我们无法为‘来往’下定义，这字恐从来也没有定义，任何来往必须由安南主动，中国只能说不违现在之约，法国还能要求什么呢?”[5] 但不管怎样解释，这种“往来”肯定不会再包括传统的宗藩关系了。

至于“威望体面”一词，戈可当指出：“‘prestige’一词太宽泛，可以在报纸上用，不便于约文内用。津约（笔者按：即《中法简明条款》）内无意中使用了它，译成中文是‘威望体面’，这适用于当时法国与安南订立条约的特殊情况，现在这种情况已成为过去。”正因如此，法来西纳遂建议将“prestige”改为“dignity”。[6] 在李特法文大词典中，“dignity”归因于高贵庄重，法文意义较明确，而“prestige”则是一种世俗幻觉。[7]

---

① 陈霞飞主编：《中国海关密档——赫德、金登干函电汇编（1874—1907）》（第八卷），赫致金第259号，1885年5月23日上午5时，第473页。

② 陈霞飞主编：《中国海关密档——赫德、金登干函电汇编（1874—1907）》（第八卷），金致赫第478号，1885年5月23日下午12时30分，第474页。

③ 陈霞飞主编：《中国海关密档——赫德、金登干函电汇编（1874—1907）》（第八卷），赫致金第260号，1885年5月23日晨3时，第473～474页。

④ 陈霞飞主编：《中国海关密档——赫德、金登干函电汇编（1874—1907）》（第八卷），金致赫第486号，1885年5月28日下午5时30分，第479页。

⑤ 陈霞飞主编：《中国海关密档——赫德、金登干函电汇编（1874—1907）》（第八卷），赫致金第267号，1885年5月30日上午10时10分，第479～480页。

⑥ 陈霞飞主编：《中国海关密档——赫德、金登干函电汇编（1874—1907）》（第八卷），金致赫第487号，1885年5月30日，第480页。

⑦ 陈霞飞主编：《中国海关密档——赫德、金登干函电汇编（1874—1907）》（第八卷），金致赫第488号，1885年6月1日下午4时50分，第481页。

赫德则认为："'体面'是指个人的尊严，'威望'是指国家的体统。'dignity'一字的意义恰与'威望'符合，总理衙门坚持认为是对的，每一真正懂中文的人，必可知道这是很贴切的译文。"赫德认为此时最后的问题就是法翻译官对"dignity"的中文译文仍有异议。虽然他个人认为："这一中文字句和法文文字的意义完全相同，并无多大作用，但总理衙门却认为这非常必要。"①

1885年6月7日下午3时，赫德致金登干第271号电："法国翻译官接受中文字句，条约可于星期二（笔者按：即6月9日）签字。"②

事实上，在赫德主持下所达成的中法和平谈判的成功，引起了李鸿章的不满。正如论者指出："李鸿章之不满系李与赫德之暗斗。1885年3月，英驻华公使巴夏礼病卒，英政府于5月2日任命赫德为驻华公使，赫德有意接受，欲以其弟赫政（James Hart）接替总税务司之职，李鸿章则欲德璀琳继任，总理衙门倾向于接受李鸿章之候选人。赫德不愿海关落于德人之手，卒于8月下旬决定拒受英驻华公使职，留任总税务司，彼以长函致英外相葛兰维解释彼之留任总税务司于中英两国均属有利。"③

二、李巴谈判与《中法新约》的签订

关于中法之间的详细条款则由李鸿章与法国公使巴德诺进行商谈。早在赫德与金登干在巴黎同法国进行谈判时，即1885年4月20日，清政府"派李鸿章为全权大臣，与法使办理详细条约事务，并派刑部尚书锡珍，鸿胪寺卿邓承修会同商办"④的谕旨就已经下达。"邓承修系清流中坚，清政府派其会办，意在监督，并防言路攻击。"⑤清政府谕旨特别指出："该大臣等当悉心筹画，力与法使据理辩论，毋得意存迁就，总期无伤国体，

① 陈霞飞主编：《中国海关密档——赫德、金登干函电汇编（1874—1907）》（第八卷），赫致金第270号，1885年6月6日发，6月7日在271电到后收到，第482页。

② 陈霞飞主编：《中国海关密档——赫德、金登干函电汇编（1874—1907）》（第八卷），赫致金第271号，1885年6月7日下午3时，第483页。

③ 龙章：《越南与中法战争》，第370页。

④ 《清德宗实录》卷205，第3~4页。

⑤ 雷禄庆：《李鸿章年谱》，第333页。

不贻后患，是为至要。仍随时奏明，请旨遵行。倘草率订议，不能妥协，致滋贻患，如上半年福禄诺濒以歧误故事，定惟该大臣等是问。”① 可见，李鸿章于《中法简明条款》的失误仍触动着清政府的神经。

已如前述，《中法新约》的草案已在赫德的主持下由金登干在巴黎同法国拟定，李鸿章参与有限。既然李鸿章又受清政府之命负责办理中法之间的详细条约事务，那么，他在《中法新约》的签订过程中到底又有何作为呢?

有关李鸿章及锡珍、邓承修与法国驻华公使巴德诺在天津办理中法详细条约事务的详情，具体来说，1885 年 4 月 30 日，李鸿章“接奉醇亲王、礼亲王、庆郡王公函，以赫德面交法都所拟详约十条，皆本上年津约之意，略有出入，现酌改数处”，嘱托李鸿章等“再行酌度具复”。② 5 月 13 日，李鸿章与巴德诺“先将第一三四七八九共六条，彼此均允照办”。因这六条中法之间没有分歧。5 月 16 日、19 日等几天，李鸿章收到第五、第六两条，李鸿章与巴德诺“督同中法翻译官详确考究，讲解文义，间有不符，复函请王大臣与赫德丁韪良（笔者按：W. A. P. Martin，时任京师同文馆总教习）等妥细校正”。再由李鸿章与巴德诺面定。6 月 1 日，第二、第十两条“亦经法电遵改”，由巴德诺交给李鸿章，又“缄请庆郡王令赫德丁韪良另译进呈”。6 月 5 日，李鸿章奉电旨：“此次议约，往返电商各条，均尚得体。本日披览改定第二第十两条，亦最妥协。著李鸿章等再将各条详加核对，如意义相符，并无参错，即著定期画押。”接此旨后，李鸿章又与巴德诺“面商，复加核定，随即电奏在案”。在巴德诺的催促下，6 月 9 日，中法代表“齐集公所，将中法文四分会同校对无讹，均各画押钤印竣事，彼此各存正副本二分”③。至此，《中法新约》正式签订。

由上述李鸿章在《中法新约》签订过程中的所作所为来看，李鸿章的主要任务并不是和巴德诺就详细条款据理力争，只是奉旨核对条约文本的

① 《附　光绪十一年三月十六日寄谕》，顾廷龙、戴逸主编：《李鸿章全集》卷 11，第 94 页。

② 《直隶总督李鸿章等奏折》，中国史学会主编：《中国近代史资料丛刊——中法战争》（六），第 480 页。

③ 《总署收北洋大臣李鸿章文　附抄摺及条约》，郭廷以、王聿均主编：《中法越南交涉档》（五），第 2966 ~ 2968 页。

中法译文有无差错并履行最后正式的签字画押的法律程序，重要的谈判任务则由赫德主持。李鸿章对于其在《中法新约》签订过程中所扮演的配角的角色不止一次地表达了不满情绪。如1885年5月5日，李鸿章在致张之洞的函件中指出："款议始终由内主持，专倚二赤。虽予全权，不过奉文画诺；公徒责望，似未深知。月内外续约当成，台、澎兵退，我亦必议裁遣。"① 5月28日，张之洞又致函李鸿章，指出："画押宜慎，关系国家万年之计；赫德不足论，仍须公主持，勿贻后悔。"② 5月30日，李鸿章在回张之洞函中指出："赫前电，法已议定，字句仍在商改，画诺无期；事由中制，非鸿所能主持。"③ 5月28日，李鸿章又致书张佩纶："法约始终令二赤电商，为四大洲创局。枢函谓，已核定及已移送，乃大差池，商令删改，则谓两国家议成一语不可移动。虽奉文画诺，而有所不能，为法自毙，可胜叹哉。"④ 上述言论虽然不能排除李鸿章为其签订条约开脱的嫌疑，但笔者以为最主要的还是表达了他对其在《中法新约》谈判中所担任的角色的不满。

至于其中原因，笔者以为李鸿章在办理《中法简明条款》中所犯的错误仍是主要的。此外，已如前述，赫德在与李鸿章争夺清朝外交权力的过程中有意将李鸿章排除于中法交涉之外。

由李鸿章与法全权大臣巴德诺于1885年6月9日在天津签订的《中法新约》，又称"李巴条约"或"越南条款"。该约中文文本见许同华、汪毅、张承棨编的《光绪条约》第1册第483～491页、《李鸿章全集》第11册第91～94页、《中法越南交涉档》第5册第2969～2972页、《中外旧约章汇编》第1册第466～469页、《中国近代史资料丛刊—中法战争》第7册第422～425页。《海关中外条约》（*Treaties, Conventions, etc., China and Foreign States.* Vol. 1, pp. 894－896.）收录该约法文文本及中文文本。

---

① 《李中堂来电》，中国史学会主编：《中国近代史资料丛刊——中法战争》（四），第498页。

② 《致天津李中堂》，中国史学会主编：《中国近代史资料丛刊——中法战争》（四），第504页。

③ 《致天津李中堂》，中国史学会主编：《中国近代史资料丛刊——中法战争》（四），第504页。

④ 《致张佩纶》，顾廷龙、戴逸主编：《李鸿章全集》卷33，第497页。

1885 年 11 月 28 日互换。至于该条约的内容，共十款，特录如下：

第一款：越南诸省与中国边界毗连者，其境内，法国约明自行弭乱安抚。其扰害百姓之匪党及无业流氓，悉由法国妥为设法，或应解散，或当驱逐出境，并禁其复聚为乱。惟无论遇有何事，法兵永不得过北圻与中国边界，法国并约明必不自侵此界，且保他人必不犯之。其中国与北圻交界各省境内，凡遇匪党逃匿，即由中国设法，或应解散，或当驱逐出境。倘有匪党在中国境内会合，意图往扰法国所保护之民者，亦由中国设法解散。法国既担保边界无事，中国约明亦不派兵前赴北圻。至于中国与越南如何互交逃犯之事，中、法两国应另行议定专条。凡中国侨居人民及散勇等在越南安分守业者，无论农夫、工匠、商贾，若无可责备之处，其身家产业均得安稳，与法国所保护之人无异。

第二款：中国既订明于法国所办弭乱安抚各事无所掣肘，凡有法国与越南自立之条约、章程，或已定者，或续立者，现时并日后均听办理。至中、越往来，言明必不致有碍中国威望体面，亦不致有违此次之约。

第三款：自此次订约画押之后起，限六个月期内，应由中、法两国各派官员，亲赴中国与北圻交界处所，会同勘定界限。倘或于界限难于辨认之处，即于其地设立标记，以明界限之所在。若因立标处所，或因北圻现在之界，稍有改正，以期两国共同有益，如彼此意见不合，应各请示于本国。

第四款：边界勘定之后，凡有法国人民及法国所保护人民与别国居住北圻人等，欲行过界入中国者，须俟法国官员请中国边界官员发给护照，方得执持前往。倘由北圻入中国者，系中国人民，只由中国边界官员自发凭单可也。至有中国人民欲从陆路由中国入北圻者，应由中国官请法国官发给护照，以便执持前往。

第五款：中国与北圻陆路交界，允准法国商人及法国保护之商人并中国商人运货进出。其贸易应限定若干处，及在何处，俟日后体察两国生意多寡及往来道路定夺。须照中国内地现有章程酌核办理。总之，通商处所在中国边界者，应指定两处：一在保胜以上，一在谅山以北。法国商人均可在此居住，应得利益应遵章程，均与通商各口无异。中国应在此设关收税，法国亦得在此设立领事官，其领事官应得权利，与法国在通商各口之领事官无异。中国亦得与法国商酌，在北圻各大城镇拣派领事官驻扎。

第六款：北圻与中国之云南、广西、广东各省陆路通商章程，应于此约画押后三个月内，两国派员会议，另定条款，附在本约之后。所运货物进出云南、广西边界，应纳各税，照现在通商税则较减。惟由陆路运过北圻及广东边界者，不得照此减轻税则纳税；其减轻税则亦与现在通商各口无涉。其贩运枪炮、军械、军粮、军火等，应各照两国界内所行之章程办理。至洋药进口、出口一事，应于通商章程内定一专条。其中，越海路通商，亦应议定专条，此条未定之先，仍照现章办理。

第七款：中法现立此约，其意系为邻邦益敦和睦、推广互市，现欲善体此意，由法国在北圻一带开辟道路，鼓励建设铁路。彼此言明，日后若中国酌拟创造铁路时，中国自向法国业此之人商办；其招募人工，法国无不尽力勷助。惟彼此言明，不得视此条系为法国一国独受之利益。

第八款：此次所订之条约内所载之通商各款，以及将订各项章程，应俟换约后十年之期满，方可续修。若期将满六个月以前，议约之两国彼此不预先将拟欲修约之意声明，则通商各条约、章程仍应遵照行之，以十年为期，以后仿此。

第九款：此约一经彼此画押，法军立即奉命退出基隆，并除去在海面搜查等事。画押后一个月内，法兵必当从台湾、澎湖全行退尽。

第十款：中、法两国前立各条约、章程，除由现议更张外，其余仍应一体遵守。至此次条约，现由大清国大皇帝批准及大法国大伯理玺天德批准后，即在中国京都互换。

《中法新约》同鸦片战争以来中外签订的不平等条约相比，最大的不同之处就是没有割地、赔款，正如论者指出：“中国虽失越南，终得坚持不赔款、不割地之原则，增强中国此后与欧洲列强周旋之信心。”① 至于对李鸿章于《中法新约》的评价，有学者认为：“此约使越南归法保护，中国失一藩属，论者惜之。但鸿章之着眼点实在于争取时间，建设海防，以

① 林繁男：《1881—1885 年李鸿章与法国有关越南问题之交涉》，台湾政治大学外交研究所硕士学位论文，1971 年，第 137 页，转引自雷禄庆：《李鸿章年谱》，第 334 页。

求根本自强，并防强邻日本，其眼光远在一般人之上。”① 此种观点从中国近代化的角度对李鸿章给予肯定，有其合理性，却忽视了李鸿章对中越宗藩关系的重视与所作的努力，有失全面。

三、李鸿章在《中法新约》后附节略中对中越宗藩关系的特别说明

《中法新约》关于中越宗藩关系的规定主要体现在第二款，即“至中、越往来，言明必不致有碍中国威望体面，亦不致有违此次之约”。此条基本宣告了中越宗藩关系在法律上的终结。但李鸿章却相当重视，认为这是清廷所争取到的关于越南宗主权的最大成果，为了更加明确及扩大这种成果的意义，在《中法新约》签订后，李鸿章特意在该约后附一节略，即是关于“威望体面”的特别说明，也是强调中越宗藩关系之意。此节略有中文和法文两种文本，见《海关中外条约》（*Treaties*, *Conventions*, *etc.*, *China and Foreign States*, Vol. 1, p. 907.），中文文本还见许同华、汪毅、张承棨编的《光绪条约》第1册第493页等资料。至于其具体内容，按中、法两种文本分别摘录如下：

中文文本：

总理衙门委校中法条约宜文事宜津海关税务司德璀琳，

北洋大臣委派翻译事宜罗臻禄、马建常、罗丰禄，为诠解事：

照得约内第二款汉文言“威望体面”，即法文言“帝仪戴”之意。又此句“威望体面”之“望”字，非译言冀望、盼望之解。为此，除禀请李中堂均鉴外，理合备文诠解。须至诠解者。

诠解甚是

李鸿章押 少荃

启事

光绪十一年四月二十四日

---

① 雷禄庆：《李鸿章年谱》，第334页。

法文文本：

LES SOUSSIGNÉS,

G. DETRING, Commissaire des DouanesàTientsin déléguépar le Tsong Li Yamen pour assurer la concordance des texts francais et chinois du nouveau Traitéconclu entre la France et la Chine;

MA KIEN - TCHANG,
LO TSENN - LOH,　　interprètes de Son Excellence le Vice - roi du Tché Li;
LO FENG - LOH,

Délarent et cetrifient:

Que les caractères 威望体面, wei wang t'I mien, employés dans le paragraphe 2 de l'article 2 du texte chinois dud it Traité, n'ont d'autre portée que celle du mot francais "dignité."

Que dans ce cas particulier le caractère 望, wang, ne peut en aucune facon être interprété dans le sens d' "espérances" ou d' "aspirations."

En foi de quoi ils ont signé la présente declaration, qui a été contre - signée par Son Excellence LI HONG - TCHANG.

Fait àTientsin, en triple exemplaire, le 6 juin 1885.

(Signé)　DETRING.
(Signé)　S. P. MA KIEN - TCHANG.
(Signé)　LO TSENN - LON.
(Signé)　LO FÉ NG - LON.

NOTE. —La traduction chinois porte la signature et le cachet de LI HONG-TCHANG, avec la mention suivante écrite de sa main: "Cette explication est très exacte."

该节略是中法谈判代表协商后达成的一致意见，并且附录在《中法新约》之后，是具有国际法意义的外交文件，可以视为《中法新约》的附加条款（annexe）。按照《外交辞典》的解释，附加条款是指："条约的详细附件，有时包括最重要的条款。附加条款和条约正文中的条款拥有同等的法律效力。在谈到中英两国于1984年达成的关于香港问题的联合声明时，曾经在谈判中发挥重要作用的前英国驻华大使以及后来的英国政府外交政策顾问珀西·克拉多爵士（Sir Percy Cradock）指出：‘附加条款是极其重要的：主协议只是泛泛而谈；实质隐含于晦涩的言语之中。’”① 该节略在外交上的法律效力与重要性由此可见一斑。

至于该节略的内容，主要是对“威望体面”一词的中法文意思的特别说明。该词按现代汉语的字面意思解释是：“声誉和名望；体统和身份。”② 基本表达了当时中国对传统中越宗藩关系观念层面的需求。该节略的法文文本并没有使用法语词汇来替代该词，而是使用汉语加拼音的形式加以表述。《中法新约》法文文本第二款关于“威望体面”一词的法文词汇是“dignité”。由前述赫德、金登干与法国的秘密谈判可知，关于该词的使用也是经过反复磋商后得出的结果。此处关于该词的特殊表述，至少可以得出如下两点认识：一是李鸿章对该节略足够重视；二是李鸿章担心法国不能理解或者误解此词的真正含义。所以，条约签订后李鸿章特意让负责条约译文的官员重新核实。

至于该节略的实际意义，在法人看来，可能认为其对中越宗藩关系已经破裂的现实不会产生实质性的影响；对清朝而言，则有其特殊的意义，从某种程度上可以满足其天朝上国的虚荣的心理需求，尽管形势发生了变化，清王朝仍然会据此认为其对越南的宗主国之名依然存在；对李鸿章而言，该节略则可视为其处理越南问题的最大创意与成就。

---

① ［英］杰夫·贝里奇、艾伦·詹姆斯著，高飞译：《外交辞典》，北京大学出版社，2008 年，第 12 页。

② 中国社会科学院语言研究所词典编辑室编：《现代汉语词典》（修订本），第 1306、1240 页。

第四节　李鸿章与戈可当公使有关越南问题的交涉

一、李戈谈判与《中法越南边界通商章程》的签订

越南问题因中法战争之后所签订的《中法新约》而告一段落，但并没有因此而尘埃落定。因根据《中法新约》第三款、第六款的规定，中法之间有关中越边界勘界事宜及中越边界通商章程等问题仍待进一步落实，所以，此后中法之间的交涉主要是围绕勘界与通商问题展开的。

有关中越勘界事宜，1885 年 8 月 29 日，清政府颁布上谕："据称现接法国使臣巴特纳（笔者按：即巴德诺）照会，近接外务部电咨，已派浦理燮等六员勘定边界，于中历十月初三日（11 月 9 日）即可行抵河内等语。越南北圻与两广云南三省毗连，其间山林川泽，华离交错，未易分明，此次既与法国勘定中越边界，中外之限，即自此而分，凡我旧疆固应剖析详明，即约内所云或现在之界稍有改正，亦不得略涉迁就。本日已降旨派周德润前往云南，邓承修前往广西，会同各该督抚办理勘界事宜。即著岑毓英等各委明干之员，带同熟悉舆地之人，周历边境，详加履堪，绘具图说，以备考证，一俟法国勘界大臣到后，即由周德润、邓承修与岑毓英、李秉衡会同勘定。该大臣务当详细审慎，按照条约，持平办理，是为至要。"①

由上述谕旨可知，此次中法有关中越边界勘界事宜，中方代表为内阁学士周德润、鸿胪寺卿邓承修，法方代表为浦理燮（Bourcier Saint - Chaffay）等，会勘云南、广西与越南北圻之边界。显然，李鸿章并没有奉命主持或参与此次中越勘界事宜，但在中越勘界谈判出现分歧时，他起到了重要的调节作用。中越勘界事宜本由邓承修与浦理燮进行协商办理，但在谈

① 《总署收军机处交出上谕》，郭廷以、王聿均主编：《中法越南交涉档》（五），第 3192 页。

判的过程中，二者在边界勘定的具体方案上出现如下两点意见分歧：第一是关于勘定原界的分歧，主要在于法国能否让出部分土地给予中国；第二是商议改正边界的分歧，邓主张一边勘界一边改正，法国则主张先勘定原界，再进行改正。针对上述两点分歧，李鸿章在与戈可当谈判中越边界通商章程时力劝戈可当与浦理燮沟通，而李鸿章本人也表示要劝导邓承修等请旨办理会勘原界。戈可当对李鸿章的意见表示认同，中法关于中越勘界事宜的谈判才免于破裂。①

有关中越边界通商事宜，1885 年 9 月 19 日，清政府颁布上谕："总理各国事务衙门奏，法国使臣来华，请派员会议通商章程一折，已另有谕旨，派李鸿章为全权大臣矣。此次中法议立滇粤陆路通商章程，事系创办，该大臣务当悉心筹画，详细商议，总期周密妥善，免致将来窒碍。至于该使会议，或在京师，或在天津，均无不可，并著酌度具奏。"② 由该谕旨可知，李鸿章为全权大臣，负责与法国使臣商办滇粤陆路通商章程事宜，至于谈判地点，可视实际情况而定，在北京或天津均可。李鸿章接此命令后，向清廷提出自己的见解，他指出："两国会议商约，非急切所可办妥。臣自应先行陛见，面请圣训。如法使臣喀戈当（笔者按：即戈可当）到京，臣即就近与总理衙门王大臣会同商酌，妥议大略。如一时议难就绪，或再商令喀戈当来津议办。且商与界相连，应先勘定边界，方能指定通商互市处所。周德润、邓承修等昨始由津乘轮南下，计到滇粤，会勘须时，正不妨从容筹议也。"③ 据此可以分析，李鸿章虽然是清朝负责筹议中越边界通商章程的全权大臣，但他并不想独享此种权力，仍希望在北京偕同总理衙门王大臣等共同办理，不能排除他有逃避责任的嫌疑。

经过李鸿章与法国公使戈可当的反复磋商，1886 年 4 月 25 日，中法达成协议十九条，是为《中法越南边界通商章程》，又称"滇粤陆路通商章程"或"天津协定"。该章程有法文与中文两种文本，法文文本见《海

① 《总署收北洋大臣李鸿章函　附问答节略》，郭廷以、王聿均主编：《中法越南交涉档》（六），第 3432～3435 页。

② 《总署收军机处交出上谕》，郭廷以、王聿均主编：《中法越南交涉档》（五），第 3211 页。

③ 《总署收军机处交出直隶总督李鸿章抄片》，郭廷以、王聿均主编：《中法越南交涉档》（五），第 3226～3227 页。

关中外条约》(*Treaties*, *Conventions*, *etc.*, *China and Foreign States*, Vol. 1, pp. 913 - 924.)。中文文本见许同华、汪毅、张承棨编的《光绪条约》第2册第543~558页,《中外旧约章汇编》第1册第477~482页,《中法越南交涉档》第6册第3455~3462页,《中国近代史资料丛刊—中法战争》第7册第425~432页,顾廷龙、戴逸主编的《李鸿章全集》卷11第372~376页等资料。该章程第十九款规定一年内在北京交还批准,但实际上迟至1896年8月7日才交还批准。该条约的主要条款如下[①]:

第一,中国以谅山以北某处及保胜以北某处为商埠。

第二,中国于本章程签署后派驻领事于河内海防;随后在北圻其他大城市派驻领事。

第三,依1858年中法条约第七、第十、第十一、第十二各条规定允法人及法国保护民在中国商埠居留。

第四,华人有权在越南全境购买土地,建筑房舍,开设商店栈房,并享有最惠国待遇;中国对法人亦照此一律优待。

第五,法人及法国保护民如欲前往中国旅行,可由中国边界官员发给护照,中国人欲由陆路入越南由法方发给护照,越南华侨由北圻回国,由华官发给凭单。

第六,法商及法国保护民向中国边境商埠输入之货物,照中国海关关税减征五分之一进口税,如海关条例未载之货物,则征百分之五从价税,若再输入内地,则征子口税,但不得援减五分之一正税。

第七,在中国内地购买之货物于缴纳子口税后可减三分之一纳税出口。

第八,洋货到边关已纳进口正税,复因未售转运至彼边关,在三十六日限期内如未拆动调换,则此边关将已收之正税发给免单,准其持往边关以抵应缴之税或发给纯银票三年内抵扣下次应缴关税。

第九,中国货物由陆路运入北圻,照法关税则纳进口税,若系出口,一概免税。

第十,禁止鸦片贩运买卖。

---

① 龙章:《越南与中法战争》,第375~376页。

第十一，米谷不准出口，如系进关，免征税款，运器食盐及各项有坏人心风俗之物不准进口。

第十二，侨居越南之华人遇有命案赋税诉讼等件由法国以最惠国商民对待，边关通商处所华人与法人越南人讼案归中法官员会审；法人及法国保护民在通商口岸犯罪应参照咸丰八年条约第三十八款第三十九款处理。中法人民及法国保护民如犯罪逃亡，查有确据得引渡处治。

第十三，本约均于批准实施十年后可予修订。

然而，就在该章程签字画押后的1886年9月，新任驻华公使恭思当（Ernest Constans）即提出了修改中越通商条款的无理要求。

二、李鸿章借法使提出修约之际对中越宗藩关系的最后争取

法国之所以提出此无理要求，主要是因为法国议院认为李鸿章与戈可当所达成的中法关于中越边界通商章程未能使法国的利益最大化，持此论者尤以恭思当为代表。恭思当曾任国会议员及部长职务，此次取代戈可当为驻华公使即专为改约而来。恭思当所提出改约的要点主要为“商运、盐运、土药、免身税、缓派领事各节”，又“请删除第二款，洋药、土药均准贩运，欲土货入通商各海口减税”等。李鸿章对法使提出的修改中越通商条款的要求给予反驳，他指出：“恭使所请删第二款改土货入海口之税则，运洋药、食盐入关，自应崭截回绝。若缓设领事，一时本难即派，运土药出北圻，滇中土产罂粟最盛，与其偷漏绕越，不若准令出关征税，似于国计民生无损。向来两国订定之约，只可搁置不行，并无另行改写之事。”①

李鸿章虽然不同意修改中越通商条款，但他却借此机会提出了中越宗藩关系问题。他向总理衙门提议道：“至新约第二款言明中、越往来不碍中国威望体面，似可就此申论，比照英、缅新约办法，令越王仍照章派员贡献，送呈桂抚转进，或亦告朔饩羊之意，未知能否办到。是否有当，伏

① 《复总署　议法议改约》，顾廷龙、戴逸主编：《李鸿章全集》卷34，第150页。

祈采择。”[1] 众所周知，中英关于缅甸问题的处理，以1886年7月24日清总理衙门大臣多罗庆郡王等与英国驻华公使欧格讷（Nicolas R. O' Conor）在北京签订的《中英缅甸条约》为最终解决方案，其中关于中缅宗藩关系，该约规定：“因缅甸十年有派员呈进方物成例，英国允由缅甸最大之大臣每届十年派员循例举行，其所派之人应选缅甸国人。”[2]《中英缅甸条约》对中缅宗藩关系问题给予明确承认并使其继续存在，较之于《中法新约》有关中越宗藩关系问题的规定仅仅归结于“威望体面”四个字，显然中缅宗藩关系更具现实存在意义。所以，李鸿章想借此机会寻求中越宗藩关系的重新启动。

事实上，不但李鸿章有重新挽回中越宗藩关系的想法与努力，越南方面更是力争重新恢复中越宗藩关系进而反抗法国的殖民侵略。中法战争结束后，越南国内反抗法国殖民侵略的武装活动从没有间断过，只不过清政府急于同法国完成勘界、通商谈判，对越南国内的武装活动没有任何干预。虽然如此，越南当局仍积极争取同清政府取得联系，恢复中越传统宗藩关系。1885年7月17日，越南七品司务阮籍等向两广总督张之洞禀陈“越受法逼，国印已毁（1884年6月6日，在越南首都顺化，法国殖民当局当着越南官员的面将象征中越宗藩关系的中国皇帝赐给安南国王的玉玺用火熔化，然后迫使越南当局签订法越第二次《顺化条约》以取代于1883年8月25日签订的第一次《顺化条约》），入贡届期，无从办置”，遂“委员赴粤省示事”。而张之洞认为“阮籍官职卑微，又无国书印据”，遂没有受理此事。[3] 1885年11月，越南先国王阮福时嗣子阮福明（1885年称帝，年号咸宜）向清政府求援，言辞更是恳切。他历陈中越传统宗藩关系，并自担失国之责，然当时越南国内“法人又立他人为国长”，遂请求清政府“命将出关，声罪致讨”，而“下国愿悉索币赋以从”，并请“赐之封章”以“号令其国，收复疆土”，进而表达了“以永为外藩，则天朝字小固存之仁，救灾衅难之义，非惟铭刻不忘”的决心和感激之情。清政府获悉越南当局的求援请求后，以“事机已失，补救无从，盟约昭然，岂能更生他

---

① 《复总署　议法议改约》，顾廷龙、戴逸主编：《李鸿章全集》卷34，第151页。

② 王铁崖编：《中外旧约章汇编》（第1册），第485页。

③ 《总署收两广总督张之洞文》，郭廷以、王聿均主编：《中法越南交涉档》（五），第3206～3208页。

议”的理由，严格执行条约规定，只允约中所没有的“所请牧马保乐一带，准该国王自行居住”，算是格外开恩。[①] 随后清政府将此事寄谕李鸿章妥筹办理，谕旨指出：“岑毓英奏，越南国王嗣子阮福明遣使递书请封颁印，缮呈原书请旨；并通商、勘界事不可缓，请饬开导法使退还北圻数省，以存越祀各摺片。越南从前与法私自立约，并未奏闻，此次和议定后，又来求庇，是其首鼠两端，已可概见。目前该国与法人战斗情形，中国无从过问；若欲以口舌争回北圻数省，亦属事所难行。惟通商、勘界二者，均关紧要。倘法与越南战争不已，则通商固多窒碍，勘界亦必濡迟。岑毓英所奏各节有无可采，或于戈古当（笔者按：戈可当）回津时设法辩论，著李鸿章悉心酌复，妥筹复奏。”[②] 就笔者目前所掌握的资料来看，并没有发现李鸿章专门针对此谕旨回复的奏折，但李鸿章与恭思当有关修改中越通商条款的意见中关于中越宗藩关系的修改与变通的建议则可视为对清政府谕旨的回应。

阮籍和阮福明是越南亡国后有史料记载的仍眷恋中越宗藩关系并希望借助清政府援助而复国的代表，他们对传统宗藩关系充满希望，现实却是清政府碍于中法条约的关系没有完全履行维护宗藩关系的义务，只能给予道义上的援助，这对中越双方来说都是很残酷的，即越南复国无望，清政府天朝上国的威望进一步扫地，这种宗藩关系和条约关系的博弈充满了痛苦和曲折。

后来的历史事实也证明，李鸿章及清政府，乃至越南当局的努力并没有挽回中越宗藩关系破裂的历史命运，但不能因此而否认如下事实：存在近千年的中越宗藩关系的终结不是一蹴而就的，需要经历一个长期的历史过程。[③] 正如论者指出：“作为一个历史的范畴，朝贡体制的局限性是显而易见的。与制度本身的改变相比，其所本的观念更难改变。”[④]

---

① 《总署收两广总督张之洞文　附阮福明禀》，郭廷以、王聿均主编：《中法越南交涉档》（六），第 3594 ~ 3597 页。

② 《军机处密寄直隶总督李鸿章上谕》，中国史学会主编：《中国近代史资料丛刊——中法战争》（七），第 6 页。

③ 王志强：《论中越朝贡关系的近代转变》，东北师范大学硕士学位论文，2008 年，第 25 页。

④ 李云泉：《朝贡制度史论——中国古代对外关系体制研究》，第 322 页。

近代以来的宗藩关系体制的影响力虽然还在，但其毕竟不是处理国际关系的主流模式，清政府为维护这种体制所付出的代价也是沉重的。为维护中越宗藩关系，签订了不平等的《中法新约》，加剧了西南边疆危机。而朝鲜问题引起的甲午中日战争则宣告了宗藩关系体制退出历史舞台这一悲剧下场。正如马克思所说：“当旧制度本身还相信而且也应当相信自己的合理性的时候，它的历史是悲剧性的。当旧制度作为现存的世界制度同新生的世界进行斗争的时候，旧制度犯的就不是个人的谬误，而是世界性的谬误。因而旧制度的灭亡也是悲剧性的。”①

小　结

中法战争前后，李鸿章对越南问题的处理主要体现在其与脱利古、福禄诺、巴德诺及戈可当等法国使节的外交交涉上。通过对李鸿章主持与参与的几次谈判的重新检视，笔者以为至少可以得出如下三点认识：

第一，李鸿章在越南问题上虽然主张放弃对越南的宗主权，但在同法国使节交涉与谈判的过程中，中越宗藩关系问题无疑是谈判的重点与难点。由此可知：其一，李鸿章在处理越南问题的过程中，在中越宗藩关系问题上仍是完全按照清政府的旨意办理的，在此种意义上，李鸿章在处理越南问题的过程中仅仅是政策的执行者而已；其二，李鸿章对中越宗藩关系的维护，并不仅仅只为越南这个藩属国本身，更重要的是对整个宗藩体制的维护。

第二，李鸿章在处理越南问题的过程中的角色与地位有变化。因北黎事件，李鸿章成为众矢之的。在随后的中法交涉中，清政府没有启用李鸿章，而是命南洋通商大臣曾国荃主持。甚至连更为重要的《中法新约》的草签也是由赫德、金登干在巴黎秘密进行的，李鸿章只是负责最后的签字画押，此即证明了李鸿章在处理越南问题的过程中的角色与地位的变化。

---

① 《〈黑格尔法哲学批判〉导言》，《马克思恩格斯选集》第1卷，人民出版社，1972年，第5页。

第三，中越宗藩关系的终结具有长期性。《中法新约》虽然在法律上宣告了中越宗藩关系的终结，但在《中法新约》的后附节略及随后清政府与法国有关勘界、通商等问题的谈判中，李鸿章、清政府及越南当局均有恢复中越宗藩关系的愿望，并试图用近代条约体制来维护传统的宗藩关系体制。虽然都以失败而告终，却也不能否认如下事实：存在近千年的中越宗藩关系的终结不是一蹴而就的，需要经历一个长期的历史过程。

第五章

李鸿章处理越南问题过程中的影响因素

李鸿章自1870年担任直隶总督兼北洋通商大臣以来，俨然成为晚清外交实际上的总代表。19世纪80年代，越南问题、缅甸问题、朝鲜问题接踵而至，李鸿章均要全力应对。外交上要同西方列强据理力争，谈判签约，在国内还要接受来自国人的批评与指责。李鸿章在处理越南问题的过程中自然也受到很多因素的掣肘，比如西方列强、清朝边疆危局、清政府内部各方势力等。本章只选取其中学界关注较少且比较有代表性的三个方面的影响因素进行论述，即朝鲜因素、驻外公使及清流，以期对李鸿章在处理越南问题的过程中的策略选择给出更加合理、客观的解释。

第一节　朝鲜因素

朝鲜和越南是中国传统宗藩体制框架下的两个重要的藩属国，19世纪中叶以后，均不同程度地遭到西方列强及日本的侵略，东亚宗藩体制遭到前所未有的冲击。清朝为了维护宗藩体制，以李鸿章为代表的清政府采取了一系列应对属国问题的策略。学界对李鸿章的朝鲜策略关注较多，主要集中于其"以夷制夷"之策，[①] 对李鸿章的越南策略则关注较少，只集中于以中法战争为主题的相关研究，[②] 而对两者之间的相互关系的研究则关注更少，目前还未见有专门的相关成果。事实上，朝鲜问题与越南问题不是各自孤立的，而是具有联动性，李鸿章对朝鲜和越南的策略也具有异同性。鉴于此，本节选取学界关注较少的李鸿章处理越南问题的过程中的朝

---

① 代表性成果有［韩］权锡奉：《清末对朝鲜政策史研究》，第79～116页；权赫秀：《19世纪末韩中关系史研究——以李鸿章的朝鲜认识与政策为中心》，第38～52页；陈尚胜：《李鸿章与朝鲜对西方的缔约开放》，《山东大学学报》1990年第2期；孙昉：《晚清中国用条约强化中朝宗藩关系的失败（1876—1895）》，《烟台大学学报》2005年第4期等。

② 相关成果只关注李鸿章与中法战争的相关问题，代表性成果有雷颐：《李鸿章与〈中法新约〉》，《史学月刊》1987年第1期；关威：《中法战争中"李鸿章阻止定购铁舰回华"问题辨析》，《安徽史学》1988年第3期；关威：《李鸿章与中法战争论析》，《安徽史学》2002年第3期；吴宝晓：《关于中法战争时期李鸿章违旨问题考辨》，《安徽史学》2006年第3期等。

鲜因素为论题，分析朝鲜因素在李鸿章处理越南问题的过程中所起的作用，认识李鸿章属国策略的关联性与差异性，以利于理解李鸿章在处理越南问题过程中的策略选择问题。

一、李鸿章处理朝鲜问题的“以夷制夷”的政策经验

地处东北亚一隅的朝鲜，19 世纪 60 年代以来遭到欧美列强及日本的侵略。1866 年，法国舰队借口宗教纠纷，武装入侵江华岛，挑起“丙寅洋扰”。1871 年，美国政府借口“舍门将军号”事件挑起“辛未洋扰”。日本在明治维新以后，为推行其“大陆政策”，于 1876 年借口“云扬号”事件而迫使朝鲜政府签订《江华条约》，朝鲜被迫对日开放。上述事件之情形，清朝礼部均收到朝鲜国王之咨文，清政府采取了不干涉政策，[①] 其理由是朝鲜外交一向由其自主。1879 年，日本废琉球国，设冲绳县。日本吞并琉球的举措使清廷意识到朝鲜的安全受到威胁，从此，朝鲜问题成为清朝外交的一个重要课题。

朝鲜的安全主要威胁来自日本，李鸿章对此问题早有认识。1871 年 4 月，李鸿章致函总理衙门，指出日本侵吞朝鲜之心已久，如果日本与西方结好，朝鲜将无法抵抗。1876 年 1 月，李鸿章再次致函总理衙门指出，若朝鲜为日本侵占，东三省根本重地遂失藩蔽，有唇亡齿寒之忧。[②] 1879 年日本吞并琉球后，李鸿章开始改变其联日主张。[③] 那么，如何应对西方及日本对朝鲜的威胁呢？1879 年，福建巡抚丁日昌提出对策：“朝鲜不得已而与日本立约，不如统与泰西各国立约。日本有吞噬朝鲜之心，泰西无灭绝人国之例，将来两国启衅，有约之国皆得起而议前非，日本不致无所忌惮。若泰西仍求与朝鲜通商，似可密劝勉从所请，并劝朝鲜派员分往有约

---

① 参见权赫秀：《〈江华条约〉与清政府关系问题新论》，《史学集刊》2007 年第 4 期。

② 郭廷以、李育澍主编：《清季中日韩关系史料》第 1 卷，台北中央研究院近代史研究所，1972 年，第 168 页、第 276～277 页。

③ 参见王如绘：《论李鸿章对日本认识的转变（1870—1880）》，《东岳论丛》1998 年第 5 期；刘虹、叶自成：《试论李鸿章的对日外交思想》，《中州学刊》2003 年第 2 期；韩小林：《论李鸿章的日本观》，《广西社会科学》2006 年第 6 期。

之国，聘问不绝。”[①] 这种通过劝导朝鲜与西方列强签约通商而达到牵制日本的目的，符合了清政府所谓“以夷制夷”的外交方针，得到总理衙门的赞同，同时也得到李鸿章的认可。

1879 年 8 月，李鸿章奉清廷旨意正式劝导朝鲜王朝同欧美各国“修交通商”以牵制日本。在致朝鲜前太师李裕元函中，李鸿章详细分析了同西方签约的必要性，指出：“贵国既不得已而与日本立约，通商之事已开其端，各国必将从而生心，日本转若视为奇货。为今之计，似宜用以毒攻毒、以敌制敌之策，乘机次第亦与泰西各国立约，藉以牵制日本。”[②] 此后，通过李鸿章的外交努力，促成了 1882 年《朝美修好通商条约》的签订，标志着朝鲜正式对西方国家开放，该条约并成为朝鲜同其他国家签订通商条约的范本。不久，英、德也参照此约范式同朝鲜缔结了通商条约。

综上所述，朝鲜在遭受外来侵略后，清政府改变传统的对属国不干涉政策，采取了劝导朝鲜与西方列强签约而避免朝鲜被吞并的“以夷制夷”策略，这种策略在李鸿章的主导下取得了一定成果，对朝鲜局势产生了重要影响。不仅如此，此种策略在朝鲜的成功实践，后来也受到越南当局的关注，而李鸿章在处理越南问题的过程中也力图利用上述的处理朝鲜问题的经验。

二、朝鲜问题的政策经验在越南问题上的试用

越南同朝鲜一样，在 19 世纪 60 年代遭到法国的军事侵略。1862 年 6 月，越南被迫与法国签订法越第一次《西贡条约》（又称《柴棍条约》），割让南圻东部的嘉定、定祥、边和三省和昆仑岛，开放土伦、巴叻、广安三个港口为商埠。越南国门被打开。1874 年 3 月 15 日，越南又被迫同法国签订法越《和平同盟条约》，该约第二条声称法国承认并担保越南的所谓“独立”[③]，法国的实际意图则在于“从法律上割断中越宗藩关系、孤立

① 故宫博物院：《清光绪朝中日交涉史料》卷 1，故宫博物院，1932 年，第 23 页。

② 郭廷以、李育澍主编：《清季中日韩关系史料》第 2 卷，第 375 ~ 379 页。

③ 条约具体内容可参见郭廷以、王聿均主编：《中法越南交涉档》（一），第 455 ~ 463 页。

越南"[1]，从而为其进一步侵略越南创造有利条件。翌年5月24日，法国驻华署公使罗淑亚将该条约的内容照会清政府总理衙门王大臣恭亲王奕䜣并声称："今后，亲王（笔者按：即恭亲王奕䜣）将会看到应该由法国负责保卫嗣德王陛下（笔者按：即越南阮朝第四代王阮福时）的安全和独立。"[2] 其实际意图"旨在冲淡越南之政治地位问题"。[3] 1875年6月15日，恭亲王在答复罗淑亚照会中郑重声明"交趾即越南，本系中国属国"[4]，却没有明文否认《法越条约》。事实上，当时的清政府根本没有意识到签订该条约的严重性，以致后来该约成为法国外交上同清朝交涉的重要口实。

与朝鲜不同的是，越南当局并没有将法国侵略该国及与其签订不平等条约的情况及时向清朝汇报。越南嗣德王于1877年和1880年两次遣使赴清朝贡均未提及此事，造成了中越之间的不信任。李鸿章认为越南此种行为是"受法所饵，乐为自主之国，不愿为中国统属"[5]。直到1884年越南嗣德王遣使赴清求援时，方告知清廷，但却遭到负责处理越南问题的北洋大臣李鸿章的责难。1883年3月24日，李鸿章第一次接见越南使臣范慎遹时，首先发难道："属邦与他国立约必应报知天朝，如朝鲜与日本约，则具约本呈礼部转奏。现与美英德各国议约，皆请中朝核准，由本大臣派员前往会议，故约内条款有利无损。汝国擅自与法立约，先未呈明天朝，后又未专使申报，显违属邦体例。今隔十年，始咨呈约稿，于事何济？"[6] 显然，李鸿章是以朝鲜作为属国的典范来责问越南的过错。至少在李鸿章的心目中，朝鲜与越南是有区别的，除去地缘因素外，朝鲜的恭顺程度及与清朝的亲密程度显然要超过越南。应该说，越南国王并非不了解上述的

① 孙宏年：《清代中越宗藩关系研究》，第45页。

② 张振鹍主编：《中国近代史资料丛刊续编——中法战争》（第3册），第106~107页。

③ 龙章：《越南与中法战争》，第44页。

④ 《总署给法使罗淑亚照会》，郭廷以、王聿均主编：《中法越南交涉档》（一），第11~12页。

⑤ 《密陈法越订约亦派专员议办片》，顾廷龙、戴逸主编：《李鸿章全集》卷10，第186~187页。

⑥ 《总署收署北洋大臣李鸿章函　附与越使谈话节略》，郭廷以、王聿均主编：《中法越南交涉档》（二），第714页。

差别情况。1883 年 5 月 29 日，越南使臣范慎遹向署北洋大臣张树声呈递越南国王咨文，其中指出："下国较与朝鲜迥殊。朝鲜系近盛京，素为天朝近属，每年常得来京，凡遇庆典皆得沾预，故凡事无隔，可以奏报天朝，易于保护。若下国虽预同文献，而逖在海滨，最为遐远，亦与暹、缅无殊。除四年一贡之外，皆不得预。向来下国亦自知安常守分，不敢希觊与朝鲜并。至如朝鲜与诸国定约体例如何，下国僻远，从未闻知。况下国系接两粤而已，而凡事惟一遵成案，不敢违越。"① 上述内容显然不无为越南辩解开脱之嫌，而朝鲜作为属国的典型性与示范作用却由此可见一斑。

李鸿章虽然对越南"首鼠两端"的行为极为不满，并以朝鲜为口实对其进行责难，但越南与中国西南边疆云南、广西接壤，如失去越南，中国西南藩篱尽失，西南国防安全将受到极大威胁。所以，李鸿章及清朝仍然采取了积极的应对之策。其中重要的一条策略即照朝鲜之例劝导越南同西方各国签约通商以牵制法国。

事实上，仿朝鲜之例助越南同西方各国签约通商的策略得到当时清朝内部多数人的赞同。1883 年 4 月 7 日，出使英、法、俄国的大臣曾纪泽在致总署函中即提出越南同西方各国签约通商的策略："保护安南之策，宜由中国谕令该国，仿照朝鲜之例，与西洋各大国同时通商，庶各国可互相牵制，以免一国鲸吞之患。"② 1883 年 5 月 7 日，总署收章京李国琇的筹议处理越事方法八条中也曾提出"仿照去岁高丽与各国通商办法，既不侵越自主之权，亦不失我保护属邦之意"③。薛福成在《上李伯相（鸿章）论援越南事宜书》中的意见之一是：导越南联络英、德诸国也。他指出："德为法之仇敌，而英人注意滇边通商又忌法之得越者也。中国果能代为介绍，俾英、德各国与越南立约通商，则法人无所挟以歆动各国，或再导越南使臣历聘英、德隐动法人顾惮之心，即遇各国有所评断，亦必归曲于

① 《总署收署北洋大臣张树声文 附复越南王文》，郭廷以、王聿均主编：《中法越南交涉档》（二），第 838 ~ 839 页。

② 《总署收出使大臣曾纪泽文 附英照会》，郭廷以、王聿均主编：《中法越南交涉档》（二），第 734 页。

③ 《总署收章京李国琇说帖》，郭廷以、王聿均主编：《中法越南交涉档》（二），第 787 ~ 789 页。

法。法人恐无益于实而有损于名，则其议院之谋自变矣。”[①] 彭玉麟也认为：“为今之计，欲杜法人之吞噬，似宜仿照朝鲜章程，使越南尽与泰西诸国通商。盖欧洲诸国，素以不灭人国为美谈。越诚与各国通商，则法人举动有大悖乎公法者，诸国必起而议之，投鼠忌器，法终不能独噬越南矣。”[②]

不仅如此，越南当局也有同西方各国签约通商的愿望。如前所述，1883 年 3 月 24 日，李鸿章在天津接见越南特使范慎遹并与之笔谈，范慎遹转交嗣德帝致李鸿章的密函二件，其中嗣德王就提出：“越南曾与西班牙签约通商并设领事，然西班牙畏法，条约未能实施。越南甚欲自强，请求中国派遣工匠技师（如美国人）与军事教练，携带机械，在广南、沱瀼、海防、海洋等城市造船铸炮。如此办法难于实施，则请允许派遣数十名越南人前往中国新建兵工厂、造船厂，学习新技艺。并希望中国政府接洽无侵略野心之国家与越南订立条约，派遣领事驻海防，藉以遏阻法国之侵略北圻。”[③] 李鸿章对于越南嗣德帝所表现出的自强之志给予肯定，并在致总理衙门函中特别指出：“该国王虽近耄荒，而于时势大局似尚明晓。”[④] 1883 年 4 月 22 日，总理衙门收到越南陪臣范慎遹禀文一件，更进一步阐述了越南希望清朝帮助其实现仿照朝鲜同西方签约通商的愿望。该禀文指出：“如蒙天朝体顾，不弃藩封，使下国得如高丽之赖以绥靖，且得与各国通商，日增利益，凡事资有公论，不至孤立，是下国之甚愿甚望也。”[⑤] 总理衙门对此的答复是：“将来或仍仿朝鲜例，由越南与各国议订商约，

① 《上李伯相论援救越南事宜书》，中国史学会主编：《中国近代史资料丛刊——中法战争》（四），第 619 页。

② 《密筹补救越南片》，中国史学会主编：《中国近代史资料丛刊——中法战争》（四），第 432 页。

③ 龙章：《越南与中法战争》，第 106 页。该函的具体内容详见郭廷以、王聿均主编：《中法越南交涉档》（二），第 701 ~ 703 页。

④ 《总署收署北洋大臣李鸿章夹单　附越南王密函》，郭廷以、王聿均主编：《中法越南交涉档》（二），第 699 页。

⑤ 《总署收署北洋大臣张树声函　附越陪臣范慎遹密禀二件》，郭廷以、王聿均主编：《中法越南交涉档》（二），第 758 页。

再由署北洋大臣李鸿章等酌夺情形办理。”①

事实上，李鸿章早已在越南问题上开始推行其惯用的“以夷制夷”策略。已如前述。

三、甲申政变前后朝鲜局势对李鸿章处理越南问题的影响

李鸿章仿照朝鲜力争越南同西方各国签约通商以牵制法国的策略，并没有使越南局势有所好转，法国反而加快了侵略越南的步伐。1883 年 12 月法国进攻驻守越南山西的清军，由于清军的消极抵抗，法军连陷越南北圻地区的山西、北宁、太原等地。1884 年 8 月，法国侵略势力扩大到中国东南沿海的福建和台湾。获悉中国在中法战场上的不利局面后，日本外务卿井上馨认为，中法两国正在激战，中国清朝政府肯定无力顾及朝鲜问题，这是从朝鲜驱除中国势力的极好时机，因而便企图策划对朝鲜采取积极政策。② 与此同时，法国为形成南北夹击清朝的局面，数次同日本方面接触，希望结成日法同盟。③ 朝鲜亲日派也想借此机会寻求自立。1884 年 11 月 12 日，驻扎朝鲜的袁世凯密禀李鸿章“朝鲜君臣执迷不悟，欲乘中、法有事，引强邻自卫，即可称雄自主”，李鸿章则命袁世凯“不动声色，坚守镇静”④。在上述有利形势下，1884 年 12 月 4 日，在日本驻朝公使竹添进一郎及朝鲜亲日派金玉均等的策划下，朝鲜发生政变，是为甲申政变。由此可见，“井上外务卿改变对韩态度而采取积极政策的原因是因为

① 《总理各国事务衙门筹办法越事宜摺》，中国史学会主编：《中国近代史资料丛刊——中法战争》（五），第 144 页。

② ［日］田保桥洁：《近代日鲜关系研究》上卷，东京宗高书房，1972 年，第 922 ~ 923 页，转引自贾宝波：《中法战争时期日本的外交政策》，南开大学硕士学位论文，1993 年，第 10 页。

③ 关于日法同盟问题，因日本采取了局外中立政策，此同盟并未结成，但对朝鲜与越南局势及清政府的应对之策都产生了重要影响。详情参见［日］彭泽周：《甲申事变与日法关系》，大陆杂志社编辑委员会编：《清代明代史研究论集》，中国台湾大陆杂志社印行，1970 年，第 220 ~ 226 页；钟康模：《日本与中法战争》，《汕头大学学报》1986 年第 3 期，第 38 ~ 43 页；贾宝波：《中法战争时期日本的外交政策》，南开大学硕士学位论文，1993 年，第 2 ~ 6 页；龙章：《越南与中法战争》，第 173 ~ 174 页。

④ 《致总理衙门 论朝鲜》，顾廷龙、戴逸主编：《李鸿章全集》卷 33，第 417 页。

中法战争的影响以及自由党与法公使的秘密计划所促成”[①]。那么，反过来说，甲申政变前后的朝鲜局势对越南尤其是李鸿章处理越南问题的策略又有何影响呢？

众所周知，中法战争因越南问题而起，越南问题的结局必然受到中法战争左右。在中法战争的关键时刻，朝鲜爆发了甲申政变，对李鸿章的越南策略产生了重要的影响。据笔者的研究，这种影响至少有如下两点。

第一，李鸿章对朝鲜及朝鲜局势变化的认识是他对越南问题采取消极军事策略的重要原因之一。朝鲜之于中国，地理位置毗邻清王朝“龙兴之地”并接近中国京畿重地，其重要性远非越南所能比。李鸿章对此也有明确认识，他认为：“朝鲜久隶外藩，实为东三省屏蔽，我藩属之最亲切者，莫如朝鲜。”[②] 1879年，日本吞并琉球，李鸿章认识到日本对朝鲜的威胁后，更是将发展与巩固北洋防务作为重点，以至于在越南问题上，他采取了消极防御的军事策略。萧一山在《清代通史》中对此有所分析：“李鸿章深知中国无对外作战之能力，滇、粤军尚未尽采新法，军械尤不可精，未必可用；淮军虽早练洋枪，但以朝鲜问题日趋严重，不敢轻调安南。海军方在萌芽，自造之军舰，皆微弱不足道，一旦作战，必遭根本破毁，多年辛苦经营之成果，未免可惜。自始即抱宁弃勿争之政策。”[③] 在此政策的指导下，想让李鸿章针对越南问题作出实质性的军事行动是很不现实的。即使在中法战争的关键时刻，李鸿章对中法战争前线也没有进行实质性的军事援助。甲申政变之前，法国攻打台湾，清政府令李鸿章从北洋派舰队支援闽台，为李鸿章所拒绝。至于其原因，除为了保卫北洋地区的安全，防止法军来犯外，也有对日本侵朝的警惕。[④] 尤其是甲申政变的发生，李鸿章及时向总署报告：“日谋叵测，明系乘中法有事，寻衅图朝，恐祸更烈于越南。前遣北洋两快船，在沪修理将竣，此事较援台尤亟，应请旨敕南洋派出五船及北洋二船，会齐东驶朝鲜，援应弹压。以敌法船不足，以

---

① ［日］彭泽周：《甲申事变与日法关系》，大陆杂志社编辑委员会编：《清代明代史研究论集》，中国台湾大陆杂志社印行，1970年，第226页。

② 王彦威纂辑，王亮编，王敬立校：《清季外交史料》（一），第483页。

③ 萧一山编：《清代通史》（三），华东师范大学出版社，2006年，第843页。

④ 关威：《对李鸿章在中法战争中几个问题的再认识》，《重庆社会科学》2005年第12期，第59页。

遏日谋尚足壮声势。”[①] 至此，李鸿章对闽台的军事援助无任何成果。

第二，甲申政变前后的朝鲜局势是促使李鸿章及清廷采取“乘胜即收”的对法妥协方针进而迅速结束越南问题的一个重要因素。如前所述，李鸿章对越南问题采取消极的态度，军事上也没有采取积极的行动。那么，迅速结束越南问题自然是早有打算。早在甲申政变之前，李鸿章从袁世凯处获悉“朝鲜君臣执迷不悟，欲乘中、法有事，引强邻自卫，即可称雄自主”的消息后，他即认为“朝人生心，日人播弄，皆由法事而起，若法兵早解，我军不再挫损，可冀潜销隐患。否则事势变迁所极，真有不堪设想者”[②]。李鸿章想尽早结束中法兵端的态度可见一斑。1884 年 12 月，日本利用清政府对法作战，无力兼顾朝鲜的机会，发动甲申政变。这尤其使清政府感到震惊，担心日本乘机出兵朝鲜，则“中国之患，将不独在藩属，而在肘腋，其为祸何可胜言”[③]。如果日本开战，将为法国造成机会，一旦日法联合起来，中国将受到南北夹击，被迫两线作战。这样，中国的局势会更加险恶，危机将更为紧迫。所有这一切，都在某种程度上促成了清政府加速对法议和的倾向。[④] 1885 年 3 月，李鸿章接到分别来自上海及巴黎的密电，该密电称“日使伊藤已微服至沪，与巴德诺密商。日本驻法使与法廷商定法、日互相帮助密约，以十年为期”[⑤]。愈演愈烈的日法结盟的传言，更加坚定了李鸿章和清廷迅速结束中法战争的决心。同年 3 月 29 日，清军在越南前线取得镇南关大捷，清政府抓住此有利时机，同法国进行议和。4 月 4 日，金登干代表清政府在巴黎同法国政府代表毕乐签订《中法停战条款》。6 月 9 日，李鸿章同法国公使巴德诺签订《中法越南条款》，越南沦为法国的殖民地。可以说，清政府的妥协求和在很大程度上缘于东北方向的压力。

综上，在李鸿章处理越南问题的过程中，朝鲜因素起到了重要作用。具体说来，第一，照朝鲜之例，李鸿章对越南采取了助其与西方各国签约通商以牵制法国的策略；第二，甲申政变前后朝鲜政局的变化是影响李鸿

① 《急寄译署》，顾廷龙、戴逸主编：《李鸿章全集》卷 21，第 363 页。
② 《致总理衙门　论朝鲜》，顾廷龙、戴逸主编：《李鸿章全集》卷 33，第 417 页。
③ 郭廷以、李育澍主编：《清季中日韩关系史料》第 3 卷，第 3 页。
④ 钟康模：《日本与中法战争》，《汕头大学学报》1986 年第 3 期，第 41 页。
⑤ 《寄译署》，顾廷龙、戴逸主编：《李鸿章全集》卷 21，第 475 页。

章和清廷对越南采取消极军事策略及对法妥协而迅速结束越南问题的重要因素之一。由此观之，李鸿章在对两个属国的策略的选择上既有相同点，又有不同之处。相同点是要借助近代条约体制来维护传统的宗藩体制。不同点是在清朝国防出现危机且不能南北兼顾的情况下，选择了弃越南而保朝鲜的策略。但不幸的是上述策略均以失败告终，其历史原因值得深思。

第二节　驻外公使

一、与曾纪泽的政见分歧

论及李鸿章与曾纪泽对越南问题的主张问题，传统观点习惯上将其贴上“主和”与“主战”，乃至“卖国”与“爱国”的标签。笔者以为如此评判则感情成分过重，好像非要分出个谁对谁错，有失公允。为理性地看待这个问题，最好的方法当然是具体问题具体分析，可以将二者的政策主张进行比较，有哪些主张是一致的，又有哪些主张存在分歧。当然，还应该认识到，无论是曾纪泽还是李鸿章，他们有着共同的努力方向，即是如何更好地共同处理越南问题。就合作的角度而言，主张一致，固然有利于越南问题的解决；主张分歧，则必然会对越南问题的解决产生不良影响。

兼任驻法公使的曾纪泽早在 1880 年即向法国外交部抗议法国侵略越南事宜，成为清政府早期对法交涉的代表。通过同法国的早期交涉，他认识到法国以武力占领越南的意图，于是向清政府建议“法图越南非口舌所能挽救，应拨派水师前往，使有所顾忌”[①]。这一主张与李鸿章的基本一致。1881 年底李鸿章赴京筹商解决越南问题的对策时就提出如下对策，即“近年招商轮船运米越南，往来甚熟，或添派兵轮，同往游弋，藉壮声威，并另派明干得力之员，往越严密侦探现在情形，晤其国王、大臣等，将通商

① 《总署收出使大臣曾纪泽函》，郭廷以、王聿均主编：《中法越南交涉档》(一)，第 168 页。

自强各事宜，随机开导，或可稍纾彼患，即可藉固吾圉”[①]。由此可知，此时二人均主张以军事手段威慑法军的侵略气焰。对此，清政府也非常认同。

1881年12月25日，曾纪泽在巴黎向总理衙门陈述筹办越事七条。他认为：“法人觊觎越南已久。越南危，非中国之福。中国不宜稍存畛域之心，越南不宜自外生成之德，必须声气相通，谋猷不紊，乃得辅车唇齿之益。”[②] 曾纪泽能够提出主动联络越南以解决越南问题的策略是比较明智的，而其提出的建议也是新颖的。关于这七条意见的具体内容如下：

第一，越南除例遣贡使外，宜专派精通汉文、明白事体大员长住京师，听候分示，转报该国。

第二，越南为中国属国，例不得遣使臣驻扎他邦。然该国如派一精通汉文、明白事体之员，带同法文翻译官一人前来西洋，作为敝处随员，亦可常探消息，报其国家。

第三，法人自以前立法、越之约语弊甚多，官绅私议常欲胁之以兵，另立一约，即其近来办理丢尼斯事务之成法也，乞谕越南且不可与法人轻立新约。

第四，法人常以约中许在红江开埠通商而至今尚未举办以为口实。按法、越之约，中国可以不认，越南不能不认，宜劝越南慨然将红江开埠通商，而不可引法、越条约为言。可明告各国，言现遵中国之命，将红江开设通商埠头，允与西洋各国贸易。各国得此消息，既服中国之能调停，又见我与越南情不隔阂，可省无数窥伺之心。

第五，法人常以红江多盗为言。无论盗之真伪，越南宜以除盗自任，力不足则求助于中国。

第六，越南宜严束士民，勿予法人以口实，致成开衅之由，杀人焚屋等事皆无益而有害者也。

第七，法、越条约西洋各国并未认之，如别国人与法人在越南争论，

---

① 《总理各国事务衙门奏法人谋占越南北境并欲通商云南现拟豫筹办法摺》，中国史学会主编：《中国近代史资料丛刊—中法战争》（五），第87~88页。

② 曾纪泽著，喻岳衡点校：《曾纪泽遗集》，第192页。

归法国驻扎大臣审判，及别国人在越南犯事，解归法国西贡地方办理，此各国断不能允者，一条不允则全约俱废也。[①]

对于如此有新意的七条建议，总署没有给予明确回复，而是让负责处理越南问题的李鸿章来进行逐条批示，具体内容如下：

第一，查派员长住京师，岁费不资，长途转报，无电线通连亦不得速，且本朝定制，接待陪臣等威太明，诸有未便。若稍示变通，于每岁贡使到后，由总署王大臣奏明，秘传该使至署，垂询一切，宽以小节，借通中外之情，阴寓操纵之法，似尚有宜无损。查法、越新约第二条，法国明认越王自主之权，无论何国，皆无统属，则越南如遣使驻法，中国似难以违例究之。闻越南君臣素尚狡谲，未必肯派员赴法作为中国出使之随员输忱于我，况法廷闻知必有责言，转增疑衅。

第二，查此节俟越南君臣交深时随机劝谕，或可听从。然同治十三年所改新约，想系不得已而为之，若兵威胁逼太甚，势不可支，恐亦难免续立新约。

第三，查中国不认法、越之约，似未便明劝越南于红江开埠通商，若劝之，是认此约矣。红江即云南之富良江，由蒙自等处东注于越之北圻，出海防口。闻滇、越商货出入多由此江溯流而上，十余日可达滇境。然其上游滩多水浅，轮船势难通行。法、越约内十一、二条已许法人通商，恐早迟必能办到。中国究未许法人通商，滇境将来尚可以关卡重税困阻之。若劝越南速开商埠，是自引虎入室矣。各国求通商入滇必愈急，此小惠不可市也。

第四，查法、越之约，越南有事越王乞法人助以兵力，法人不得推诿，然并未言越南不得乞助于他国，亦未言不得乞助于中国，亦未言越南未经乞助法国即可径派兵助之也。

第五，查红江上游专与滇通，若果多盗，正可阻彼通商之意，但虑法人借此为名，用浅水小兵船上驶。越南孱弱已甚，其力未必以除盗自任。滇帅向与越王声气隔绝，若派明干有风力机权之员，循富良江而下，侦入

① 曾纪泽著，喻岳衡点校：《曾纪泽遗集》，第192~193页。

越境，声称将发兵由此除盗通路，先声亦可夺人。但先声须继以后实，庶不为外人小邦所轻，然即不能助越南以兵，亦断无置此路于不闻不问之理。

第六，查中国如派员赴越，越之贡使来京，皆可以此谕之。法、越新约第九条概除从前传教禁令，杀人焚屋等事率由传教而起，越境遍地教堂，此等知亦难免，但在临时办法若何。

第七，查日斯巴尼亚光绪六年与安南重订约款迭经声明，悉照法、越两国同治十三年新约办理，谨照译原约呈览，似无各国不认之证据。去冬英国威使谈及该国若与越南议约，亦不能出法、越商约范围之外。将来红江商货通行，各国必有继法而起与越南结约者，但越南久为法胁，法即分利于各国，必仍思独擅其权也。①

关于前两条，在本书第三章已经进行了详细评述，可以得出如下认识，即曾纪泽的建议得到越南政府的赞同，但却没有得到李鸿章的赞同。由上述内容来看，其余的五条仍遭到李鸿章的逐条驳斥。关于此点，曾纪泽在1882年7月致总理衙门的信函中即指出："纪泽前拟筹防越事各条，本系信笔率书，不周不备。经少荃中堂议驳之处，虽未必尽归实际，但已往之事，可不再辩。"② 这样一种令人遗憾的结局对于中越联合抗法无疑会产生消极的影响，同时也意味着李鸿章与曾纪泽的政见分歧。但不能就此认为李鸿章对曾纪泽的建议持完全否定的态度。比如关于帮助越南同西方列强签约通商以牵制法国的"以夷制夷"策略及帮助越南自强等方面的主张李鸿章也是赞同的，并且在处理越南问题的实际过程中予以实施，但效果均不理想。事实上，李鸿章对曾纪泽所提建议的反对更多的是从现实的角度进行考虑，即曾纪泽的政策建议实施的现实条件仍不具备。

随着法国在越南军事行动的加紧与扩大，曾纪泽更加侧重于同法国进行军事上的对抗，其主张的代表性观点是备战通商。有学者将其概括为"阻遏政策"，其核心"就是以充分的战争准备和坚强的战斗决心与法国侵

---

① 《附　谨将曾大臣原议逐条核拟恭呈鉴定》，顾廷龙、戴逸主编：《李鸿章全集》卷33，第107～109页。

② 《总署收出使大臣曾纪泽函》，郭廷以、王聿均主编：《中法越南交涉档》（一），第383页。

略者斗争到底，同时在外交上‘以夷制夷’，尽可能地孤立法国，从而迫使它不敢轻易玩火冒险，发动战争”①。曾纪泽也开始对李鸿章在处理越南问题的过程中的做法表示不满，指出“李相（笔者按：李鸿章）对法使特力古（笔者按：脱利古）议越南之事，闻尚未有头绪。此案每况愈下，始终误于三字：曰柔，曰忍，曰让”②。不仅如此，他还致函李鸿章，向其陈述与法强硬的必要性与可行性，主要包括如下八点：

第一，法人之性，欺软怕硬，虽夸大而喜功，实躁急而畏难，轻于发端，怠于持久。吾华备战愈显，则了事愈易。备战过迟，法人既已获利，则吐出较难。

第二，法人之夙志，非徒并越，而特欲以越为根脚耳。粤边之煤矿，滇中之金矿，无不垂涎，此间人之著作，多可为证。然则吾轻让属国即自撤藩篱。

第三，寿昌江经海防以入海，海口有岛名曰倍达陇，为东方极好船埠，法人欲建为水师总埠，吾华后患何可胜言？

第四，英人垂涎于西藏，俄人垂涎于高丽，皆视我因应越事以为进止。琉球无甚关系，不争可也。东京乃卧榻之侧，亦不闻问，岂不召各国弱小者之姗笑、强梁者之觊觎乎？

第五，我之惧法不在陆而在水，不在滇粤一隅而在沿海各口。然英、德、俄、美已订私约，倘华法开仗，四国虽旁观不助，然不许法人封禁通商海口，亦不许轻扰各埠。如此，则法人逞志甚难，知难则易退。我示以不让，正所以速其退也。

第六，法之本国，朋党相竞，政出多门。非各党同心，断难成大功于数万里之外。而各党冰炭参商，绝少齐心之日。

第七，法人于西洋无一友邦，内顾多忧，则远谋易馁。

第八，我若谨慎太过，则人视我之国不如马德嘎嘎斯嘎嘎小邦，视我

---

① 李峰：《战前中法越南交涉与曾纪泽的政策效应》，《江苏大学学报》2004年第6期，第44页。

② 《总署英股抄付南洋大臣左宗棠函　附一：曾纪泽函》，郭廷以、王聿均主编：《中法越南交涉档》（二），第1037页。

官兵不如刘永福奔窜之孑遗也。此辱何可暂忍！[①]

然而，李鸿章在军事上并没有采取积极的行动，如前所述，他采取了“固防观变”的消极军事策略，并且此种策略得到清政府的赞同。最后的结局也很明显，由于李鸿章在军事上采取的消极政策，越南首都顺化被法军占领，越南成为法国的保护国。

从上述二人的主张来看，不能单纯地用主战与主和来概括，正如论者指出：“从根本上看，二人思想的基本方面有共通之处，但二人的具体主张又表现出明显差别。就李鸿章而言，虽然李鸿章思想的基本方面是主和，但他并非无条件退让，也不是时时处处主和，而是在一定阶段、一定条件下，在可能的范围内进行了积极的抗争，不过，李鸿章虽然进行过抗争，但他的缺陷是把困难看得太重，缺乏敢于决战、破釜沉舟的勇气。相比之下，曾纪泽的主张比较符合实际，他看出法国在内政和外交上都有后顾之忧，带有一定的侥幸取胜心理，中国经过多年的自强努力，并不是不堪一击。因此，如果中国针锋相对，切实备战，并辅以外交斗争，有可能挫败法国；反之，如果中国过于示弱，不认真备战，就会助长敌人气焰，使交涉和战斗处于不利地位。”[②]

正是因为李鸿章与曾纪泽政见上的分歧，对李鸿章处理越南问题产生了不利影响，这种影响在笔者看来，至少表现在如下两个方面。

第一，曾纪泽成为李鸿章与法国议和的重要障碍。众所周知，1883 年 12 月中法战争爆发，山西、北宁等地相继沦陷，清朝在战争的初期可谓是一败涂地。清军前线的失利使清朝高层出现向法求和的思想。如前所述，在李鸿章与德璀琳的斡旋下，法国接受清朝的议和，但其中有一个条件是要求清朝撤换驻法公使曾纪泽。李鸿章对于法国撤换曾纪泽的态度则是在没有同法国谈判立约之前不能撤使。他对此的具体解释是：“若待曾侯年满撤回，福酋（笔者按：福禄诺）必不见信；倘彼迟疑不来，或俟伊国兵船大帮北驶要挟，再将曾侯调开，转失国体。曾侯在法办理越事错误实多

① 《曾袭侯致李中堂书》，中国史学会主编：《中国近代史资料丛刊——中法战争》（四），第 268 ~ 269 页。

② 关威：《李鸿章、曾纪泽对中法战争的态度》，《历史档案》2010 年第 2 期，第 60 页。

（鸿章窃思劼刚先后办法原系用尽心机，第口舌尖利有太过火处，适为法外部所持，借以激动议院众愤，亦不料边军溃败至此，此由办事素少历练之故），各国公论皆所不惬，倘于此时未与法议之先，旨由中出，毫无痕迹，不仅法人敬服，事可就商，即欧洲各国闻之，亦服中朝举措之当。鸿章仍坚执未讲先撤使为不可行。（法未就款，我自不便先撤使臣。拟俟福禄诺果愿来津就商，再请核办。）”① 而“枢廷（笔者按：清政府）自北宁失守，已转趋主和，因屈从法意，于初四日（笔者按：1884 年 4 月 28 日）撤去曾纪泽驻法使职，改以翰林院侍读许景澄为出使法、德、意、荷、奥等国大臣，未到任前，由李凤苞暂兼”②。如此，李鸿章才开启了同法国福禄诺舰长的和谈。

第二，导致巴黎同天津信函往来一度中断。关于此点，曾纪泽与李鸿章二人均有提及。1883 年 8 月 21 日，李鸿章在致张佩纶的信函中提到如下内容，即“劼刚（笔者按：曾纪泽）年余不通音信，仅在沪往返电报数次，至津仅来电一次，因不与谋，置之不答”③。而曾纪泽则在致李鸿章的信函中提到如下内容，即“许久未奉赐函，电报亦甚稀简。或谓办理法越之事，钧意与鄙见不谐”④。不仅如此，关于此事，总理衙门也有提及。1884 年 5 月 1 日，总理衙门在发给李鸿章的电报中提到如下内容，即“越事枢纽全在钧处，丹崖能通消息，不至如曾之不和耳”⑤。由此三条材料，足以表明如下事实，即曾纪泽与李鸿章政见的分歧导致了二者联系的减少。已如前述，李鸿章与曾纪泽共同的目的是处理好越南问题，一位在国外交涉，一位在国内统筹全局，内外失去联系，后果可想而知，肯定会影响到李鸿章在处理越南问题的过程中的政策制定与实施的针对性和时效性。就今天看来，将政见分歧化为个人恩怨进而影响国家利益的做法也是

---

① 《致总署　议易法使》，顾廷龙、戴逸主编：《李鸿章全集》卷 33，第 384 页。其中括号内之补充内容的注释为：《致总署　再陈德璀琳密议》，顾廷龙、戴逸主编：《李鸿章全集》卷 33，第 382 页。

② 雷禄庆编：《李鸿章年谱》，第 319 页。

③ 《致张佩纶》，顾廷龙、戴逸主编：《李鸿章全集》卷 33，第 248～249 页。

④ 《曾袭侯致李中堂书》，中国史学会主编：《中国近代史资料丛刊——中法战争》（四），第 268 页。

⑤ 《附　译署来电》，顾廷龙、戴逸主编：《李鸿章全集》卷 21，第 146 页。

不可取的。

二、其他公使的政策建议

曾纪泽担任驻法公使期间，他与李鸿章的政见分歧对李鸿章处理越南问题产生了不良影响。那么，在中法战争前后，清朝驻外的其他公使的表现又如何呢？笔者选取李凤苞为代表进行论述。

李凤苞（1834—1887），字丹崖。其充当清朝驻外公使始于1878年，由驻英公使郭嵩焘保荐担任驻德公使。1881年兼任清朝驻奥地利、荷兰、意大利公使。1884年开始兼任驻法公使。李凤苞属于技术派官员，精通历算、测绘，为李鸿章所赏识。其担任驻外公使期间，成为李鸿章在处理越南问题过程中的得力助手。据笔者的初步研究，至少在如下三个方面李凤苞对李鸿章处理越南问题有所帮助。

第一，保证了巴黎与天津信息的畅通，成为李鸿章获取法国现情的直接信息来源。

据《李鸿章全集》电报部分来看，自从李凤苞兼任驻法公使的1884年4月4日开始，其与李鸿章的电报往来异常频繁，与曾纪泽的"年余不通音信"相比，显然能够使李鸿章对法国的现情有足够的了解，更容易掌控局面。

第二，李凤苞针对越南问题向李鸿章及清廷提出了一些建设性意见，并得到李鸿章及清政府的认同。如1883年6月13日，李凤苞向李鸿章建议暗助越南。他在致李鸿章的电报中指出："越事只能由陆路暗助以兵丁、军械，且不可令法知觉，指出确据。又故纾缓之，以觇各国之向备而定其操纵。"李鸿章对此建议认为"似均有见"①，表示认可。而暗助越南也确实是清朝对越南军事策略的重要方式之一。李凤苞驻法期间还建议清政府雇用德籍军官训练清军。1884年8月18日，李凤苞建议总理衙门雇用德籍军官五十名分派于中国军队担任教练，并认为此办法可以引起法国对德国的猜疑，进而可以达到牵制法国的目的。鉴于中国新型海军尚未建起，

---

① 《致总署　述美国意欲调停法事》，顾廷龙、戴逸主编：《李鸿章全集》卷33，第241页。

需要外籍专业人才，总署对此建议非常认同，并由李鸿章将清廷谕旨告知李凤苞，谕旨内容为："著李凤苞速即选雇德兵官五十人赴津，由李鸿章调遣酌用。"① 此事经李凤苞的努力，若干德籍现役及退役军官愿前往中国服务。李凤苞遂将此情告知总理衙门，二十四名德籍军官与士官可望于1884年10月或11月抵天津。② 此种结果显然深得李鸿章的满意。

第三，李凤苞协助李鸿章请求德国居间调停越南问题。1883年6月16日，李鸿章电告李凤苞让其请求德国居间调停越南问题，即"德近颇开拓商务，望晤毕相与外部，可居间调停否，或劝派使与华、越订通商之约"③。事实上，请求德国居间调停并不是李鸿章一个人的意思，总理衙门也赞成此策，总理衙门在致李鸿章的电报中即有如下表示，即"德为法所畏忌，毕能出而调停，却是转圜之一法。红江通商云南，前电致劼刚向各国公使露之。现既以此许德，与前电亦不相背，未知丹崖能歆动毕听否"④。能否成功则要看李凤苞如何落实了。1884年9月13日及15日，李凤苞两次会见德国外务大臣哈兹菲尔德（Hatzfeldt）伯爵，谈中国政府的请求。哈兹菲尔德表明德国政府的三点意见：其一，德国不能以兵相助；其二，关于仲裁，德国难以出面；其三，至于调停，则可设法使中法使节"不期而遇"。李凤苞勉强接受德方建议的不期而遇的方式。9月17日，在德国外务大臣的安排下，李凤苞与法国驻德大使郭式尔（Alphonse de Courcel）在德外务大臣的私宅会见。郭式尔向李凤苞转告法国政府解决中法争端的条件：获致质押以确保天津专约忠实而完全之履行；赔款八十兆佛郎以补偿天津专约所受之破坏；或以淡水及基隆海关，港口及矿场之管理及经营权交付法国，为期九十九年，以代替上述赔款。李凤苞明确表示绝不接受暂时放弃本国领土作为质押的条件。此次会谈没有达成任何协议。李凤苞请求德国调停的努力也没有取得任何实质性结果。正如论者指出："俾斯麦之调停系其权术之运用，而李凤苞竟入其彀中。"⑤ 由于帝国主义列强在殖民侵略面前的一致性，所以李凤苞请求德国调停的努力必然

① 《寄驻德李使》，顾廷龙、戴逸主编：《李鸿章全集》卷21，第263页。
② 龙章：《越南与中法战争》，第290～291页。
③ 《复译署》，顾廷龙、戴逸主编：《李鸿章全集》卷21，第56页。
④ 《附　译署来电》，顾廷龙、戴逸主编：《李鸿章全集》卷21，第58页。
⑤ 龙章：《越南与中法战争》，第292～293页。

失败。这是时代使然。

清朝其他的驻外公使也都针对越南问题提出自己的主张，如前驻英公使郭嵩焘于1884年初函告李鸿章："对法不可开衅，并咎曾纪泽之失。"①其主张与李鸿章有暗合之处。驻日公使何如璋及黎庶昌则表达了主战的立场。驻美公使郑藻如则在请美国调停方面作过些许努力。上述诸位驻外公使的意见及作为虽然没有对越南问题的解决产生实质性的影响，但无疑也表明了他们对越南问题的关注与主张，应该给予观照。

第三节　清流

清流，又有清议、清流派之不同称谓。② 主要指19世纪70年代后期到19世纪80年代中期，活跃于晚清政治舞台上的，以"敢于弹劾大臣为贵"，"上自朝政之阙，下及官方之邪，微及闾阎之困，无不朝闻事目，夕达风章"③ 的一股政治力量。主要成员有张之洞、张佩纶、陈宝琛、邓承修、黄体芳、吴大澂、宝廷等。"多少年来，清流主战，李鸿章主和，似已成历史定论。而中法危机中各方言论证明，事情远不是这么简单。"④ 那么，清流在李鸿章处理越南问题的过程中到底有何影响呢？据笔者的研究发现，这种影响至少表现在如下三个方面。

第一，清流成为李鸿章改变对刘永福及其黑旗军的看法并加以利用的重要推动力量。众所周知，李鸿章对刘永福及其黑旗军极为轻视，认为刘

---

① 郭廷以编：《郭嵩焘先生年谱》，台北中央研究院近代史研究所，1971年，第906～912页。

② 关于清流的研究可参见王维江的《"清流"研究》（上海书店出版社2009年版）。作者在该书序言中谈到对"清流"这一概念的独到见解，作者认为："清流和清流党是不同时期的两个称谓，清流不是政治小团体，清流更是一种政治现象，参与者的背景、人品、政治见解、影响力以及仕途命运各有不同，很难将其归纳到某一个派别，也很难给它贴上标签。"见该书序言第10～11页。

③ 震钧：《天咫偶闻》卷6，北京古籍出版社，1982年，转引自李侃、李占领：《清流派与中法战争》，《社会科学战线》1996年第1期，第156页。

④ 王维江：《"清流"研究》，第234页。

永福乃土匪出身，不堪重用。针对李鸿章的此种认识，1883 年 2 月 22 日，清流首领翁同龢指出“法越事，合肥相国力主在保胜通商，而视刘永福为眼中钉，此可虑者也”[①]。不仅如此，张佩纶、张之洞、黄体芳、邓承修等也多次呼吁清廷启用刘永福。张佩纶指出刘永福连杀法将安邺与李维业，可见刘永福的作用。张之洞在署理两广总督后，也向军机处上奏，表明刘永福及其黑旗军熟悉越南地理环境，又为法军所忌惮，比内地军队在抗法过程中更有优势等。建议清廷派唐景崧募勇出关，协助黑旗军牵制法军，并提出资助黑旗军军饷一万两。[②] 后来的事实证明李鸿章尊重了清流的意见，刘永福及其黑旗军也成为中越两国抗击法国所依靠的重要军事力量。在此过程中，清流的推动作用不可忽视。

第二，张佩纶成为联络李鸿章与枢廷的重要桥梁及诱发李鸿章趋向主战的重要因素之一。张佩纶是清流的重要代表之一，系枢廷重臣李鸿藻的门生，与李鸿章也有很好的交谊。关于张佩纶对于李鸿章的价值所在，王维江在《“清流”研究》一书中有精辟论断，作者指出：“张佩纶的政治才干，还表现在沟通二李的桥梁作用：二李是两点，张佩纶是连接两点的一线，穿梭于二李之间的他，把京城的议论带给李鸿章，李鸿章的见解，也反馈给李鸿藻及清流同道们。对于李鸿章而言，张佩纶在京城中的地位及所提供的消息更显珍贵。以光绪九年十一月张佩纶被任命为总理衙门大臣为界，此前的张佩纶类似于信史，在京城枢要和津门重臣之间交换信息；此后的张佩纶则成为李鸿章可以对话的要员。‘佩纶为公所笃信之人’，密友之间，不说假话，心中曲折，得以酣畅披露：原来‘主和一线到底’的李鸿章‘忽有主战坚持之语’。”[③] 如 1884 年 1 月 12 日，李鸿章在致李鸿藻信函中即表达了其主战的主张，即“鸿章于越事初不敢力主进取，实见得各省戒备未尽精整，或至一发难收。今山西挫退，敌焰正张，我军已扎北宁，洵如遵旨，只有增军缮备，一意坚持，以待事机之转”[④]。

---

① 翁同龢：《翁同龢日记》，中国史学会主编：《中国近代史资料丛刊——中法战争》（二），第 1 页。

② 李侃、李占领：《清流派与中法战争》，《社会科学战线》1996 年第 1 期，第 161 页。

③ 王维江：《“清流”研究》，第 234 ~ 235 页。

④ 《致军机李兰孙中堂》，顾廷龙、戴逸主编：《李鸿章全集》卷 33，第 346 页。

李鸿章的态度的转变不能说与张佩纶没有关系。

第三，清流在李鸿章对法议和的过程中扮演了双重的角色。李鸿章在同法国议和的过程中多遭清流弹劾。如1884年5月11日，李鸿章同法国舰长福禄诺签订《中法简明条款》后，弹劾李鸿章的奏章达47起。清流弹劾的后果之一就是“因鸿章受清议攻击，不符众望，清廷乃命曾国荃与法使会议”①，并派清流之一的陈宝琛为会办。李鸿章被排除在对法议和之外，清流无疑是一个重要的影响因素。而“历史事实证明，凡是在中法战争前后‘击弹’李鸿章、涉及政府对外政策的词陈和言官都没有好下场：计自乙酉以来，御史吴峋以劾朝邑相国，目为汉奸；编修梁鼎芬以劾合肥宰相，指为可杀，均革职；侍郎黄体芳以请开李合肥会办海军差，并饬曾纪泽遄归练师，降调御史；朱一新以陈请遇灾修省，预防宦寺流弊，降调御史……”② 凡事都具有两面性，李鸿章遭到清流的弹劾而被排除于对法议和之外，然而，当曾国荃与法使巴德诺因赔款问题致使中法和谈陷入僵局之后，陈宝琛却致函总理衙门，请求重新启用李鸿章同巴德诺谈判，他认为“此事非李相不能了”③。不仅如此，1885年清政府又命清流的重要人物之一的邓承修和李鸿章一道同法国巴德诺公使办理详细条约。清廷安排邓承修为会办，“意在监督，并防言路攻击”④。就此而言，清流又成了李鸿章对法议和的支持者与参与者。由此可见，清流在李鸿章对法议和的过程中扮演了双重的角色。

小　结

本章主要论述了李鸿章在处理越南问题的过程中的三个影响因素，即朝鲜、驻外公使、清流。通过对这三个方面的因素的粗略考察发现，朝鲜

① 雷禄庆编：《李鸿章年谱》，第324页。

② 继昌：《行素斋杂记》卷上，上海书店出版社，1984年，第30页，转引自王维江：《“清流”研究》，第262页。

③ 《附　陈会办致译署》，顾廷龙、戴逸主编：《李鸿章全集》卷21，第229页。

④ 雷禄庆编：《李鸿章年谱》，第333页。

在李鸿章的外交战略中有着重要的位置，不清楚此点就很难理解李鸿章的对越政策。对驻外公使及清流与李鸿章的关系，不能简单地贴上主战与主和的标签。曾纪泽有主和的一面，清流也不全都主战。主和与主战只是政见不同，并不代表其他方面的对立，要具体问题具体分析，不能一概而论。

结论

自从1870年任直隶总督并随后兼任北洋通商大臣以来，李鸿章一直作为晚清外交决策的执行者乃至创制者，在晚清外交活动中有着举足轻重的作用。在清朝有关越南问题的处理过程中为清政府所倚重，并被总理衙门视为处理越南问题的“枢纽”。前文已对李鸿章在处理越南问题的过程中的认识与策略、角色变化以及中越宗藩关系的相关问题进行了论述，但不够系统、深刻，下文将围绕上述问题进一步概括总结。

一、李鸿章对越南问题的认识与策略选择

李鸿章既然受清政府之命来处理越南问题，那么，他必然要对越南问题有一个全面的了解与认识。概而言之，李鸿章对越南问题的认识可以从如下几个方面来理解。

第一，越南有脱离宗藩体制而谋求独立自主之野心。李鸿章的证据：一是越南国王在道光年间将接受清政府册封的地点由离清朝较近的河内变为较远的顺化，是为有意摆脱中国的影响；二是越南与法国自主签订条约，但未告知清朝，即1862年越南同法国签订第一次《西贡条约》、1874年越南同法国签订《和平同盟条约》，越南在随后的1876年与1880年两次朝贡时均未向清政府上报；三是1882年轮船招商局广东分局局董唐廷庚在越南都城顺化面见越南嗣德帝时，越南当局为了避免引起法国的猜忌而拒绝接见。不仅如此，日本学者和田博德教授的研究更进一步印证了上述李鸿章对越南的认识：“据和田博德教授之调查，在阮朝成立的嘉隆元年（嘉庆七年，1802年）以至太平天国事变发生的嗣德三年（道光三十年，1850年）之四十九年间，越南来贡共十三次，虽然贡期不同，但比于朝鲜之四十九次，琉球之三十八次，暹罗之二十三次显为较疏。和田教授认为朝贡关系如此疏远，原因是阮朝自主态度从中作梗。”①

第二，越南国力衰弱，无力应对来自法国的侵略。李鸿章从轮船招商局在越南探测的信息获知，越南积弱贫匮，畏惧法国，军备废弛，而对越南当局所倚重的刘永福的黑旗军，李鸿章则认为刘永福为土匪出身，不成气候，无法依靠。

---

① ［越］阮述撰，陈荆和编注：《阮述〈往津日记〉》，第6页。

当然，李鸿章有关越南问题的认识不仅仅限于以上两点，其他如法越条约关系问题，中西方属国差异问题，中法军事实力对比问题，清朝西南边疆的国防安全问题等。

依据上述李鸿章对越南问题的认识可以进行如下分析：越南谋求独立之心导致中越之间的不信任，这是宗藩关系出现危机的表现，以至于李鸿章不愿意为越南付出太大的代价，从而为其处理越南问题奠定了基调。如此分析所得出的结论，从李鸿章对越南问题所采取的对策中可以得到进一步的印证。具体来说，主要体现在以下三个方面。

第一，不即不离，设法调停。“不即不离”，按《现代汉语词典》解释，主要指“既不亲近也不疏远”①。由此种策略可以看出越南在李鸿章心目中的地位。那么，在此策略的实施过程中，李鸿章又有何重要举措呢？据笔者的初步研究，李鸿章主要有两点重要举措。举措之一是让轮船招商局广东分局局董唐廷庚利用在越南运粮之便面见越南国王及大臣，劝导其通商自强。不仅如此，李鸿章在同越南国王的书信往来中，也表达了此层意思，“略讽以及时自强，归诚天朝，误订法约之意”②。原诗文内容如下：

山河（河山）表里本天成，寄语贤王建树宏。朝汉尉佗犹有志，帝秦辛（新）衍太无名（竟何名）。雕题部落三关控，尝膽君臣百虑生，垂老伏波还（犹）矍铄，五羊（溪）南去不胜情。③

事实上，越南当局也有自强的愿望。本书第三章对此已有详细论述。虽然得到了李鸿章的认同，但因越南问题的恶化而无从实施。

举措之二是李鸿章试图利用其“以夷制夷”之策请求英、德、美等国同越南签订通商条约以牵制法国在越南的势力。事实证明，此种策略在殖

① 中国社会科学院语言研究所词典编辑室编：《现代汉语词典》（修订本），第105页。

② 《复总署 赠送越南礼物诗篇》，顾廷龙、戴逸主编：《李鸿章全集》卷33，第137～138页。

③ 《和越南国王原韵》，顾廷龙、戴逸主编：《李鸿章全集》卷33，第138页；又见《越南王诗》，顾廷龙、戴逸主编：《李鸿章全集》卷37，第83页，其中括号内的字为本条资料所录。

民侵略当道的时代不可能取得实质性效果。

第二，固防观变。此种策略是一种以守为主的军事部署，重点在于巩固清朝西南国防。1882 年 7 月，李鸿章在致张佩纶的书信中即指出：“越本狡猾，又为强寇所逼，内属不过虚名，惟亟求固圉之计。”① 到 1883 年 3 月，越南使节范慎遹请求清朝出兵援助越南都城顺化时，李鸿章又因对越南当局的不信任仍然坚持不肯出兵。

第三，划界通商。关于划界通商的问题，早在 1882 年李鸿章同法国公使宝海所达成的协议中即明确提出在保胜通商，以红江为界分别保护。但由于法国政府不满足于此种结果而单方面撕毁协议。1883 年，法国占领越南都城顺化，法越第一次《顺化条约》的签订使越南中部成为法国的被保护国后，关于划界问题，法国又提出新的要求，即以北纬二十二度为界，而李鸿章则主张以河内为界，河内以北归中国保护，河内以南归法国保护。但因中法战争的爆发，此种划界方案不了了之。1884 年 4 月，中法战争第一阶段结束，李鸿章奉命同法国水师总兵福禄诺谈判，李鸿章对越南问题的处理又提出了新的意见，即“如滇省通商，他日果得人妥办，于国于民决无大损，可于各海口通商之事验之。法人既得越南，形隔势阻，岂能遽入滇、粤；但使妥定约章，画界分守，当能永久相安，可于中俄接壤之事验之。至于藩邦见削，外侮交乘，中国宜奋兵自强，式遏敌焰，乃为正理”②。此种意见几近于放弃越南，后来的《中法新约》对此在国际法意义上进行了正式确认。

从上述李鸿章处理越南问题时所采取的策略来看，无论是在外交上，还是在军事上，对于越南而言都是一种消极的政策。至于其中原因，就李鸿章的角度而言，他对越南当局的不信任是一方面。除此以外，笔者以为至少还可以从如下两个方面进行总结分析。

第一，维护清朝国防全局的需要。李鸿章作为当时清朝办理外交的不二人选，结合当时清朝所面临的边疆危机，李鸿章所处理的外交问题并不仅仅限于越南问题。就在李鸿章奉清政府之命赴上海统筹越南问题时，此

① 《致张佩纶》，顾廷龙、戴逸主编：《李鸿章全集》卷 33，第 152 页。

② 《遵旨复陈法越事宜密抒愚悃折》，顾廷龙、戴逸主编：《李鸿章全集》卷 10，第 416 ~ 417 页。

时的日本在朝鲜开始有所行动，清政府于是立即下令命李鸿章速回北洋办理防务，足见清政府对朝鲜问题的重视。笔者通过研究发现，其实朝鲜问题是李鸿章及清政府对越南问题采取消极乃至放弃政策的重要因素之一。换言之，李鸿章从清朝国防全局考虑，采取了放弃越南保卫朝鲜的属国策略。

第二，晚清外交的困境使然。鸦片战争后，晚清外交面临着两难的困境，即一方面要维护传统属国的宗藩关系，另一方面又要适应西方的不平等条约体制原则而开展外交活动。越南问题恰恰成为这两方面冲突的焦点。众所周知，法国侵占越南的重要策略之一就是通过同越南签订不平等条约来达到否认中越宗藩关系的目的。如 1874 年的法越《和平同盟条约》与 1883 年的法越第一次《顺化条约》都是法国在侵占越南过程中的重要条约。而负责处理越南问题的李鸿章在办理外交的过程中遵循的一个重要原则即是"谨守约章"。他的这种观点在《李鸿章全集》中有数处可查，在此仅举一例。如 1882 年 4 月 28 日，李鸿章在上清廷开缺为其母守制的奏折中指出："中外交涉事宜，头绪虽多，频年宣布皇仁，诸臻贴服。只须随事谨守约章，操纵得宜，可无龃龉之虑。"[①] 既然如此，他当然要对法国同越南之间签订的条约持肯定态度。证据如下：1883 年 10 月 26 日，李鸿章在致总理衙门的信中即指出："西国公法以两国订立条约为重，本年七月法、越新约（笔者按：即法越第一次《顺化条约》）虽由逼胁而成，然越南固自为一国也，其君相既肯允行，各国无议其非者，岂中国所能代为改毁。"[②] 虽然如此，但李鸿章仍要努力维护中越宗藩关系。于是就产生了矛盾：李鸿章如果遵循西方的外交原则就要放弃中越宗藩关系，如果要维护中越宗藩关系就要反对西方的条约体制。正如他自己指出："今若声罪致讨，须为改毁此约，则必自量兵力、饷力能驱逐河内、西贡等处法人否，能变易越王否，能诛系订约之奸臣陈廷肃、阮文祥等否。非办到以上三层，则法不能屈从，约不能改毁。揆之目下中国人才、兵饷皆万万办不到者也。乾隆盛时，大军克河内，月余，旋以败退，遂因阮光平崛起而封

① 《恳请终制折》，顾廷龙，戴逸主编：《李鸿章全集》卷 10，第 66 页。
② 《复总署》，顾廷龙、戴逸主编：《李鸿章全集》卷 33，第 299 页。

之，不加诘问；况在今日，况加以法国劲敌乎。”[①] 言外之意，改毁法越已定条约是不现实的，那么只能选择放弃中越宗藩关系。事实上，中越宗藩关系又是不能轻易放弃的。这样一种两难选择，造成李鸿章及清政府在处理越南问题的过程中出现犹豫的态度和观望的消极应对策略。

需要澄清的一个事实是，李鸿章放弃对越南的宗主权并不意味着他在主观上的放弃，其在主观上也想继续维持中越宗藩关系。同时，这也不意味着李鸿章要放弃整个宗藩体制。当时李鸿章认为要想保住对越南的宗主权需要付出的代价要远远高于所能带给清朝的利益。所以，他在处理越南问题的过程中，必须选择一种既能够解决现实问题，又能够维护清朝整体的国家利益及整个宗藩体制的策略，放弃越南的宗主权在他看来是一种现实的选择。就客观而言，此种外交策略选择可以说是理性的选择。

综上所述，通过对李鸿章对越南问题的认识与策略的重新检视，可以得出如下两点启示：第一，从中可以透视出李鸿章的现实主义外交思想。具体说来，他通过对西方国际法的了解，认识到“西人公法谓彼于所属番邦，皆有大臣兼守，中国于越南政事外交一切不问，但受朝贡而已”[②]。在同法国公使脱利古谈判的过程中，放弃宗藩之虚名而主张划界通商。第二，李鸿章对西方条约原则的认同，表示了其对西方国际法的接受，进而表明他在中国外交近代化的过程中不自觉地充当了先驱的角色。

二、李鸿章在清政府处理越南问题过程中的角色定位

为了全面、客观地界定李鸿章在处理越南问题过程中的角色问题，笔者以为至少应该从制度与事实两个层面进行分析。

（1）制度层面。众所周知，1870 年至 1895 年间，北洋（“通商”或“钦差”）大臣一职，除 1882 年李鸿章丁母忧期间暂由两广总督张树声署理外，其余时间则一直由直隶总督李鸿章兼任。在此期间，清朝的外交事务无一不经过李鸿章的过问，越南问题自然是其中重要的一件。既然是从

① 《复总署》，顾廷龙、戴逸主编：《李鸿章全集》卷 33，第 299 页。

② 《密陈法越订约亦派专员议办片》，顾廷龙、戴逸主编：《李鸿章全集》卷 10，第 187 页。

制度层面来分析李鸿章在处理越南问题过程中的角色问题，那么，有必要先将李鸿章放在晚清外交体制中进行考察。

鸦片战争以后，清朝处理对外关系的官方机构主要有军机处[①]、总理各国事务衙门、南北洋大臣及地方督抚等。军机处与总理各国事务衙门属于中央外交机构，且军机处属于中枢决策机构，而总理各国事务衙门“在涉外事务方面，有较多参与决策的权力”[②]。南北洋大臣与地方督抚则属于地方外交机构。就体制而言，地方外交机构自然要从属于中央外交机构。自 1861 年 1 月（咸丰十年十二月），“恭亲王准设立总理通商事务衙门之始，已把南北洋大臣视为总理衙门所统属，其后一切体制，全是总署议奏请准，所以就承属系统言，南北洋大臣应是总署以下的职官，其受命对外主持重大交涉，议约、订约、换约，原是与总署一体，并非朝廷另简大臣之意。记载清代制度的《大清会典》、《清朝续文献通考》，都把南北洋大臣隶属于总署之下，这个系统是很固定不易的”[③]。“况且总署的主要负责人是恭亲王奕䜣，以他的政治地位来说，指挥总督也很平常。”[④] 据此，晚清对外交涉体制可以用图表示如下[⑤]：

① “军机处本偏重于军事方面，后来军事与外交常连在一起，故有关外交的谕旨每由军机处执掌。对外交涉的机密要件亦由军机处所属之方略馆收存。由于军机大臣每日入值，与皇帝较为接近，信任日专，故其权责日渐扩大，其地位甚至凌驾于内阁之上，不仅筹划军务，甚至连重大国务均经其手，外交自为其职务之一部分。”参见梁伯华著：《近代中国在世界的崛起：文化、外交与历史的新探索》，第 91 页。

② 赵志强：《清代中央决策机制研究》，科学出版社，2007 年，第 14 页。

③ 王尔敏：《弱国的外交：面对列强环伺的晚清世局》，广西师范大学出版社，2008 年，第 165 页。

④ 钱实甫著：《清代的外交机关》，生活·读书·新知三联书店，1959 年，第 187 页。

⑤ 本图的绘制参照了刘伟著《晚清督抚政治：中央与地方关系研究》（湖北教育出版社，2003 年，第 353 页），特致谢忱。

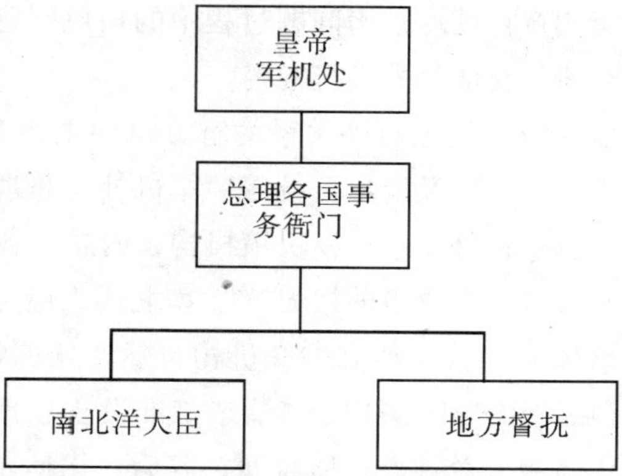

图 2　晚清对外交涉体制简图

由上图可知，北洋大臣及直隶总督在晚清外交体制中，只属于地方外交机关，统属于总理各国事务衙门，重要事情均须请旨办理。关于北洋大臣的交涉权限，《光绪会典》中有明确规定，即："凡交涉之务，则责成于关道而总其大纲，以咨决于总署。"小注说："通省交涉洋务事件，统归关道管理。地方官遇事禀闻，由关道禀总督（即北洋大臣），以咨商总理衙门定议。各国领事有事，则会商关道，大者禀总督，剖断不决者，咨呈总理衙门。"又说："凡大事则奏陈请旨。"小注说："急事用电奏，由总理衙门代陈。"① 由此可知，北洋大臣在处理对外交涉事务中，小事须与总理衙门咨商定议，大事则须请旨办理，无决策权力可言。

关于李鸿章的外交权限问题，李鸿章在处理越南问题的过程中也有明确指出。1883 年 6 月，李鸿章在同法国特使脱利古谈判之时，脱利古即问李鸿章有没有议事全权，李鸿章的正面回答是："本大臣向办外交事件，不仅越南一事，其有关涉重大者，自由朝廷专主，本大臣亦可与闻。"② 换言之，对于重大交涉事务，李鸿章只有知情权而没有决策权。据笔者的初步查核，涉及李鸿章在处理越南问题的过程中的交涉权限问题至少还有七处，详见下表：

---

① 钱实甫：《清代的外交机关》，第 191 ~ 192 页。

② 《附　答拜法使脱利古问答节略》，顾廷龙、戴逸主编：《李鸿章全集》卷 33，第 228 页。

表 3　李鸿章在处理越南问题过程中的权限事项简表

时　间	事　项	资料来源
光绪九年五月十七日（1883 年 6 月 21 日）	伏念皇太后圣躬甫愈，皇上正在冲龄，臣不敢畏葸而置属邦于度外，亦不敢激烈而掷天下于孤注。臣若仍遵前旨赴粤，则愿以滇、粤边境为己任；若遵旨北旋，则愿以畿疆防务为己任，臣之进止，自当再候明旨遵行	《署理北洋通商大臣李鸿章奏法越交涉事端重大遵旨妥筹全局摺》，《中国近代史资料丛刊—中法战争》（五），p. 158.
光绪九年七月十九日（1883 年 8 月 21 日）	此次越事并未经手，虽偶发直话，听否仍由当事主持	《致张佩纶》，顾廷龙、戴逸主编：《李鸿章全集》卷 33，pp. 248 – 249.
光绪九年十一月六日（1883 年 12 月 5 日）	此事（法越事宜）仍由朝廷做主，曾侯与我均不能出主意	《附 英使巴夏礼来谈节略》，顾廷龙、戴逸主编：《李鸿章全集》卷 33，pp. 329 – 330.
光绪十年四月十日（1884 年 5 月 4 日）	李鸿章奏陈中法和战机宜，应令该大臣斟酌妥善，随时奏明请旨办理	《总署会奏》，郭廷以、王聿均主编：《中法越南交涉档》（三），p. 1683.
光绪十年四月十二日（1884 年 5 月 6 日）	此事（宗藩体制问题）关系极重，允宜恪遵朝廷意旨	《附　与法国总兵福禄诺面谈节略》，顾廷龙、戴逸主编：《李鸿章全集》卷 33，p. 385.
光绪十年闰五月二十四日（1884 年 7 月 16 日）	巴使尚未到津，鸿亦无法主持，只可静候朝命遵办	《寄龙州送潘抚》，顾廷龙、戴逸主编：《李鸿章全集》卷 21，p. 186.
光绪十一年三月初六日（1885 年 4 月 20 日）	该大臣等当悉心筹划，力与法使据理辩论，毋得意存迁就，总期无伤国体，不遗后患，是为至要。仍随时奏明，请旨遵行	《中法约款十条 附光绪十一年三月初六日谕旨》，顾廷龙、戴逸主编：《李鸿章全集》卷 11，p. 94.

上表所列事项主要涉及李鸿章赴粤筹划越南问题还是北上布防的问题、法越事宜问题、中法和战问题、中法谈判问题、宗藩体制问题等方面，对于这些重大事务的处理李鸿章均须请旨办理，进一步说明李鸿章在晚清对外交涉体制内，在处理越南问题的实际过程中并没有决策权的历史事实。

（2）事实层面。也就是非制度性层面。目前学界有关李鸿章在晚清外交中的权限问题的研究也多着眼于此。如关于北洋大臣与总理衙门的关系问题，钱实甫即认为，在事实上，北洋大臣同总理衙门之间并没有直接的隶属关系，[①] 北洋大臣的实权超过南洋大臣，进而认为李鸿章的实权超过其他总督。[②] 王立诚认为："作为钦差大臣，南、北洋大臣不但与总理衙门在地位上无分高下，而且可以行使几乎与总理衙门一样的外交职能，包括对外谈判、筹议对外政策、提名外交人选、指导地方交涉等。"[③] 接着，他又从行政效率的角度分析认为，李鸿章要比总理衙门有优势。具体来说："总理衙门办事是合议制，要使这么多兼职的大臣凑到一起本身就是件麻烦事，要让他们迅速拿出一个决定性的意见那就更麻烦。而北洋大臣则是标准的首长独任制，外人只要找到李鸿章，或成或否，一言而决。除了重大事情必须请旨定夺外，一般事务他一人都能拿主意。所以，'在有些事情上，一个洋人厌倦于等待（总理衙门）会议召集到法定人数并在他们中达成谅解，便跑到天津去从李鸿章总督那里在一个小时内得到他所要的东西，后者有专门的权力，使地点的改变既可能又明智'。"[④] 不仅如此，美国华裔学者梁伯华教授在《李鸿章和琉球争端（1871—1881 年）》一文中，通过对李鸿章处理琉球问题这一个案进行研究，作者认为："到 19 世纪 70 年代末，李鸿章已经不仅是一个政策的执行者，而且还是政策的创造者。当总理衙门没有能力处理对外事务时，李鸿章便作为当时最有影响的人物出现。他的北洋通商大臣的地位，连同他办理对外交涉事务的权力，使他成为与总理衙门枯颉颃的一个单人外交部。"[⑤] 由此可见，李鸿章在晚

---

① 钱实甫：《清代的外交机关》，第 187 页。

② 钱实甫：《清代的外交机关》，第 189 页。

③ 王立诚：《中国近代外交制度史》，甘肃人民出版社，1991 年，第 91 页。

④ 王立诚：《中国近代外交制度史》，第 93 页。

⑤ 梁伯华：《近代中国在世界的崛起：文化、外交与历史的新探索》，第 141 页。

清外交中实际所拥有的权力显然要大于其本身职务直隶总督兼北洋大臣所赋予的权力。那么，李鸿章在处理越南问题的过程中的实际权限又如何呢?

李鸿章在处理越南问题的过程中多被清政府特任为全权大臣，负责统筹越南问题的全局，总理衙门更视李鸿章为处理越南问题的“枢纽”①，其实际权力要大于直隶总督的本职及北洋大臣的兼职的权力。李鸿章虽然没有决策权，但他在处理越南问题的过程中所提出的一些建议得到清政府的认可与采纳。如1881年底，清政府围绕越南问题筹商办法，李鸿章提出了如下建议，即“近年招商轮船运米越南，往来甚熟，或添派兵轮，同往游弋，藉壮声威，并另派明干得力之员，往越严密侦探现在情形，晤其国王、大臣等，将通商自强各事宜，随机开导，或可稍纾彼患，即可藉固吾圉”。总理衙门上奏清政府“目前办法，止有如此”②。后来轮船招商局在清政府处理越南问题的过程中起到重要作用，也体现了李鸿章此建议的价值。再如1883年7月，越南阮朝第四代国王嗣德帝阮福时薨逝，其弟阮福升嗣位，为取得其在国内的合法地位，于8月3日致书李鸿章，表示欲遣使至北京朝贡并请求册封，但却请求由海道前往。已如前述，李鸿章充分分析了此次朝贡的重要性，得到清政府的采纳。

不仅如此，李鸿章于处理越南问题的过程中在违抗清政府旨意的前提下仍然能够让清政府采纳他的意见。在此仅举两例。如1883年5月1日，清政府“命李鸿章秉金革毋避之古训，迅往广东，督办越南事宜，所有广东、广西、云南防军均归节制”③。但李鸿章并没有按清政府的旨意赴广东督办越事。他分析认为如果遵从清政府的旨意赴粤督军，显然有向法国挑衅的意思，再者还会引起日本对北洋的觊觎。清政府无法，只得命“李鸿章暂在上海驻扎，统筹全局”④。已如前述，在1884年法军侵略台湾时，清政府命李鸿章调动北洋舰队支援闽台，也为李鸿章所拒绝。

由此可见，李鸿章在处理越南问题的实际过程中，不仅仅是政策的执

① 《附　译署来电》，顾廷龙、戴逸主编:《李鸿章全集》卷21，第146页。

② 《总理各国事务衙门奏法人谋占越南北境并欲通商云南现拟豫筹办法摺》，中国史学会主编:《中国近代史资料丛刊——中法战争》(五)，第87~88页。

③ 《复陈赴粤督军事宜片》，顾廷龙、戴逸主编:《李鸿章全集》卷10，第181页。

④ 《复陈赴粤督军事宜片》，顾廷龙、戴逸主编:《李鸿章全集》卷10，第180页。

行者，而且还是政策的创制者，并且在一定程度上还是政策的决策者。

综上，从制度层面分析可知，李鸿章在处理越南问题的过程中仅仅是政策的执行者，但从事实层面即非制度性层面分析又可得出如下认识：李鸿章在处理越南问题的过程中不仅仅是政策的执行者，还是政策的创制者，并且在一定程度上还是政策的决策者。而这样一种角色不分明的局面是由晚清外交体制近代化过程的过渡性特征[①]所决定的。所谓总理衙门体制就是一个非制度化的过程，北洋大臣等地方督抚的外交权更是如此，其中最典型的就是李鸿章的外交权限，在越南问题、朝鲜问题等领域均是如此。

三、中越宗藩关系终结的双重解读

传统观点认为，中越宗藩关系的终结以1885年《中法新约》的签订为标志。笔者通过对中越宗藩关系最后阶段的史实的重新检视发现，事实上，在1883年中越宗藩关系就已经终结。具体来说，1883年8月25日，法军占领越南都城顺化，迫使越南签订法越第一次《顺化条约》，越南承认接受法国的保护，越南沦为法国的被保护国。自此，法越关系实际上已经成为西方殖民体系下的保护国与被保护国的关系。反观越南与中国的关系，1883年越南国王派出以范慎遹、阮述为代表的使团赴清请求中国的军事与外交援助，以挽救越南被法国吞并的危险局面，由于清政府方面的消极政策，导致越南都城的沦陷，越南使节对清政府的消极应对大为不满，遂于1883年底带着失望与愤懑回国。此次遣使也成为中法战争前后中越官方联系的绝唱。此后中越之间的朝贡与册封行动无一成功。既然事实如此，那么，以朝贡和册封为核心标识的宗藩关系自然也就此终结。中越宗藩关系为中法关系所取代。1885年中国与法国所签订的《中法新约》对中越宗藩关系规定的所谓“威望体面”的虚名只不过是在西方国际法的原则下对中越宗藩关系终结之事实的重新规定而已。

上述对中越宗藩关系的终结从事实与法律两个层面来解读，主要是从

① 关于晚清外交体制近代化过程的过渡性特征，参见权赫秀：《晚清对外关系中的“一个外交两种体制”现象刍议》，第70～83页。

影响事物发展的内外因的角度进行考虑的。具体来说，1885 年的《中法新约》是在西方国际法原则下以条约的形式对中越宗藩关系终结的一种规定；从国际关系的角度来说，此种规定事实上是西方条约关系战胜东方的朝贡关系并取而代之。从中越宗藩关系的角度来说，此种规定无疑说明了中越宗藩关系是在西方力量的作用下而终结的，强调的是外部因素。而以 1883 年遣使事件的失败为标志的中越宗藩关系事实上的终结，说明了中越宗藩关系面临法国的挑战，清政府与越南都曾试图突破传统宗藩关系的限制而建立更加直接有效的近代型外交关系。不仅如此，作为宗藩关系的双方，中国和越南没有彼此信任、互相援助以共同抵抗法国的侵略，尤其是以李鸿章为代表的清政府，不愿为了越南而付出太大的代价，从而导致中越宗藩关系的终结。此处强调的是来自宗藩关系内部的中心与周边即中越双方的内在需求与动因。

如此解读，有助于推动宗藩关系内在视角的宗藩关系研究，以克服西方中心论的研究缺陷，并对中国近代对外关系尤其是周边关系史的研究提供一个全新的诠释。

附录

一、重要文献《建福元年如清日程》全文

说明：

《建福元年如清日程》是对1883年越南遣使来华过程的记录，一般认为其作者是充当此次遣使的正、副使范慎遹、阮述，属于越南官方文献。事实上，关于此次遣使来华过程的记录还有《阮述〈往津日记〉》，作者为来华副使阮述，更具私记性质。正是因为二者官私性质之分野，导致二者在内容上的细微差别。[①] 学界对《阮述〈往津日记〉》的整理与史料价值已有相关的研究，[②] 对于《建福元年如清日程》，除台湾“中央研究院”许文堂先生的《范慎遹〈如清日程〉题解》[③] 和最新出版的《越南汉文燕行文献集成》(越南所藏编)[④] 对其进行过简短的题解外，鲜有其他成果问世。又鉴于该资料系本书的重要资料之一，也是笔者感兴趣并长期关注的主题，特将《建福元年如清日程》全文作为附录进行录入，并对其进行简单的点校。至于《阮述〈往津日记〉》，因有陈荆和先生做过详细研究并已正式出版，在此不再附录。本书所依据的版本是越南汉喃研究院藏A929抄本。

---

① 详见王志强：《越南汉籍〈阮述《往津日记》〉与〈建福元年如清日程〉比较浅议》，《东南亚纵横》2010年第12期。

② [越] 阮述撰，陈荆和编注：《阮述〈往津日记〉》；陈三井：《阮述〈往津日记〉在近代史研究上的价值》，《第四届中国域外汉籍国际学术会议论文集》，联合报国学文献馆，1991年，第155~179页；王志强：《越南汉籍〈往津日记〉及其史料价值评介》，《东南亚纵横》2010年第12期，第71~74页；王志强，权赫秀：《从1883年越南遣使来华看中越宗藩关系的终结》，《史林》2011年第2期，第85~91页；王志强：《从越南汉籍〈往津日记〉看晚清中越文化交流》，《兰台世界》2013年第2期；龚敏：《阮述〈往津日记〉引发的学术因缘——以香港大学饶宗颐馆藏戴密微、饶宗颐往来书信为中心》，《社会科学论坛》2011年第3期，第43~49页。

③ 许文堂：《范慎遹〈如清日程〉题解》，《亚太研究通讯》2002年第18期，第24~27页。

④ 复旦大学文史研究院，越南汉喃研究院合编：《越南汉文燕行文献集成》（越南所藏编），复旦大学出版社，2010年，第23册，第173~174页。

笔者按：日记正文①

建福元年二月初日②，臣范慎遹，臣阮述，奏嗣德三十五年十二月日③，臣等奉往天津公干。至去年十二月底，公回，所有途间见闻及与清官交接往来款赠并臣等行走居住各等情具有日记，谨奉精缮进呈。侯奉嗣德三十五年十二月二十一日，钦奉谕准臣范慎遹充为钦差正使，臣阮述充为钦差副使，前往天津备问，臣阮嶓充为钦派，前往广东留住，以便寄递书信等因。是日，臣范慎遹、臣阮嶓奉于文明殿拜，命由臣阮述已于是月初十日奉准齐递国书前往广东呈侯。

二十二日，派随属就内务府检认货项，归束箱抬停当，俟船搭往。

二十七日，得报，有招商局普济轮船驶来顺安汛，订以二十九日驶往海阳海防。

二十八日，巳牌，奉率佐属并随丁等二等侍卫阮文有、四等侍卫黎得詠、司务潘瑜、编修张仲友、权充八品吴有濡、九品邓德辉、行人阮进瑾，并随兵二名、家人三名。由东嘉津次渡船，转载箱抬，未牌，开棹。二更初抵顺安汛招商局，津次停待。

二十九日，辰牌，就招商局与唐道员名廷庚，广东人，管办我国招商分局。笔话少顷，回船。另委将水脚银自顺安至海阳海防数千，奉详销册，下同。交普济船认清。午牌，下船。未牌，放津经奉咨呈院舶审覆。是日并三十两日夜，船行皆遇逆风，波涛甚巨。

嗣德三十六年正月小，初一日，酉牌，抵海阳海防招商局津次停泊。

初二日，委将土物清乂、广桂各一片、象牙箸二对。赠唐道员。又委将银元六十元。交该道员转通事瑞邸嗣而瑞邸不见抵派，这雇银另商详唐道员饬追还。

初三日，午牌，委将水脚银自海阳海防至香港。交普济船认清。申牌，开驶。经奉咨呈院舶审覆。

初四日，申牌，抵琼神州海口，自海阳海防至此五百八十二里。该船停泊搭货。

初五日，申牌，开驶。酉牌，行径七洲，风水皆逆，破涛汹涌，人多

---

① 因原文较为混杂，为方便读者阅读，笔者特用两种字体表示，小号的字起解释作用。

② 原文如此。

③ 原文如此，缺“二十一”三字。

呕吐，竟夕不能寐。

初六日，天色阴晴，逆风稍退，东南望见遥山一条，隐在云雾中。午牌，至澳门洋分。西望马羔山，东望万山，舟行当中，颇觉平稳。

初七日，丑牌，抵香港。自海口至此七百八十里。是处重峦叠嶂，亦海中一岛耳。自英人管辖四十余年，撮择其中最高山者，设庸开商，分为上、中、下三环，楼台参差，道路平洁，真一都会也。顷间，据唐道商叙，该员因有紧事，请先往澳门，约至十一二等日来港，再同搭往东省。辰牌，雇小船装起箱抬，就本国顺稳火船权置。臣范慎遹访闻，臣阮述已于初五日，由港搭船往东省。乃暂于顺稳船安歇。

初八日，经将抵港现情咨呈机密院审办。

初九日，奉摘[①]项交钦派臣阮皤留东备支。

初十日。

十一日，接唐道书叙，该员已先往东省，禀知督抚列宪，俟整办使馆，另报便往。

十二日，接招商局张荫孙书叙，唐道已有书来，由该转详臣等明日前往东省，该道员仍留东省埠头等候。

十三日，卯牌，臣范慎遹、臣阮皤并随员等，搭随火渡船。号汉口船，长约二百三十五尺，横约六十尺。午牌，至虎门。申牌，抵广东渡船津次，随接唐道至埠头相接。饬人附起箱抬，并雇轿夫护引到馆停住。在省城街，原陈氏逢源书屋，省官饬善后局，借为臣等住所，几一切饮食器用，由该局自办。臣阮述与随派人等员外郎黎桢[②]、侍读阮籍、九品杜富足[③]、家丁三名。亦于是日自何昭记寓移住于此。由十二日，接省派石和钧抵何昭记寓笔叙，兹省堂既饬办公馆，明日请延就住。臣范慎遹奉将敕书一道，交臣阮述，遵奉拜领恭阅。

十四日，卯牌，委递臣等手版名帖就省宪各衙门禀到禀见。午牌，接唐道就馆商叙，兹督宪现病不能接见，不便投谒，其国书二函应交该员递呈。臣等乃奉设香案于使馆中间，恭置国书，行五拜三叩礼，捧交该道员。该道员亦加额接认递呈。未牌，接该员回叙，国书已呈讫，承督宪传

---

① 原文如此。

② 《阮述〈往津日记〉》作黎登贞。

③ 《阮述〈往津日记〉》作杜富肃。

派该员与马复贲、周周炳麟护送臣等赴津次。兹该员先往澳门，整检局内轮船，做三四日再来东省，即同搭往。

十五日，委将臣等手版就唐道与马复贲慰问。随接马复贲偕巡抚差官王为预、李汝璠。批慰问验听差官支清。就馆探慰。笔谈少顷，辞别。

十六日，督台饬南海县扒兵就馆，使外更防。

十七日。

十八日，马复贲递交东督复文一角。遵即检认，并缮奏折二，派属递回香港交钦派臣谢惠继诚纳认寄回国。

十九日，臣阮述往招商总局探访行期。唐道订以二十日晚回港，二十四日驶往天津。

二十日，委将土物桂沉琦、象尾箸、纨纱。款赠唐道与吴俊熊、马复贲、石和钧各有差，均行受领。另有回帖答谢。是晚，接马复贲递将纹银二包。每包标题一百两，共二百两。笔叙，此银系督抚委递赆仪，以充往津船费。臣等再三固辞不获，乃认领俟办。

二十一日，委将臣等手版名帖及禀文就省宪诸衙门禀谢并辞行。

二十二日，巳牌，接署布政龚差官、蔡长福就馆送行。是牌，支水脚银自广东搭至天津。交招商局认清。午牌，臣阮皤并随派黎得诚、张仲友并随兵随人。移住何昭记庯。臣阮述并随派阮文有、黎贞①、潘瑜、吴有濡、杜富足、邓德辉、阮进瑾并随兵二名、家人四名。由阮籍并随丁一名已先递公文回港，停留俟搭。整起箱抬就船，招商局火轮船，船名富有，长约二百尺，横约二十四尺。申牌，开驶。

二十三日，辰牌，抵香港津次，委属就顺稳火船认原寄官项箱抬移就富有船稳置。

二十四日，辰牌，发咨文回国，由院舶奉纳。申牌，自港开行。

二十五日，卯牌，过汕头，香港自此五百二十五里。历彭屿，汕头至此一百五十里。北风飒飒，乍雨乍晴。戌牌，过厦门，属福建省以下，彭屿至此二百八十五里。历东椗。厦门至此六十里。

二十六日，卯牌，过泉州，东椗至此一百五十六里。海雾濛濛，北风渐盛。午牌，历海壇南北口。泉州至此二百四十里。入夜。戌牌，过白犬山，海壇北口至此八十一里。电光闪闪，风雨交作。

---

① 原文如此，与前文“桢”不统一。

二十七日，寅牌，过罗星塔，属浙江省以下，白犬山至此九十六里。历穿山、罗星塔至此四十二里。妈祖。穿山至此三十九里。戌牌，到温州。妈祖至此四百五十里。风水皆逆，洋分多有石矶，海雾濛暗，船暂停椗。

二十八日，寅牌，开驶。未牌，过台州，温州至此三百三十里。风涛震荡。戌牌过定海，台州至此二百八十二里。波浪渐平。

二十九日，丑牌，过宁波，定海至此九十六里。历七里岐。宁波至此四十八里。巳牌，过脑心屿，七里岐至此六十二里。天色晴霁，风静波平，舟行历大戢山、脑心至此九十三里。铜沙燈船、大戢至此六十里。川沙燈船、铜沙至此四十八里。入吴淞口。长江下注于此。午牌，到上海。川沙至此四十八里。是处属江苏省，有上海县衙在此。县之东北，有沙土新培一顷，由沿江岸而近海。分为三界，美界、英界、法界。诸国人受租开商，车马往来，商船凑集，道路整洁，其光景较香港又胜数倍也。臣等另有买上海地图恭进。到津次，顷间，接唐道员、马大使商委长发栈拨船护引，臣等与随派随丁人等就该栈暂住。申牌，唐道发电报往天津，仍商与该员发电报回港。报叙越南钦差本日到，初二日往天津，祈转报谢等字雇工银五元七角五分。

二月初一日，巳牌，臣等就招商局，见唐道与其兄唐廷桂，由办上海招商局务。笔谈片刻回寓。

初二日，未牌，招商局著人报谓海定火船现回上海，后日往津。唐、马二员饬拨夫船护载装箱抬到船，又委潘瑜、吴有濡等先就该船稳置箱抬停当。

初三日，巳牌，唐、马二员就长发栈商叙，海定船搭载货项并会试举人数多，舱房皆满，使部全搭不便，拟应先搭一半，存干人俟后一二日，再搭海晏船续往。臣等乃量摘留阮籍等八人阮文有、潘瑜、通事辉、通事瑾并随丁四名。在寓长发栈。俟船。申牌，臣等率属就船。黎贞、吴有濡、杜富足并随兵家丁四名。

初四日，丑牌，出吴淞门，自上海至此四十二里。历川沙塔、吴淞至此四十二里。铜沙燈船、川沙至此四十八里。鸡骨礁、铜沙至此六十三里。沙尾山。鸡骨至此五十四里。酉牌，到黑水海，即中田山地头，是处水最深，望之色黑，其实则非黑也。东风微拂，波平浪稳。

初五日，寅牌，舟行。至午后，过中田山，属山东省以下，沙尾至此九百九十里。历山东城山角、中田山至此九十三里。咬牙嘴。城山至此九十九里。亥牌，到烟台洋分停碇。咬牙至此一百零二里。

初六日，丑牌，开驶。卯牌，过大竹山，烟台至此一百一十里。西北望见天色阴晦，寒风阵来，顷间雪下缤纷，船上帆柱绳索，雪凝成片。午牌，雪霁。历高家山，大竹至此四十二里。北风飒飒，横波逆浪，船身倾倒。未牌，天色转晴，船行稍稳。

初七日，丑牌，到大沽界外，属天津府辖，高家至此四百二十一里。船因著浅停碇，俟超涨入江。酉牌，水涨驶进。水深约六尺余。戌牌，到大沽炮台外，界外至此十五里。水浅船不能进，唐道先搭小船往天津。

初八日，巳牌，唐道商与招商局，著取他船刊载客货，并将小大船护引。酉牌，入大沽关，炮台至此十里零。由江道行历葛沽、大沽关至此四十二里。咸水沽、葛沽至此二十里。炮台湾。咸水至此二十二里半。戌牌，水浅刹船，暂停碇。

初九日，卯牌，开船。历坟窑湾、炮台至此十三里半。火药局河口、坟窑至此九里。驾家口。河口至此九里。巳牌，到紫竹林津次，就招商总局，驾家至此十里半。旁有诸国领事居馆在此。招商局官饬雇车轿护起箱抬，顷间到天津府城。另有画图奉进。城有二重，城之外又有土城，周道署则在城外之东，李相伯署则在城外之东北。隔天津府城一小江。城之内外，民户商铺杂居，道路不甚平洁。午牌，到公馆，天津府城东门内二道街，此馆系前姚分司宅，李相伯饬关海道借办。途间接钦命二品衔监督天津钞两关兼管海防兵备道周道员，名馥，号玉山。差人将名帖接慰。臣等抵馆，各回帖答谢。马大使亦抵馆同住。几饮食居房，李伯相预派营务并海关道差官，五品武官衔张葆廉、竹万年。一切照应。申牌，阮籍等八人由海晏轮船搭住，亦同抵馆。随接唐道就馆探慰，笔谈少顷，辞别。戌牌，接招商局递交机密院密录一封。

初十日，卯牌，奉将国书并缮禀文由马大使代呈李伯相。申牌，周道员委候补知县裴敏中就馆诊调。臣范慎遹病。由臣到大沽下刹船往津，此夕露立风霜最久，寒气侵人，因而感冒病作，周道员代为延医调治。

十一日，卯牌，委将公文一角，内贮咨呈院舶一封，咨钦派阮皤、钦派谢惠继各一封。交天津招商局寄递。

十二日辰牌，委将土仪琦楠、象箸、纨纱、银条。赠举人周炳麟上京会试。由该员承东督差委伴送，臣等抵津，销差赴试。该员认领琦楠、象箸等项，银及纨纱、璧完。

十三日，裴敏中抵馆诊臣范慎遹，改定医方。

十四日，午牌，委阮籍、通事辉就李相营总办外务伍廷芳即秩庸。探问法使宝海已未抵津。

十五日，臣范慎遹病稍痊。午牌，臣等同唐道员、马大使往见周道员，商请明日谒见李伯相。酉牌回馆，随接周道员差人递帖来叙，明早九点钟，李中堂、张宫保会同召见。由中堂得旨回籍葢亲，直隶总督张树声来津接莅。

十六日，卯牌，臣等同唐道员、马大使，随同周道员往谒李伯相。辰张宫保亦同在座。臣等行一跪三叩礼，二公亦离座答揖讫延。臣等就座，李相伯恭问我皇上安好，臣等起身答讫，再坐笔谈，未牌回馆。委阮籍往招商局雇发电报回港。申牌，接招商局递交院舶咨文二封。内一封交臣等，一封交往广东钦派阮皤。递到津，臣等业依原封发回，交该派臣认办。

十七日，午牌，委递公文一角，内贮密折一封，咨院舶一封，咨钦派谢惠继一封，并将院舶原咨发回交钦派阮皤一封。由招商局寄递。

十八日，缮禀文二本，请再谒李中堂、张宫保，交马大使转达。

十九日，午牌，复与马大使同往海关，周道员商请再谒李中堂、张宫保。申牌回馆。

二十日，申牌，接招商局递交院舶密咨并海阳商政衙公文各一封。是牌，委阮籍摘将土仪清桂、琦楠。就伍廷芳款赠，该员认领。

二十一日，卯牌，撮抄院舶咨文禀知李中堂、张宫保，祈为妥办。未牌，访知李中堂下船回贯襄事，臣等均委递手版送行。

二十二日，臣阮述带随杜富足、邓德辉往招商局探访唐道员，弗遇而还。

二十三日。

二十四日，卯牌，臣范慎遹就招商局探唐道员，并摘土仪送赠黄建筦，四品衔，直隶补用同知，直隶州知州，办理轮船招商津局兼办北洋文报、电报诸事务。该员璧完、纨纱，余皆认领。又委递公文一角，内贮咨院舶一封，户部一封，钦派谢惠继一封，海阳商政衙一封。由招商局寄递。

二十五日，奉摘土仪清桂、琦楠、沉香、象尾。委阮籍随马大使递就周道员赠好，该道认领。

二十六日，唐道员来馆商说，少顷辞回。

二十七日，奉支银十两，锭三十锭，委属递就招商局赠唐道员，又二十锭赠马大使，该二员均心领璧还。又接招商局委交往东钦派阮皤公文一封，并附发海阳商政衙门公文一封。

二十八日，委属递将臣等书帖就招商局慰问，并勉留居道员由该道员叙，因以美利船失事后，在局事烦，该局来信，请该员回东。是夜约三更，张宫保使马大使密报，本月十九日，法派将兵攻破南定省城。

二十九日，早，奉将所闻法派攻破南定事情密禀张宫保，祈早为筹办。

三月初一日，委属就招商局探问轮船行期，备发公文。

初二日，委将公文一角，内奏请折一封，咨文二封。由招商局寄递回国。

初三日，臣等与马大使同就周道员笔话公事，日暮回馆。

初四日，委将公文一封，咨呈机密。由招商局寄递。又商摘阮籍、阮文有、潘瑜、通事阮进瑾与随兵家丁共七人，搭船先回香港，以便探访。其潘瑜、通事瑾与随兵家丁二名，抵港后，随便先搭回国，并递公文一封，奉抄抵津后节次折咨，并甲戌年商和约条款。由机密院奉纳。

初五日。

初六日，申牌，雨雹数刻即止。

初七日。

初八日，周道员饬照相工就使馆，并委说请照臣等朝袍，普服各一影，以留赠同人。臣等经有酬该工银，请辞。又接招商局委交机密院公文一封。

初九日早，臣阮述带随通事辉就唐道员探问公事。晚分，再接唐道员就馆笔叙，接招商局法领事不许普济轮船载米，张宫保饬该员另日回东探办。

初十日，委将臣等书帖慰送唐道员。

十一日早，唐道员委将该员书帖就馆辞别。臣等又委将公文一封咨呈机密。由招商局寄递。

十二日。

十三日，接马大使抄交港报一纸，言我国南定事。

十四日，将我国迫切现情具缮禀文，递呈张宫保。是夜，接马大使笔叙，总督署衙询问我国能否与外国通商各理。

十五日，早，将我国与诸外国通商约款具缮禀文，递呈张宫保。

十六日，委将公文一封咨呈机密。由招商局寄递，并摘土物，沉香、广桂、象箸、纨纱。白金十两。款赠差官张葆廉。该员认领土物，余银璧还。由张葆廉承营军处撤回别派。

十七日。

十八日，接招商局委交广东钦派阮皤公文一封。

十九日。

二十日。

二十一日，商委员外黎贞，并通事辉就伍廷芳住处密探公事。

二十二日，接招商局委交机密院并广东钦派公文各一封。

二十三日，将机密院咨叙我国现情具缮禀文递呈张宫保审办。

二十四日，委将公文一封，内贮机密一，住东钦派阮皤一，香港钦派谢惠继一。由招商局寄递。

二十五日。

二十六日，裴敏中再来诊臣范慎遹脉，定立医方。

二十七日。

二十八日，早，臣等与马大使同就周道员谈叙密事。

二十九日，奉将周道员笔谈各节具缮密折，由招商局寄递。

三十日，臣阮述带随通事辉就伍廷芳探问公事。

四月小。初一日，臣范慎遹带随通事邓德辉、九品杜富足，就招商局探问公事。是晚，接该局委交钦派谢惠继公文一封。

初二日。

初三日。

初四日。

初五日，接天津练军后营管带孔庆玉字遥峯。抵馆拜会。该员山东省人，先圣七十二代孙，正二品衙①，管带练军，后名提督，以总兵候旨简放。又接马大使递交住东钦派阮皤电报一纸。报叙海阳官富帅致领事，谓不日俄船四五艘来防，须厚款云等字。臣等以字意未明，经一面回电问明，一面依报文缮禀张宫保。

初六日。

初七日，接住东钦派阮皤复电。电叙院咨富占南定揭开商征港税。又海防报闻富已书叙该领云云，俄船来，想非无故，应先禀诘办等字。臣等再即续缮禀文递呈张宫保诘辩。又臣等带随九品杜富足、通事邓德辉，偕马大使往孔庆玉军营答

① 原文如此，"衙"系"衔"之误。

拜。由前一日差官竹万年禀与周道员，谓来日臣等往孔庆玉营答拜，该道员又转与张宫保，承宫保饬马大使偕行，又饬军营迎接。

初八日。

初九日，接招商局委递机密院并住东钦派阮皤各咨文一封，随派阮籍禀文一封。

初十日，将机密院咨叙我国现情具缮禀文递呈张宫保审办。

十一日。

十二日，午后，臣阮述带随属黎贞、杜富足往北门外窑窝处看诸练军营演洋枪阵。是处，会演四营，中前右并护卫。每日早晚二，兵数共二千人，戎服皆著黑色，足穿黑靴，步武皆与洋人无异。操演之法，或分为鱼队，每队约百人，每十人有什长，一百人有哨长。或列为雁行，为三行，每行不及七百人。有辰同立，有辰前一行坐，后二行立，一齐放射。其间，举手动足，开机纳弹，一皆灵捷，谙闲盖有合千人而如一焉。其总教为查子和，前往法国学习，四年回，依法训练，其该各营领为志、金、鲁，邀臣等同坐观操，日暮方回。

十三日，委黎贞、邓德辉往伍秩庸寓所探访公事。

十四日，接孔庆玉就馆笔谈，少顷辞回。

十五日，接伍秩庸信报李中堂召该员转回上海。经商土物清桂、琦楠、象尾毛。委杜富足、邓德辉递往该员寓所慰送。该员认领。

十六日，委邓德辉将公文一封交招商局转寄。

十七日。

十八日，委邓德辉将公文一封交招商局转寄。

十九日。

二十日，委邓德辉将公文一封交招商局转寄。是日，摘土物广桂、琦楠、纨纱。款赠惯人候补知府钧平，该员认领。该员尝就馆慰问，有赠臣等字帖，臣等间有询访诸事。

二十一日。

二十二日。

二十三日，辰巳之交，日有三晕，一白色，自日轮出前向西北；二青紫色，包围在日外，旁有云气青紫相间，在东北方，至午方散，经质之此地识诸人言灾、言祥，纷纷不一，不知其为何征应也？是晚，接住广东钦派阮皤寄递国书一筒件，机密咨一封，该员咨一封。刻即缮禀将书筒递呈张宫保阅办。

二十四日，委杜富足递将土物广桂、象牙箸、沉香。赠好惯人梅宝璐，宝璐，天津处士，有文学，曾送赠臣等诗集、对联。该员认领。

二十五日，接张宫保委交公文二封。一封系复咨，臣等依封寄递回国，一封系寄与臣等折。

二十六日，缮禀文二，一叙机密咨，叙钦派陈叙切、武文豹探察各款。一叙臣等请转回上海谒李中堂。递呈张宫保。再委邓德辉将公文一对由招商局转寄。

二十七日，委邓德辉将公文一封由招商局转寄。

二十八日。

二十九日，接广东钦派阮皤咨文一，香港钦派谢惠继咨文二。

五月初一日，接张宫保委交公文一封，由臣等开折。公文内叙嘱臣等暂缓赴沪，候消息等情。

初二日，委邓德辉将公文一封由招商局转寄。

初三日，裴敏中抵馆珍视臣范慎遹与随属黎贞。

初四日，适端阳节，商支公银换钱给赏。使馆干差、咱[①]差、厨房、茶房。门兵、打更、跟随兵丁等各有差。

初五日，将臣等手版交马大使，递就张宫保衙署贺节。又委邓德辉递将臣等手版就海关道署节[②]。

初六日，委杜富足递将土物广桂、清桂、象箸、沉香。赠好孔庆玉，该员认领。

初七日，接机密院公文一封。是晚，商摘土物清桂、广桂、沉香、纨纱。委杜富足递赠惯人李思铭，该员认领。该海关道差官委来使馆，与马大使会同绘诸国地图，臣等间有询访诸事。

初八日，将机密院咨具缮禀文递呈张宫保。

初九日，接办理天津招商局黄建筦抵馆，出示李中堂电报一纸。报纸叙李中堂传知越南钦差曾否来上海，如未启行，务祈留住天津，即由电报回信等字。臣等经已抄照。又商与该员，将臣等犹住天津等情回电与李中堂知之。

---

① 原文如此，“咱”系“听”之误。

② 原文如此，疑缺“贺”字。

初十日，委邓德辉递将公文一封由招商局转寄。

十一日，接张宫保委递公文一角，内叙据臣等初八日禀文已分咨总署衙门李爵中堂办等情。交臣等开折。又接香港钦派谢惠继公文一对。

十二日，接香港钦派谢惠继、利达机船正副官督公文各一封。

十三日。

十四日。

十五日。

十六日，天津医生万兆莲抵馆胗[①]视随属吴有濡病。

十七日，接广东鱼雷炮船员陶继武至津就馆探慰。由接该员于去年正月日，臣等抵住广东省使馆，该员曾与石和钧料理馆中事。兹率学童搭往天津学习鱼雷炮法，闻臣等尚住津馆，故来探慰。

十八日，接机密院并广东钦派阮皤咨文各一封。又随阮籍禀文封[②]。

十九日，恭遇圣寿庆节，臣等奉于使馆放炮张灯前后正日该三夜。恭贺。又将机密咨具缮禀文递呈张宫保。又接陶继武委将茶笋送赠。

二十日，亥刻，接张宫保委递公文一角。内叙据臣等十九日禀文已分咨总署衙门李爵中堂核办等情。

二十一日，接[③]东钦派阮皤咨文一封。又委邓德辉递将公文一封由招商局转寄。

二十二日。

二十三日。

二十四日，裴敏中抵馆胗[④]视臣范慎遹及随派吴有濡病。又接陶继武谈叙少顷，辞回。亥刻，接机密院咨递国书筒一件。钞国书样筒舶书样，与嘉定钦派阮诚咨文钉成折。又接香港钦派谢惠继咨文一封。

二十五日。

二十六日，具缮禀文，奉将国书筒并酌钞商舶书样递呈张宫保阅办。

二十七日，亥刻，接张宫保交公文一角。内叙据臣等禀文已分咨总理衙门李爵中堂核办等情。

---

① 原文如此，“胗”系“诊”之误。

② 原文如此，疑缺“一”字。

③ 原文如此，疑漏“住”字。

④ 原文如此，“胗”系“诊”之误。

二十八日，委邓德辉递公文一封，由招商局转寄。

二十九日。

六月初一日，据马大使笔叙，接上海电报，是日酉牌，李中堂自上海搭船来津，约初五日可到等语。

初二日，委邓德辉递土物送赠陶继武、广桂一片、清桂半片、象箸二对。吴仲翔，清桂一片。均行认领。吴仲翔，福建省人，省①候补道，总办天津东局水师学童。委送臣等楹联各一对，并乞清桂治病。

初三日，接香港钦派谢惠继咨文一封。

初四日，早，马大使就大沽海口，迎李中堂。臣等亦具手版由马大使代行迎接。

初五日。

初六日，接马大使回馆笔叙，李中堂已回到天津官署。

初七日，委杜富足、邓德辉就伍廷芳寓处探问公事。

初八日。

初九日，具禀请谒李中堂，并请饯张宫保回直隶莅，各禀文由马大使代呈。

初十日，委邓德辉递将公文一封由招商局寄递。

十一日，接香港钦派谢惠继咨文一封。又接马大使笔叙，李中堂传问密事各节。

十二日，具缮禀文，由马大使递呈李中堂。又据马大使笔叙，昨晚奉谕，张宫保回两广莅东督，曾来津陛见，李中堂即吉直隶等莅等语。

十四日，委通事递将奏折一封，由招商局转寄。

十三日。

十五日，据马大使笔叙，李中堂传示各节，即缮咨文委邓德辉递交招商局转寄。

十六日。

十七日。

十八日，据马大使笔叙，李中堂传示各节即缮禀，由该大使代呈中堂阅办。

---

① 原文如此。

十九日。

二十日，委邓德辉递将公文一封交招商局转寄。

二十一日。

二十二日。

二十三日。

二十四日，接香港钦派谢惠继公文一对。

二十五日。

二十六日。

二十七日，接机密院咨二封。

二十八日，即机密咨叙各节具缮禀文由马大使递呈李中堂、张宫保各一本。宫保奉谕回两广莅，仍未盘交直隶总督印篆，尚留天津办事。

二十九日。

三十日，接张宫保委交公文一角。内叙接禀已咨总理衙门与北洋大臣查核等情。又臣等开折。

七月初一日。

初二日，接香港钦派谢惠继、广东钦派阮皤咨文各一封。

初三日。

初四日，委邓德辉递交公文一封，由招商局转寄。

初五日。

初六日，张宫保自天津乘坐火船回两广莅，臣等具将①版送行。

初七日。

初八日。

初九日。

初十日。

十一日。

十二日，接机密院咨文二封，户部咨文一封。

十三日，臣等奉闻大行皇帝龙驭上宾，不胜悲痛，奉于使馆庭前望南设位。臣等与随员等举哀易服。是晚，委杜富足、邓德辉就招商局雇发电报回港，问接发公文事。

---

① 原文如此，疑缺“手”字。

十四日，接香港钦派谢惠继公文一封。

十五日，委邓德辉递将公文交招商局转寄。

十六日。

十七日。

十八日。

十九日。

二十日。

二十一日，未牌，随属吴有濡病故。该名自五月日①接病，节次延医调治不效。臣等经禀与海关周道员请给许官土权葬。是晚，接周道员委致莫银二十四两，臣等业饬认领，交守俟办。

二十二日，接周道差人来叙，经已择得葬地，在紫竹林处。臣等鐲以是日申牌送吴有濡棺柩权葬事清。是晚，接香港商局电报，言法船来顺事，因以电叙未明，一面委邓德辉就天津商局回电问明，一面具缮禀文，由马大使递呈李中堂。

二十三日。

二十四日。

二十五日。

二十六日。

二十七日，接香港钦派谢惠继咨文二封，广东钦派阮皤咨文一封。

二十八日。

二十九日，缮禀文请辞回国，由马大使递呈李中堂，随接马大使回馆递交电报一纸。叙法兵船攻占顺汛炮台，我国与之议和事。据叙中堂传文交阅看，即饬依抄并具禀文将原电纸交马大使呈纳。又接马大使笔叙，承中堂传示各节，臣等各有商答，该大使又将中堂传词与臣等所抄折递呈李中堂。

八月初一日。

初二日，接中堂委交公文二角，一依封寄递回国，一由臣等开折。内叙批准回国事。即具禀文，叙请晋谒辞回事。由马大使递呈李中堂与海关道周道员各一本。又接周道员差官劳乃宣抵馆送行。是晚，又接周道员委递土仪茶饼、墨纸各项。送，臣行等领受，具致谢。又委杜富足、邓德辉递将土物纨纱、

---

① 原文如此，据五月十六日日记记载，可推测该处日期应该为“十六日”。

琦楠、象牙箸、广桂。并银二十两增使馆差官竹万年，该员领受。

初三日，委邓德辉递土物广桂、象牙箸、沉香、纨纱赠医生顾文元，该员领受。又接国书筒一件，机密咨三本，抄国书样一本，院舶书一本，叙使仍留在津告诉事。又侍讲阮籍禀文一本。是[①]奉将国书筒一件由马大使递呈李中堂。又摘土物清桂、纨纱、象牙箸、琦楠。寄马大使递赠中堂延捕官贺瑞霖。随接马大使回馆交上海密报与中堂一纸，叙法人立约各款。据叙承中堂传文阅抄，臣等业饬依抄其原密报纸交马大使缴还。

初四日，臣等偕海关道周道员与马大使进谒李中堂，将机密院各咨叙仍留告诉各节呈禀。席间，承中堂笔话各节，回馆即缮折咨寄递回国。

初五日，委邓德辉递将公文由招商局寄递。

初六日。

初七日。

初八日。

初九日。

初十日，委杜富足就招商局探问公文已未寄递。

十一日。

十二日。

十三日。

十四日，接举人周炳麟自燕京会试回，就馆探慰，并辞。以是晚搭回广东。又因中秋节海关道周道员委送品仪各项，茶、中秋饼、苹果、石榴、腊肉。均行领受。

十五日，臣等具将手版由马大使递就李中堂。海关道署贺中秋节，又摘公银换钱给赏使馆下差、听差、厨房、茶房、门兵、打更人等各有差。

十六日。

十七日，接马大使笔叙，承李中堂传示各节，即缮禀文由马大使递呈。随接该大使回馆捧交中堂露封复文一角，叙使程改由海道事。臣即粘志谨密。另饬缮咨递这复文回国。

十八日，委邓德辉递将公文由招商局寄递。

十九日。

---

① 原文如此，疑缺“晚”字。

二十日。

二十一日。

二十二日，委邓德辉就招商局探问公文已未寄递。

二十三日。

二十四日。

二十五日。

二十六日，接广东钦派阮皤公文一封。

二十七日。

二十八日。

二十九日，接统带孔庆玉抵馆谈叙。少顷，辞别。

三十日，接香港钦派谢惠继公文一封。

九月以下初一日至初六日。

初七日，接马大使笔叙，法使宪德理古向总署言我国事。臣等具有商答。另饬精缮一本，交马大使递呈。

初八日，具将马大使笔叙与臣等答话各节缮咨回国，委邓德辉递交招商局转寄。

初九日。

初十日，接马大使承李中堂札饬，递交机密院公文一封。访闻这公文由陆发递到津。又文沪报一纸。内有叙我国与法定约七款。据叙承中堂转交，臣等阅看并问报中所叙人名、地名，臣等具有覆禀。

十一日，接广东钦派阮皤咨递机密院公文一封。

十二日。

十三日。

十四日。

十五日。

十六日。

十七日，接广东钦派阮皤电报，院录奉准该员回国。即委邓德辉、杜富足就招商局回电明问。

十八日。

十九日。

二十日，接马大使递交国书一函并新约抄本。据叙承中堂传交看阅。

又笔叙承中堂诘问各节，臣等具有商答。另饬将传词与答话精缮一本交马大使递呈。

二十一日，具将中堂传问各节缮咨回国，委邓德辉递将招商局寄递。

二十二日，接广东钦派阮皤咨递国书二函，机密院咨二封。

二十三日，奉将国书二函并将机密院咨叙各节具缮禀文由马大使递呈李中堂收阅。随接马大使回馆笔叙，国书承中堂收下，存禀文不肯收认。又承中堂传示各节。

二十四日。

二十五日。

二十六日，具将中堂所示各节缮咨回国，委邓德辉递交招商局寄递。

二十七日。

二十八日。

二十九日，具缮禀文请回国，由马大使递呈李中堂。随接该大使回馆笔叙，禀文中堂未有批准，承传示各节。是晚，委邓德辉就伍廷芳处探问我国事情。

三十日，具缮禀咨文回港探问公文已未接递回国，并我国事情各款，委邓德辉递交招商局寄递。

十月初一日。

初二日。

初三日。

初四日，接马大使笔叙，承中堂传示各节，臣等具有商答。

初五日，将中堂传词与臣等答话，精缮一本交马大使递呈李中堂。

初六日。

初七日。

初八日。

初九日，接马大使交看西贡电报一纸，经饬依抄其原报纸交还。

初十日。

十一日，接广东钦派阮皤，香港钦派谢惠继公文各一。

十二日，接马大使笔叙，中堂传许回国，明日必有批准公文交到，可预整装俟行，存该员仍留在津公务等语。

十三日，接中堂公文一角，内叙批准回国事。交臣等开折，即具禀请谒辞别，禀文交马大使递呈李中堂与海关道周道员各一本。是晚，接马大使叙中堂近日公事甚忙，不能接见，著陪臣克日回国。周道员樱病，亦不能接，另委差官将话函并程仪就饯等语。

十四日，委邓德辉就招商局探问轮船来去日期。又摘土物清桂、琦楠。并公银一百五十两交马大使递赠中堂处幕府诸员并差门政、签押、巡捕等，该二十人又摘土物广桂、琦楠、沉香、纨纱、象箸。赠使馆差官刘得龙，该员领谢。是晚，接马大使笔叙，承中堂传示，臣等稍缓几日等语。

十五日，接海关道周道员委送程仪行平化银二百两。并书帖一封，臣等认领。另有复文答谢。

十六日。

十七日。

十八日。

十九日。

二十日，接马大使笔叙，昨日中堂闻臣等拟搭怡和行轮船英国公司商船回国。放心不下，故稍缓耳。今日或明天有招商船来津，方准搭回，俾得稳妥。

二十一日，商摘公银二十三元，赏给馆内办差、听差、厨房、茶房、门兵、打更人等。

二十二日，招商局轮船船名保大。来津，订以二十四日开回[①]海。即委杜富足、邓德辉将脚银自天津回上海。一百五十五元九角上舱四人，每人十九元六角；下舱五人，每人十五元五角。递交招商局收认。另取船票共九片。

二十三日，早，委馆内差官刘得龙雇借车轿装载箱抬，就招商局埠头上船。另将臣等手版交马大使，递禀李中堂与周道员辞行。午刻，装载箱抬上船安置。顷接马大使并差官竹万年均就船送行。

二十四日，[②] 刻，开轮。巳刻，驶到大沽口外，水浅船未能行，停待至戌刻开驶。

二十五日，辰刻，经过蓬莱古属齐地县属山东省洋外，北风稍盛。申刻，雨雪霏霏，天色阴晦，船再停椗烟台港外。

---

① 原文如此，缺“上”字。

② 原文如此，缺“辰”字。

二十六日，寅刻，驶入烟台港口。亦属山东，现有开商。顷间，雨霁。船人刊搭客货事清。午刻，开驶。

二十七日，经过黑水洋分，波涛汹涌，船中人多吐晕。

二十八日辰刻，入吴淞口。午刻，到上海津次，停碇。适接长发栈人将帖延接，即委该栈人雇借护载箱抬，回栈暂住。

二十九日，委①贞、邓德辉就上海商总局探问唐道员消息，并递土物琦楠、沉水香、象尾毛。送赠其兄唐廷桂，该员领谢。

三十日，委邓德辉就招商局探问轮船来去日期。

十一月初一日。

初二日。

初三日，接王韬字紫铨，江苏省人，原住香港，主循环日报馆，因病回上海调治。就寓笔谈，少顷辞别。

初四日，委邓德辉将土物象尾毛、琦楠。赠王韬，该员领谢。

初五日，接唐廷桂就寓探访，并言该局轮船日下多因载兵，不便搭往，请且留俟数日。

初六日，接日本国人曾根俊虎号啸云，海军大尉，以公事至上海。抵寓笔谈。因将该国人年前漂至我国纪事一本，该所编法越交兵纪一本，交看。其风难纪事一本另有饬抄备阅。

初七日，又接曾根俊虎抵寓笔谈。获赠东洋漆器木盘二件、盾样碟四件、兴亚公报一卷、兴亚会章一卷、送别古诗一首，臣等受领。另和其诗答赠。

初八日，接蔡简梁就寓笔谈。少顷辞别。该员候补广东知县，承省派解饷银上京事清，海程回同长发栈。原年前提督冯子材出关，该员随办文案，该员兄蔡简宸充建字营管带。臣范慎遹前经护接惯识。是晚，又接曾根俊虎抵寓笔谈，获赠光明眼药三盒，善书数本。

初九日。

初十日，入夜，接日本国沙门三人抵寓笔谈，少顷辞别。该三人均削发披袈裟衣，与我国僧人一样，前往中国学习禅教。闻我国系是同文，故来笔话。

十一日，早，闻招商保大轮船自天津来，订以明日开回香港。即委杜

① 原文如此，缺“黎”字。

富足就粘船房，又将脚银自上海至香港。九十元，交招商局，取票事清。午牌，由长发栈雇船装载箱抬，就船安置。臣等与随属人等一起乘车就船。

十二日，寅牌，开驶。辰牌，出吴淞江口，船暂停碇，修整机栝，再放行驶。酉牌，过宁波海口，望见一山上有望灯，数里之外，其光如画，诚道海船行之一助也。

十三日，寅牌，过台州。辰牌，横对温州洋分，波平浪静。戌牌，过白犬山，波涛大作，传闻此处天日晴霁，而波涛亦常汹涌，犹琼洋分之土洲。顷间雨下，天色晦濛，船行欠稳。

十四日，寅牌，过厦门。未牌，横过彭屿，波涛稍减。戌牌，横①汕头，望见山上有灯，其光闪烁。此夜，月霁云开，风调浪静，船行甚快。

十五日，船到香港津次。随接泰来栈人就船邀接。即委该栈代雇船夫，装起箱抬，就栈暂住。顷间，委杜富足往钦派谢惠继寓所探问。酉牌，接钦派谢惠继、阮文本抵栈探问。

十六日。

十七日。

十八日，接清副将麦士尼为能到寓所笔谈。据叙，该系英国人，来居中国三十三年。前在贵州省报效，屡立战功，中朝擢授副将衔。兹承云贵总督岑札饬往福建船政衙门，咱②候差遣。途过香港，同寓泰来栈，故来探访。该员顶戴衣服，均与清官一样。

十九日，将回国事情具缮禀文，呈上广东总督张树声。另具书函探慰唐道员廷庚，仍委通事辉到东省交唐道员烦代禀。

二十日，臣阮述带杜富足到副将麦士尼为能寓房笔谈，少顷辞别。

二十一日。

二十二日，接新安县属广东省九龙山地头，横对香港。知县沈春晖就寓笔谈，少顷辞别。该③江人，蒙补知县，上省禀见赴莅途到香港，同寓泰来栈。是晚，臣范慎遹带杜富足到钦派何文忠寓探慰，少顷回栈。

二十三日，通事辉自广东回，呈叙该名上省不遇唐道员，其禀文经由招商局代禀，张总督复文一角。由叙批开我国现事，这复文臣等经抄呈机密院。臣等拆开。

---

① 原文如此，疑缺“过”字。

② 原文如此，“咱”系“听”之误。

③ 原文如此，疑缺“浙”字。

二十四日，请医生曾景云抵寓诊视，臣范慎通病。

二十五日，再禀文委通事辉递到东省，由招商局代禀张总督收阅。

二十六日

二十七日，通事辉自广东回，呈叙禀文经由招商局代禀东督，业承收认。

二十八日，臣阮述带随通事辉到循环日报馆访王韬，上海返回香港。少顷回栈。

二十九日。

十二月初一日。

初二日。

初三日。

初四日，接麦士尼为能到寓笔谈，少顷辞别。

初五日。

初六日，委杜富足、通事辉递将土物琦楠、沉香。赠医生曾景云与麦士尼为能，均行谢领。是日，闻有地利金火船装载客货往平定省商买，即[1]通事辉就该船主鉴芝（该船主系港清商，看机系雇英国人旗号普国旗）雇搭并请订脚价。

初七日，委杜富足、通事辉将船脚银九十三元。交鉴芝并[2]票。未牌，雇借车船装载箱抬，就船稳置。申牌，臣等与随属随人等一并就船，住港钦派何文忠、谢惠继、阮文本与利用火船正副官督及标属员弁等，亦由是船回国。

初八日，午牌，[3] 驶。酉牌，过澳门，船向西南行，北风徐来，船行稍稳。

初九日，辰牌，过七洲扬外。午牌，见海南渔船数十艘，四望无涯，风涛甚盛，船身摇荡。

初十日，早，向南而行，波涛稍静。

十一日，寅牌，望见连山一带，船再望山而行。辰牌，到施耐汛于虎

---

① 原文如此，疑缺“委”字。

② 原文如此，疑缺“取”字。

③ 原文如此，缺“开”字。

矶外停碇。午牌，入汛。即委杜富足雇渔船上岸，就商政衙报信并雇船夫就火船装起箱抬。未牌，臣等并钦派诸员及利用船官兵陆续上岸，就商政衙停住。

十二日，商政衙栈民夫，护递箱抬上平定省城，行钦派并利用船官兵，仍留在汛，俟起公项。途到绥福地辖，接该县员与省派来接。申牌，到平定省城于公馆安歇。

十三日，具将自津回国情由，恭缮折咨，由平定省发递。

十四日，行咨平定省，订以十五日回京，祈照例给驿。

十五日，臣范慎遹旧病复发，仍留平定省公馆调治一二日。是日，未牌，臣阮述先带随属自平定起程回京。

二十六日。

二十七日，臣范慎遹带随人等自平定省起程回京。

二十五日，臣阮述与随属等现回抵京。

二十九日，臣范慎遹与随人等现回抵京。自平定省至京一路，人民宁帖，风雨顺便，田禾葩利，均获秀茂。

臣 范慎遹

臣 阮述

奉草故臣 黎贞

笔者按：以下系范慎遹的独行见闻，附于日记正文之后。

十七日，卯刻，由平定省起行。辰刻，过归仁古城。江、溪两重环绕，古称天险，今则城已久废而为田。嘉隆初年，武功性、吴徙周镇守此城，伪西枭将司徒耀少傅勇悉兵来围，富春城空虚，二公乃密奏请大兵乘此机会由嘉定抵思贤汛口，收复春京，既而归仁城。二公自焚城即陌，今有庙存焉。午刻，过平安站。未刻，过符吉县莅。申刻，渡符离江，过平山站。酉刻，抵符美县，夜宿县署。

十八日，卯刻，登程。巳刻，过俗名岗戎。午刻，过平阳站。未刻，过岧府。申刻，渡赖江。江之左岸有市，清商住此稍多。酉刻，抵平忠站，因近怀仁府，莅乃移宿焉。

十九日，卯刻，登程。辰刻，过弘国公府。在蓬山县才良村。公清化人，姓陶名维。巳刻，过罢吉同朱。午刻，过平堤站。酉刻，抵义馆并站停宿。

二十日，卯刻，登程。辰刻，过泡桧市。巳刻，过慕德县莅。午刻，过义山站。申刻，过衙江，过义美站。戌刻，过广省、义省。省官出城迎接。先入藩署，随移臬署留宿。

二十一日，未刻，登程。渡茶曲江。申刻，过义禄站。酉刻，过平山县，夜宿县莅。

二十二日，卯刻，登程。巳刻，过义平站。

二十三日，卯刻，东望约一里外，见帆樯林立，商贾繁聚者，大占汛口也。未刻登陆。申刻，抵广南省，省官出城迎接。是夜，留宿省署。

二十四日，巳刻，起行。膝痛未愈，乃雇长行夫二名送至南真站。渡水奠河。未刻，过南涧站。东望数里外，见五行山。申刻，渡锦丽江，东望沱囊汛，有长垒故址犹存，此乃巳未庚申年间，官兵防御洋人故处也。酉刻，抵馆住宿。

二十五日，卯刻，登程。沿海滨而行，东望岛屿峦环，中间一水洞，波平者，茶山澳也。火轮船泊此四五艘。辰刻，过南坞站，渡勾堤江。午刻，登海云山，以南属广南辖，以北属承天辖。甫至山腰，忽然雨下。未刻，过海云关第一屯。申刻，至第二屯，风雨太甚，仆夫不前，乃停宿焉。

二十六日，卯刻，起行。辰刻，下至山脚。是自南坞站山脚过南真站，又到城福站，而山乃止。就中山顶高竦雄壮，视与横山三叠，形险十倍。诚所谓第一雄关也。过延渡抵承府站。巳刻，过竹毛薮。午刻，过富加山。未刻，过承流站。申刻，过福象山。酉刻，抵中安邑，乃雇直渡板船一艘，给钱十八贯，渡海。戌刻，开船。亥刻，过黑白石。子刻，因病，乃迂道至蟠门社，寻买药味并便访协办休致陈仲恭，因留宿焉。

二十七日。

二十八日，巳刻，开船。未刻，过顺直窦口。酉刻，过利农河。

二十九日早抵京城。

笔者按：以下三幅地图系越南使者途径上海、香港、天津时依据其所见所闻而绘制的三个城市的局部市区图。

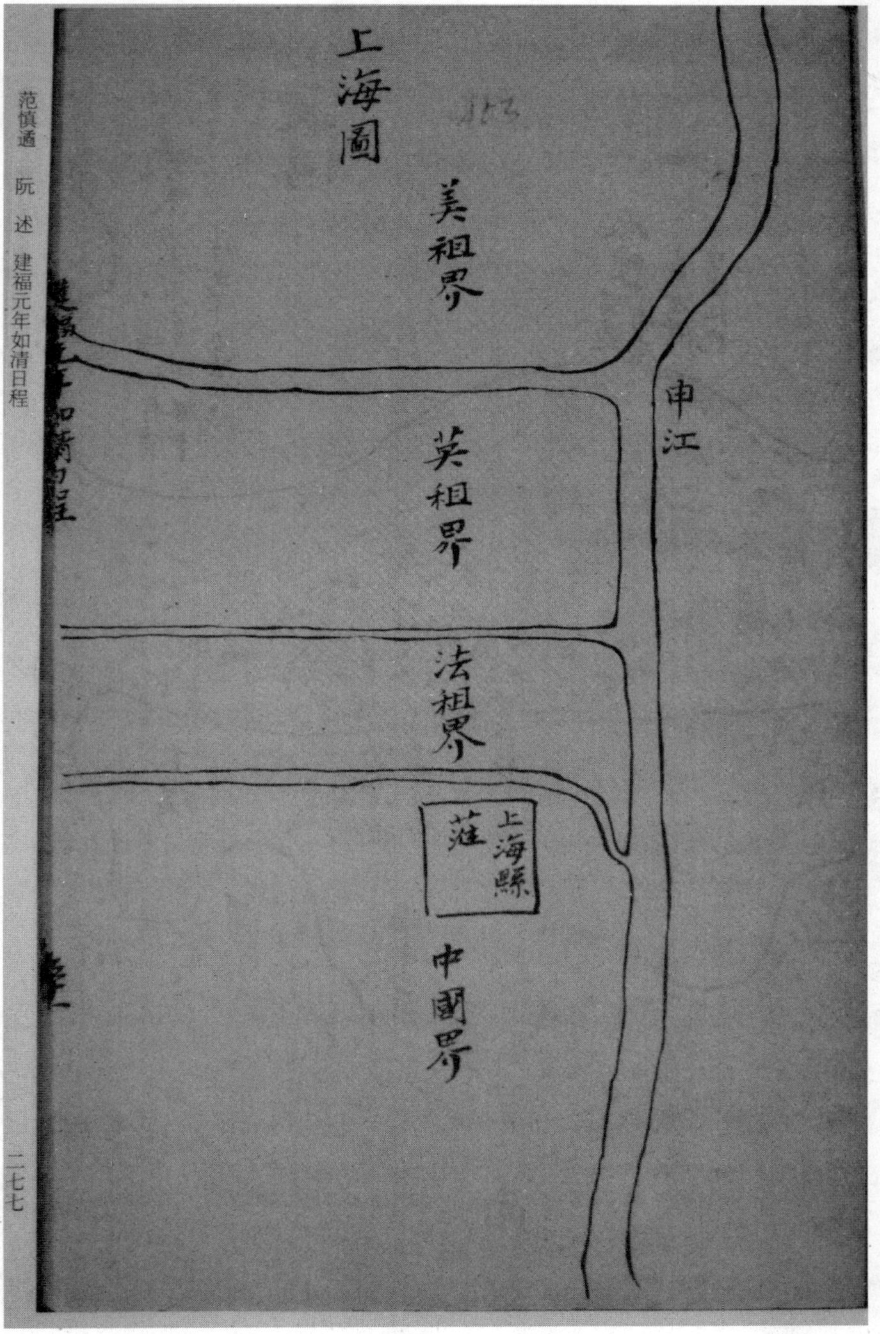

附图1 越南使者所绘上海地图

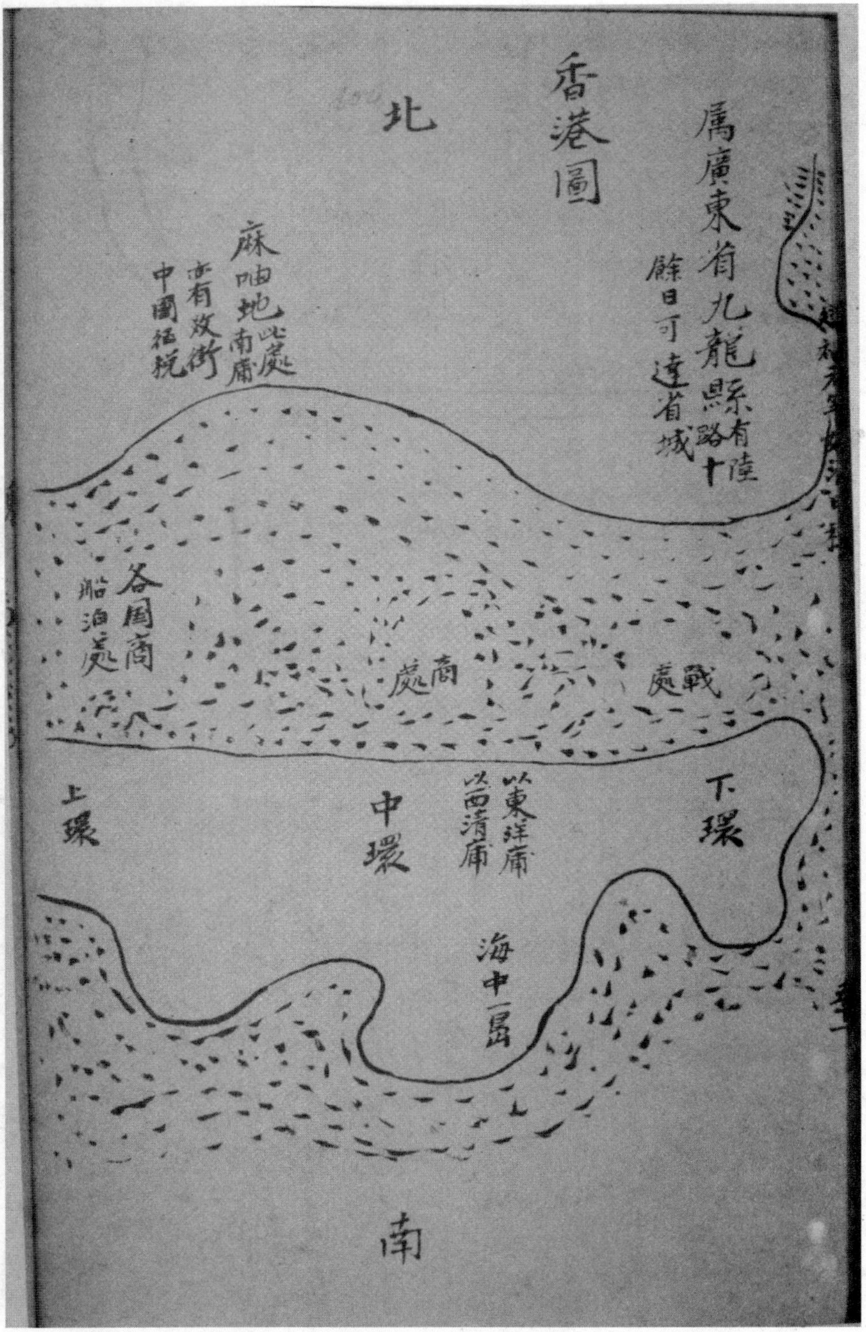

附图 2　越南使者所绘香港地图

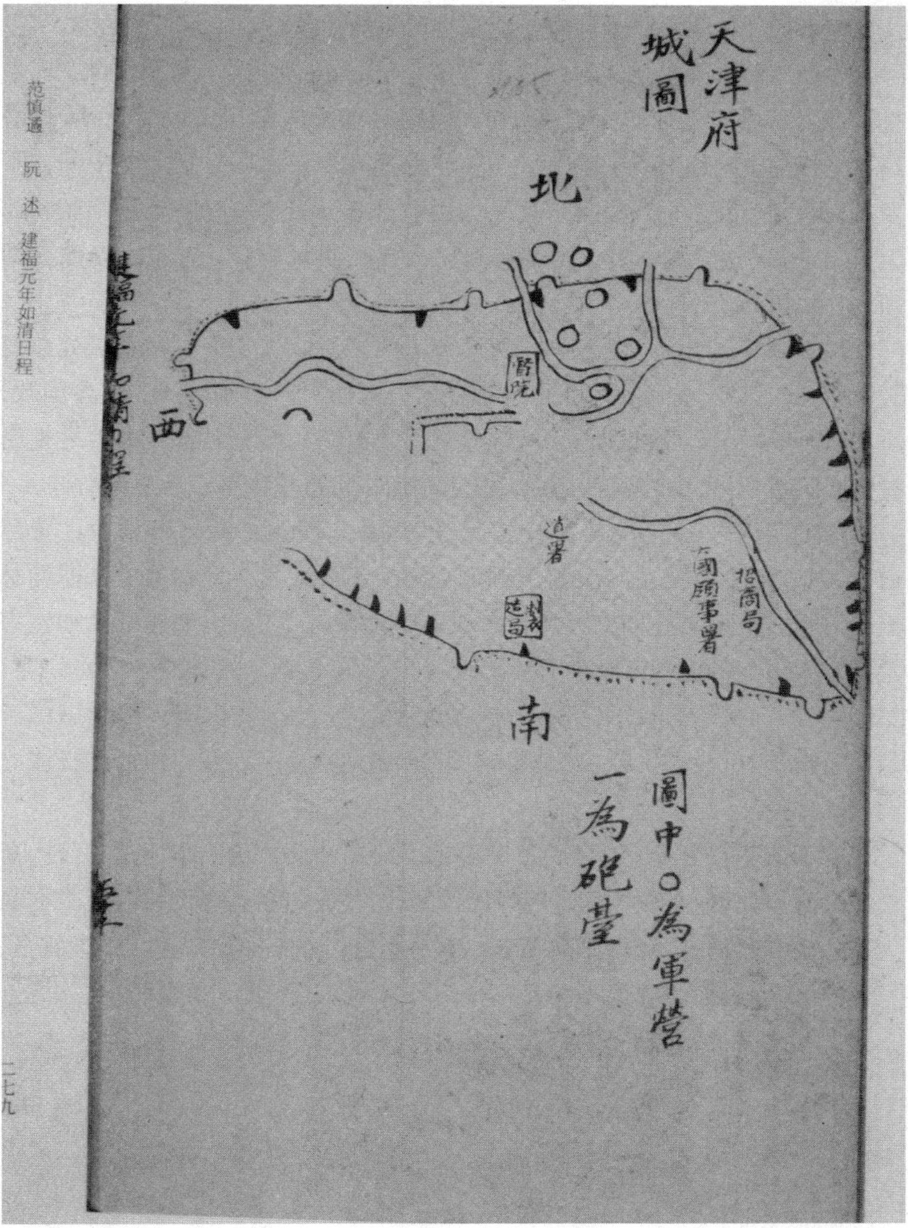

附图 3　越南使者所绘天津府城图

笔者按：以下系越南使者与清朝官员笔谈随录

中朝定制，凡皇上起居，皆有一定之辰，虽欲晏逸，亦不可得。现今皇上冲龄，亦四更即起，五更①朝，退朝后即须入学房。饭后又须习武，约申未即睡矣。终日无一刻闲。现在②后垂簾，临朝辰，皇上坐中间，不发一言；太后在旁内门垂簾，朝见大臣跪于簾外奏事。每日皆须临朝，如无召见，即③朝。然军机大臣常有召见，或在便殿均可。如皇上亲政，即须自往军机处。

皇上今年即癸未年。十三岁，再三年大婚亲政，盖定例也。军机处总揽天下诸务，凡事皆须由军机处过目。大军机如中堂、尚书、侍郎。预参国政，小军机如中书、主事、员外、郎中。执笔起草，须由军机始分各部，即古之枢密院也。军机衙门，即④阁衙门内，凡事均由军机进呈御览，后遵旨而行。

中朝四相文华殿、武英殿、文渊阁、体仁阁大学士或东阁大学士。两协办，皆称曰⑤。现在左宗棠授东阁大学士，则文渊阁不放人矣。拜相最难，非翰林出身不能，从无四五十岁大拜者。如李中堂系有军⑥，以酬庸耳。如左宗棠系举人出身，更终无而仅有者。现今大臣有名者，除李鸿章、左宗棠。二相之外，尚有刑部尚书⑦阎敬铭、陕西省人，进士出身。新授兵部尚书彭玉麟、湖南省人，生员出身。广东⑧总督曾国荃、湖南人，曾文正公弟。山西巡抚张之洞、直隶省南皮县人，探花，其兄张之万，状元，现户部⑨尚书。皆名臣也。

中朝武职官衔者，著才勇巴图鲁者，此满洲话，仿佛华所谓好汉，勇于战事耳。如再立功，则赏号有曰霍青巴图鲁，曰霍鸾巴图鲁，此二名最大。他尚有西林巴图鲁裴⑩阿等字，不一而足，亦不知何解也。中朝官员，

---

① 原文如此，缺“临”字。
② 原文如此，缺“皇太”二字。
③ 原文如此，缺“不临”二字。
④ 原文如此，疑缺“内”字。
⑤ 原文如此，疑缺“中堂”二字。
⑥ 原文如此，疑缺“功”字。
⑦ 原文如此，“刑部”系“户部”之误。
⑧ 原文如此，“广东”系“两广”之误。
⑨ 原文如此，“户部”系“刑部”之误。
⑩ 原文如此，参照《阮述〈往津日记〉》，此处缺“凌河”、“呼松”四字。

一品封曾祖，父母。祖，父母。父母三代，连本身妻室[1]；二品以下至五品，封祖父母、父母，连同本身妻室三轴；六、七品封父母，连本身妻室[2]轴；八、九品[3]封本身，不封妻室，本身[4]要，方得貤封父母。皇恩高厚，向不夺封。如本身已请有封诰，虽革罢后，仍可顶戴。凡封皆照其子官阶一样请封。以上均候补知府陈钧平笔谈。

贵国取兵于民，各有定额，是存古意。若中国则惟咱[5]其自投，或其人好武欲立功，或衣食不足则居营兵。于民原无定额，惟旗人无论兄弟，人成丁即有钱粮充旗额；若旗人作官，则别有官俸。

中国有保甲，[6] 家一牌。无论年干，查牌者皆登著某[7]男几口、女几口，亦不免含糊也。以上天津使馆内差官张葆廉笔谈。

中国通国兵[8]十余万，旗兵不在此数。八旗最多，人皆为兵，自周岁即食粮。八旗左右翼闻至四十万，现在额兵饷不能足。[9] 兵每兵终岁不过十两，马兵每兵终岁不过十八两；若营勇则以月计，每月有三两九、三两六、四两五、五两四不等。营勇不在额兵之内，每岁饷项为数浩繁，颇费筹划。[10]

咸丰十一年[11]酉七月十七日，显皇即咸丰帝。上宾于热河，[12] 令上即同治帝。嗣统，年号同治。辰郑亲王端华、怡亲王载垣、端华胞弟辅国将军[13]朋比为奸，矫旨弄权，妄改祺祥；臣民始为其所蔽，各省辰宪书从之。辰军机大臣杜翰、匡源等，莫敢誰何。事觉始复。辰[14]治冲龄，太后诏王大臣

① 原文如此，参照《阮述〈往津日记〉》，此处缺“四轴”两字。
② 原文如此，缺“二”字。
③ 原文如此，参照《阮述〈往津日记〉》，此处缺“只”字。
④ 原文如此，参照《阮述〈往津日记〉》，此处缺“不”字。
⑤ 原文如此，“咱”系“听”之误。
⑥ 原文如此，缺“十”字。
⑦ 原文如此，参照《阮述〈往津日记〉》，此处缺“姓”字。
⑧ 原文如此，参照《阮述〈往津日记〉》，此处缺“额六”二字。
⑨ 原文如此，参照《阮述〈往津日记〉》，此处缺“步”字。
⑩ 原文如此，参照《阮述〈往津日记〉》，此处缺“此款陈钧平笔谈”句。
⑪ 此处缺“辛”字。
⑫ 原文如此，参照《阮述〈往津日记〉》，此处缺“诏”字。
⑬ 原文如此，此处缺“肃顺等”。
⑭ 原文如此，此处缺“同”字。

会议朝章，咸拟两宫垂帘咱[1]政，端等嗾故相杜受[2]杜翰面争，本朝无此祖制。肃顺退赞曰："杜老三名正言顺，真相门子也。"两宫闻而涕泣，声彻宫外。肃顺伺窗前立咱[3]，后问："为何擅入宫内?"肃曰："闻悲啼声来。"后曰："尔知吾悲啼为何?"肃惭退。殿中宝座，上听政位也，非大典不御。端华擅坐，戏太监曰："像乎？不像?"日肆蛊惑。诡言京师[4]患，有岌岌[5]可终日势。矫旨谕恭亲王照常监国，无得远离，反造蜚[6]河请安，晤端等不露一毫圭角，同见太后，但奏都中平安无事，请驾回宫。廷臣董元纯等交章发端等奸，太后还京。入宫即召见恭王，授以机密；遣侍卫至军机房，问二王遵旨否？端华、载垣腹卧，闻而曰："何事不遵旨?"恭王曰："既[7]旨便捆缚起来。"端等嫚骂恭王，上触两宫及皇上，语悖谬。思顾左右夺逸，已被恭王屏去矣。械至宗人府，分押家人，无一会面者。各抄家籍产，一面谕醇王带领侍卫拿肃顺于旅邸。肃方拥姬妾伴宿，闻旨下，昂然曰："此辰有什么旨?"侍卫言："醇王[8]太后旨拿问。"仍昂然曰："什么太后？俟明日再讲。"醇王足跌其门，著[9]京，求入家休息。械者曰："家已钞，封三日矣。"俱交刑部官拟罪，尚书赵光曰："正合第一个牌子，即凌迟处死罪。"众[10]寇词严义正，真断狱老吏也。奏上，诏肃顺凌迟徇市三日，以快人心。端华、载垣袭王爵，赏于世，著加恩赐自尽。杜等戍边。中外欢呼，大为快心。此见恭王周密，恶等迅雷不及掩耳，稍缓即生他变。老成持重，自应如是。以上抄醒睡录。

外国诸钦使馆，在燕京正阳门内左边玉河东西一带，北夹长安街，树木阴森，墙舍整洁；内有高[11]三四，其余厂舍甚多，而门厅寂寞，少往来。

① 原文如此，"咱"系"听"之误。
② 原文如此，此处缺"田之子"三字。
③ 原文如此，"咱"系"听"之误。
④ 原文如此，参照《阮述〈往津日记〉》，此处缺"洋人"二字。
⑤ 原文如此，参照《阮述〈往津日记〉》，此处缺"不"字。
⑥ 原文如此，参照《阮述〈往津日记〉》，此处缺"语，及恭王赴热"等字。
⑦ 原文如此，参照《阮述〈往津日记〉》，此处缺"遵"字。
⑧ 原文如此，参照《阮述〈往津日记〉》，此处缺"奉"字。
⑨ 原文如此，参照《阮述〈往津日记〉》，此处缺"侍卫固缚，械至"等字。
⑩ 原文如此，参照《阮述〈往津日记〉》，此处缺"官齐声曰：大司"等字。
⑪ 原文如此，参照《阮述〈往津日记〉》，此处缺"楼"字。

外国出游则骑马，女则乘车。或驰马过四馆前，直出正阳门外，或[①]视以为常。其有公使驻京者，曰英、曰美、曰俄、曰德、即普鲁士。曰法与日本六凡国。每国约有[②]商贾，惟办[③]。有一所曰百鸟堂，在皇城西安门内，近于金鳌桥，景致娱目，凡天下之珍禽奇兽，[④] 物不备。然死物而晒干之，颇似活一般，以供人观览。

外国与中国通商凡十五国，而公使驻京只有六国。其余小国则有事方来。其在天津，亦有诸国领事驻居，办通商税务。大抵西人以营利为主，近来凡可以谋利之地，无不前往。从[⑤]海口不许其上岸，今则不能矣。

燕京宣武门内，道堂门上刻勅建天主教堂等字。询系建自明朝，当时马利窦[⑥]至[⑦]之学，中国亦用其法，命朝臣往来讲算学，故许建此堂。此后，西道长亦常居此传交，但人鲜信从，殊冷寂也。以上[⑧]。

天津粮食名目甚多，黍、稷、大小麦、高粱、玉米、米等类，若江南则稻米，间有高地，春间播[⑨]，秋间收稻。天津人民穷苦，故多食杂粮，取其价值贱耳。小麦自黄河以南，则白日开花，以北则夜间开花。南麦吃后口渴，北麦吃后不喝，亦土性不同耳。

武夷之茶，出福建省，亦山产也。名为武夷，实由栽植。纯而香满，仍以浙江之本山茶为最，闻甚少耳。江浙交界，有南北洞庭二山，亦产茶，此二山仍属江苏辖。味甚佳。钧平笔谈。

关东有山，周围数千里，无人居，内产人参。每年进御若干，下余之参尽归商买。其上[⑩]他年不再得，则受罚也。高丽参是伊国所产，老山参系出盛京，土木参系出吉。上候补知县敏中笔谈。

参类甚多，最者为人参，品最贵或数百金，或数十金不等。大内自有

---

① 原文如此，参照《阮述〈往津日记〉》，此处缺“登城游眺，人亦”等字。

② 原文如此，参照《阮述〈往津日记〉》，此处缺“约有百人，无有”等字。

③ 原文如此，参照《阮述〈往津日记〉》，此处缺“交涉事务耳”等字。

④ 原文如此，参照《阮述〈往津日记〉》，此处缺“无”字。

⑤ 原文如此，参照《阮述〈往津日记〉》，此处缺“前”字。

⑥ 原文如此，系利玛窦。

⑦ 原文如此，参照《阮述〈往津日记〉》，此处缺“中国，精于历算”字。

⑧ 原文如此，参照《阮述〈往津日记〉》，此处缺“吏部主事唐景崧笔谈”等字。

⑨ 原文如此，参照《阮述〈往津日记〉》，此处缺“麦”字。

⑩ 原文如此，参照《阮述〈往津日记〉》，此处缺“好多不敢进，恐”字。

好者，外间卖者，大约系恩赦之物，辗转出售者多。然其汁早已取去，力量微矣。其次又有朝鲜参、辽东参、潞参不一。总之，大地菁华，久泄渐竭，近日多由①力栽植，其效自薄，非尽由于伪也。以上崧笔。②

古辰火炮之法，创于中国，欧罗巴人不习也。③ 人苏尔的斯始倣为之，犹未得运用之法。明洪武年间，元驸马帖木儿王撒马尔罕威行西域；欧罗巴人有投④，携火药炮位以归。诸国讲乘练习，尽得其妙；又变通其法，创为鸟枪，用以攻敌，⑤ 百胜。以巨⑥涉海巡行，西辟亚墨利⑦全土，东得印度、南洋诸岛国，声势遂纵横于四海矣。

俗传西洋炮皆铜铸，非也。铜炮亦有之，而不如铁炮之多。其铁炮熔铸精凝，内外滑泽，形粗而短，三千斤者长才五尺许。炮架不用轮，上下施铁条进退，左右拽之以绳，极其灵。弹极圆滑，辰以油拭之，防锈涩也。每炮一门，兵六人司之。鸟枪皆刃，长尺余，以鞘插之于腰，敌迫不及，放枪，则套刃于枪鞘以当戟刺。

西北之耀武功，始于汉，故称中国为汉人。岭⑧于唐，故称中国为唐人。然唐时番舶不过南洋、小西洋诸岛国。王涯之胡椒八百斛，南洋产也。后来盛称波斯胡，波斯即今⑨社，在印度之西，中土统谓之小西洋。欧罗巴诸国之东来，由大西洋而至小西洋，建置埠头，渐及于南洋诸岛，然后内向而聚于粤东，萌芽于明中，滥觞于明季，至今日而往来七万里，遂如一苇之杭。天地之⑩，西北而通于东南，倘亦运会使然耶！

火轮船者如三桅船，小者如两桅船。船之⑪，下列火门，或五或九，火门之内以柴燃煤，水柜之上，两铜管粗尺许，湾折而下至船底，承以两

① 原文如此，此处缺“人”字。
② 原文如此，即与唐景崧笔谈。
③ 原文如此，参照《阮述〈往津日记〉》，此处缺“元末有日耳曼人”等字。
④ 原文如此，参照《阮述〈往津日记〉》，此处缺“部下为兵弁者”等字。
⑤ 原文如此，此处缺“百战”二字。
⑥ 原文如此，参照《阮述〈往津日记〉》，此处缺“舰”字。
⑦ 原文如此，此处缺“加”字。
⑧ 原文如此，参照《阮述〈往津日记〉》，此处缺“南之聚番舶始”等字。
⑨ 原文如此，参照《阮述〈往津日记〉》，此处缺“包”字。
⑩ 原文如此，参照《阮述〈往津日记〉》，此处缺“气”字。
⑪ 原文如此，参照《阮述〈往津日记〉》，此处缺“后半，上为水柜”等字。

木桶，高五六尺，[1] 之前，又接以双铁管，曲折湾环，达于轮轴。管内贮水银，不知如何运用。火燃水沸，热气从铜[2]桶，桶盖扇[3]，热气贯入双铁管，宛转[4]于轮轴，以激动之。轮在船只两旁，为铁圈三层，横施铁板，略如南方灌田之水轮。外以木轴护之，望如半月。船面有大铁桶，高二丈余，出黑烟以透火气；又小铁桶一，高丈余，出白烟以透水汽。船将行，先燃火两三辰，候水沸而开船。船内有铜尺二，[5] 两柱，推之前，则轮前转；推之向后，则轮倒转；推之依柱，则轮不行。[6] 水如飞，瞬息不见，一昼夜约千余里。船面立小桅二，遇顺风则专用轮而不用篷。船面[7]，惟船腹不开炮洞耳。火轮船之制，四五十年前始创为之。先是欧罗巴诸国织[8]用火轮机，[9] 者推广其法造火轮[10]车，而熔铁为路以速其行，亦可谓精之至矣。以上摘抄瀛环志略。

朝鲜全国，分为八道，西曰：京畿道中汉阳府、曰忠清道中公州府、曰黄海道中海州府、东曰江源道中原州府、南曰庆尚中大府、曰全罗道中全州府、北曰咸[11]道中咸兴府、[12] 安道中平壤府。[13] 道树木多而户口少，南道及西道地最膏腴，人民富饶。每[14]驻居府治之内，凡该府之事，归其理。每道又分置三十三县，各设县令一员，以治其民。

---

① 原文如此，参照《阮述〈往津日记〉》，此处缺“围七八尺；木桶”等字。
② 原文如此，参照《阮述〈往津日记〉》，此处缺“管入”二字。
③ 原文如此，参照《阮述〈往津日记〉》，此处缺“动”字。
④ 原文如此，参照《阮述〈往津日记〉》，此处缺“达”字。
⑤ 原文如此，参照《阮述〈往津日记〉》，此处缺“施于”二字。
⑥ 原文如此，参照《阮述〈往津日记〉》，此处缺“船之行也，轮激”等字。
⑦ 原文如此，参照《阮述〈往津日记〉》，此处缺“设炮与夹板同”等字。
⑧ 原文如此，参照《阮述〈往津日记〉》，此处缺“布多”二字。
⑨ 原文如此，参照《阮述〈往津日记〉》，此处缺“能”字。
⑩ 原文如此，参照《阮述〈往津日记〉》，此处缺“船。近年米利坚又推广其法造火轮”等字。
⑪ 原文如此，此处缺“镜”字。
⑫ 原文如此，此处缺“平”字。
⑬ 原文如此，参照《阮述〈往津日记〉》，此处缺“北”字。
⑭ 原文如此，参照《阮述〈往津日记〉》，此处缺“道设镇台一员”等字。

朝鲜国向有其民……正……官,[1] 左议政官、右议政官。其次者六员，曰:[2] 书，即六曹衙门之长官也;[3] 书之下，参判及议官等员。凡国中要政，皆归[4]大臣六判书职掌，协议施行。六曹者，吏、户、礼、兵、刑、工也。其职掌亦如中国六部。以上摘抄朝鲜事情录。

二、李鸿章与越南问题史事日志（1881—1886）

1881 年（光绪七年　嗣德三十四年）

1 月 7 日　曾纪泽晤法驻俄公使申明越属中国，并解释中国未即干预法越订约原因。

1 月 21 日　法外部训令驻俄法使商犀转告曾纪泽，越南受法保护，北圻问题与中国无关。

4 月 15 日　法海军部商同外交部筹措经费经营北圻，并训令西贡法总督确定法国对越之保护权，不许向中国入贡。

6 月 30 日　越南使臣至北京乞援。

7 月 22 日　法国国会通过经营越南北圻军费案。

9 月 23 日　曾纪泽照会法外部声明中国未认法越条约，希望法在东京行动勿与中国权利冲突。

12 月 6 日　总署奏，接曾纪泽电，法人谋占越南北境，并欲通商云南，不能置之度外。诏命李鸿章、左宗棠、刘长佑、刘坤一、张树声商办，并令曾纪泽坚持前议，与法国外部相机辩论。

12 月 12 日　法使宝海与李鸿章谈越南问题，否认法有吞并之意。

12 月 29 日　两江总督刘坤一复议越南事宜，请派劲旅出驻谅山等处，暗为越南声援。

1882 年（光绪八年　嗣德三十五年）

---

① 原文如此，参照《阮述〈往津日记〉》，此处记载为“朝鲜尚有三大臣曰正议政官、左议政官、右议政官。”

② 原文如此，参照《阮述〈往津日记〉》，此处缺“判”字。

③ 原文如此，参照《阮述〈往津日记〉》，此处缺“判”字。

④ 原文如此，参照《阮述〈往津日记〉》，此处缺“三”字。

1 月 1 日　法外长刚必达照复曾纪泽，谓 1875 年 6 月 15 日恭亲王对西贡条约并无异议，法对越南有完全自由处置之权。

1 月 25 日　招商局局员道员唐廷庚奉粤督张树声命（李鸿章授权）到海防侦查法军情形。

2 月 1 日　广西巡抚裕庆奏，已饬提督黄桂兰以防匪为名，加派勇队，驻扎越境，并与刘永福互相接应。

2 月 11 日　唐廷庚抵顺化要求面见越王，未允。

2 月 14 日　唐廷庚与越南协办大学士户部尚书阮文祥会谈，阮文祥提出派员赴京求救，并求入总理衙门学习；派员往英、法，求曾纪泽明认其为藩属，代向外部辩论；求两广总督暗中保护刘永福置办军火。

3 月 3 日　广西巡抚庆裕接见越使臣阮述嘱其转告国王密防法人。

3 月 4 日　李鸿章向总署条复曾纪泽所拟越南办法七条。

4 月 19 日　李鸿章赏假一月，往湖北省视母病，以张树声署直隶总督，裕宽署两广总督。

4 月 25 日　法将李威利攻夺东京河内。

4 月 26 日　李鸿章丁母忧，改为署任。

4 月 30 日　广西巡抚庆裕奏，法人图占北圻，意在侵佚滇疆。诏命滇督刘长佑等于红河一带设防堵截。

5 月 1 日　法将河内交还越南。

5 月 2 日　以法攻越南，谕滇粤督抚严密防维，并令总理衙门议奏。

5 月 10 日　曾纪泽面告法外长，如法占越地，中国必干预。法外长答以法在越照约行事。

5 月 11 日　准李鸿章开缺，命驻天津署办理通商事务大臣。

5 月 12 日　总署以法兵船入越南东京海防，奏请通筹边备，以弭后患。诏李鸿章、左宗棠等妥议，并命刘长佑等防维。

5 月 26 日　侍读学士陈宝琛张佩纶奏，存越固边，请以李鸿章或左宗棠驻粤督办法越之事，集水师，重陆路，联德国，或奇兵四出，迫越内属，密寄滇越之事于彭玉麟、丁宝桢、张之洞。

5 月 27 日　命李鸿章俟百日假满，仍遵前旨，驻扎天津，办理通商事务。

5 月 28 日　越南王派翰林侍读学士阮籍来粤，面见唐廷庚请求救助。

5 月 30 日　以曾国荃署两广总督；以越南事机紧急，命提督吴全美统带广东兵轮，克期出洋，藉壮声势，并命滇军进发，毋仅作闭关自守之计；李鸿章自天津启程回籍奔丧。

6 月 6 日　法驻越总督强请越南撤移刘永福部。

6 月 11 日　山西巡抚张之洞奏，越南日蹙，宜筹兵遣使，先发预防，并命李鸿章赴粤筹办。

6 月 16 日　曾国荃函告越王清政府关怀之意。

6 月 17 日　命云贵总督刘长佑饬道员沈寿榕带兵前往越南，与广西官军联络声势。

6 月 22 日　以滇省边防紧要，以岑毓英署云贵总督，召刘长佑来京。

7 月 4 日　谕广东巡抚裕宽于法越之争不可意存漠视，自撤藩篱，当随时防范，先事图维；两广总督曾国荃派马复贲到顺化。

8 月 7 日　以朝鲜情形危急，再谕李鸿章即赴天津办理一切。

8 月 25 日　李鸿章由合肥启程赴天津。

8 月 29 日　提督吴全美率广东兵轮到越南洋面游弋。

8 月 31 日　郭嵩焘奏，法扰越南，宜求其症结所在，循理处置，不宜遽构兵端。

9 月 22 日　以法人意在尽据北圻，命刘长佑相机因应，并设法笼络刘永福军。

9 月 27 日　越南国王致书两广总督曾国荃，请给凭照，以便派员聘问欧美诸国（曾拒之）。

10 月 19 日　谕广西巡抚倪文蔚，镇南关外驻军不可稍有撤减，用固边圉。

11 月 21 日　云贵总督岑毓英巡抚杜瑞联奏，中法兵端不可轻开，我军只宜分布边内要害，暗资刘永福以军需器械，使之固守，以拒法人。

11 月 26 日　法使宝海晤李鸿章于天津，对越南事主中法不谈宗主权与保护权，单商边界及商务，并要求中国撤兵。李允转总督酌量。

11月27日　李鸿章派马建忠与宝海商订越事办法三条。

12月2日　总署复李鸿章，同意11月27日办法，先将北圻滇粤军退扎（李即正式照会宝海）。

12月8日　宝海告李鸿章，在越法军决不生事，李云如有冲突，可视作地方闹事办理。

12月13日　总署照复宝海，越事应由中法越派员会商，并要求法方亦不得添兵前进。

12月26日　李鸿章电宝海，将来中法会议虽不出天津所议三条，但仍须加细商定，越南派员系备问（宝海不满越员参议）。

1883年（光绪九年　嗣德三十六年、协和元年）

1月2日　法外部函请海军部殖民部，通知北圻法军司令避免与华军冲突，以待援军到达，并使中法继续谈判。

1月13日　唐景崧到顺化，劝越官用刘永福拒法，勿承认为法保护。

1月18日　总署奏，命李鸿章预为筹谋，俟法国派员会议；命两广总督曾国荃，云贵总督岑毓英，广西巡抚倪文蔚筹议李鸿章与法使所议越事大略办法三条。

2月9日　总署接曾纪泽函，赞同中法分护南北越。

2月20日　李鸿章函总署，越事法将变议；法海军部殖民部函外务部，不满宝海所议草约。

2月21日　法国茹费理新阁成立，沙梅拉库任外交部长。

3月5日　法外部电宝海不许和商，并将宝海撤职。

3月8日　允李鸿章回籍营葬，以张树声暂署北洋通商事务大臣；李鸿章得马建忠自沪来电，知法使宝海撤任，即转告总署，命滇粤军严申儆备。

3月17日　越南刑部尚书范慎遹到天津乞援（24日晤李鸿章）。

3月27日　李鸿章奏，闻法外部易人，顿翻前议；侍讲何如璋奏，越南危急，请派知兵大员出关督师；法军攻陷越南南定。

3月30日　礼部得越南王乞援咨文。

4月14日　以越事中变，命关外滇粤防军扼要进扎，广东水师提督移近越洋巡哨；唐景崧激励刘永福进攻河内。

4月21日　命李鸿章迅回直隶总督本任，并催云南布政使唐炯出关。

5 月 1 日　以法越事急，命李鸿章迅往广东督办越南事宜，所有广东广西云南防军均归节制，并命左宗棠筹划江南防军备调。

5 月 13 日　从李鸿章奏，命暂驻上海，统筹全局，察酌南北军情，再取进止。

5 月 15 日　法以驻日公使脱利古为来华议越事特使。

5 月 19 日　黑旗军纸桥大败法军，斩法将李维利。

5 月 24 日　命李鸿章筹议增兵粤西；左副督御史张佩纶奏请召李鸿章回驻天津，以固北洋，并起用刘铭传赴粤襄办；李鸿章自合肥到上海。

6 月 6 日　诏促李鸿章即赴天津，仍回北洋大臣署任；法特使德理固到上海，即晤李鸿章。

6 月 8 日　李鸿章函总署，海防军单，对法未可轻言战事；李鸿章与法特使德理固会于上海，德理固否认越南为中国属邦，决对越用兵，即与中国失和，亦所不衅；法外部训令何罗杧阻止中国对北圻之干涉，相继与越南谈判。

6 月 11 日　总署电李鸿章，向法使辨明越南为我属邦；赫德函总署陈述处理越事办法（红江通商，北圻由中国处理，顺化以南由法越商办）。

6 月 13 日　曾纪泽电总署，对法勿让步，应暗以兵械助越（6 月 15 日，总署转达李鸿章）。

6 月 20 日　再促李鸿章即回北洋大臣署任，并命沿海各省布置防务。

6 月 21 日　李鸿章奏，越为法并，边患伏于将来，我与法争，兵端开于俄顷，陈师远出，法将反戈内向，动摇全局。滇粤防务，仍宜责成疆臣备御。并请专简大臣赴法，相机因应。诏令告知法使，中国出兵为剿匪，中法并未失和，并命迅即回津，筹备一切；左副督御史张佩纶奏，请急筹越南兵事，早定宸谋，以折敌焰；御史刘恩溥奏，请保护越南，以固边圉；赫德函总署，陈述了解越事办法；法总理茹费理告曾纪泽，法国决定驱除黑旗军，如遇华兵，将同样对付。唯近边之地可归中国。

6 月 23 日　曾纪泽电李鸿章，速向越南增兵。

7月1日 德理固向李鸿章提出越事草案三条（中国不过问法在北圻行动，允云南通商，法保护华商，中法分界，驱逐土匪）。

7月3日 命醇亲王奕譞等会筹法越事宜。

7月4日 太常寺卿吴大澂奏，请命李鸿章进驻广东，水陆官军出洋赴越，扼守要隘；李鸿章离上海赴天津。

7月9日 美使杨约翰拟调解中法越事。

7月13日 命李鸿章署直隶总督，张树声回两广总督任，曾国荃来京陛见；谕李鸿章俟法使北来，即在津会议，坚持定见，勿为所惑。

7月19日 越南嗣德王阮福时卒，弟阮福升嗣位。

7月30日 法水师提督孤拔与陆师统领布意会商，决攻顺化。

7月31日 徐延旭黄桂兰晤越南统督军务大臣黄佐炎等，宣示保藩之意。

8月3日 越南嗣王阮福升具文遣使由海道向中国告哀、求封。（9月4日到津）；李鸿章回直隶总督任。

8月8日 李鸿章张树声奏，调现驻吴淞之淮军五营赴粤。

8月18日 曾纪泽向法提出解决越事六项办法（中越关系如旧，法不再并越地，法军退出北圻，开放红河），法外长拒之。

8月25日 法越第一次《顺化条约》签订，越南承认被法保护。法使何罗杧即张贴告示，越南全境属法，驱逐黑旗军出境。

8月26日 两广总督张树声接越南嗣王阮福升禀，请准由海道入贡。

8月27日 法外长沙梅拉库照复曾纪泽，声明于越南全境土地无所损害，并愿保存中国按照旧例体面攸关之礼貌。

9月11日 以法舰有来天津之说，命李鸿章认真戒备。

9月12日 允越南由海道入贡。

9月15日 法外长照会曾纪泽，建议于华越间划一中立区域（法以在北圻兵力不足，同时国内政情不安，因对华表示让步）。

9月17日 德理固到天津，即派水师副将福禄诺晤李鸿章，商和局；以法使北来，命李鸿章相机因应，严密戒备。

9月18日 德理固向李鸿章重提三事（法保在越华商，剿除北圻土匪，另定中法边界。李主河内以南归法保护，以北归中国保护）；曾纪泽与法总理茹费理晤谈，认法方拟议之北圻中立区为有名无实。

9月19日　诏询李鸿章以战守机宜，是否确有把握。

9月21日　李鸿章与德理固谈判不协（德理固诘我暗助黑旗军，李坚持越为我属）。

9月22日　命彭玉麟往广东会同督抚办理海防，左宗棠、李鸿章办理南北洋防务，吴大澂带吉勇三千来天津，防法兵船寻衅。

9月24日　英使巴夏礼与李鸿章谈越事，主中法于纬线二十一度二十二度之间中分其地。李不允。

9月25日　李鸿章与德理固议越南分界事，主河内以北归我保护，德不允（李已承认法国保护越南南部）。

9月28日　御史刘恩溥奏，李鸿章畏葸，请速赐宸断，命唐炯、徐延旭、刘永福及早收复越南。

10月19日　总署照会法特使德理固，法军如侵及我军驻地，唯有开仗，不能坐视。

10月20日　军机大臣连日会议越南增兵添饷事，不决（恭亲王游移）。

10月21日　德理固自京抵津，晤李鸿章，谓法军决先攻黑旗军，再攻北宁粤军。

10月22日　命倪文蔚徐延旭激励刘永福部，先拨银十万两，并为多筹军火器械。

10月26日　李鸿章函总署，认对越事无良法，中国实力不足，应早结束（总署拟将法人挟制情形，照会各国，法军来犯，即与开战。李不以为然）。

10月30日　命李鸿章、左宗棠等迅速布置海防。

10月31日　法内阁总理茹费理在国会声称决心攻取山西、北宁等处。

11月6日　以越事益急，促唐炯迅赴前敌，保守北圻，并命徐延旭接济刘团，进规河内。

11月15日　法署使谢满禄照会总署，法愿按9月15日照会与华商议。

11月16日　总署照会谢满禄，重申中国在越南主权，要求法军退出北圻，免与中国官军冲突，如法军近及我军驻地，唯有开仗，不能坐视。

11 月 17 日　曾纪泽照会法外部，中国为行上邦之权，早经派兵入越驻扎山西、兴化、北宁，为免误会，宜由双方将领迳议两军驻地，划分界限。

11 月 20 日　以中法行将开战，命沿海沿江各省严申戒备，加意保护通商口岸。另谕李鸿章筹度北洋防务，及时备办。

11 月 21 日　李凤苞自德电总署，各国存心观望，我宜让地撤兵议和，徐图自强（德外长表示无意调停中法争端）。

11 月 22 日　总署照会各国使臣，声明中国保护藩属，如法人侵及我军驻地，唯有开仗，不能坐视。

12 月 5 日　李鸿章函总署，谓法使无意向越南北境进兵。

12 月 9 日　总署照会法署使谢满禄，如法军进攻中国北圻驻军，法当独任启衅之责；法国会通过增筹北圻军费及信任内阁案。

12 月 11 日　广西巡抚倪文蔚接越南嗣王阮福昊咨呈，法人已在北圻各省设官，要求越南遵守新约，不准接受中国咨文。

12 月 14 日　孤拔督水陆师力攻山西。16 日攻破。

12 月 17 日　以越南嗣王被弑，祸乱方殷，命两广总督张树声统带兵勇，直赴顺化，相机勘定，令该国择贤嗣位，加派吴大澂驰往广东，帮同办理。并著李鸿章饬令丁汝昌统带水师赴粤，听候张树声调遣，云贵总督岑毓英迅速统营前进，以为策应；从总署奏，命李鸿章、左宗棠、何璟等切实豫筹山东、江浙、闽台海防。

12 月 21 日　以张树声不克由海道赴越，陆路僻远迟滞，缓不济急，令毋庸前往，该派岑毓英督兵进取，并止吴大澂、丁汝昌赴粤。

12 月 22 日　给事中秦钟简奏请速战，并劾李鸿章只知言和媚夷，请交予罢斥。

12 月 27 日　李鸿章奏，关外防军不可遽罢，决计坚持，增军缮备，与敌久持，以待机会。并酌拨桂军山炮十尊，后膛枪四千五百枝。

12 月 29 日　命李鸿章妥筹津防，并命左宗棠、张树声拨解关外各军需用军火。

1884年（光绪十年　建福元年、咸宜元年）

1月23日　彭玉麟奏，请暗结暹罗，袭攻西贡（拟派郑观应前往）。

2月13日　李鸿章奏，已向德美购置钢炮一百二十尊，快抢一万杆，分发沿海各省，以防法人。

2月16日　以曾国荃署两江总督兼南洋通商大臣。

3月27日　两广总督张树声电李鸿章，前天津税务司德璀琳向法国水师总兵调停越事，即赴津面禀。

3月31日　总税务司赫德奉李鸿章命，促德璀琳自粤北上。

4月6日　法水师总兵福禄诺自香港致书李鸿章，提出解决办法：一中法订立南省通商章程。二承认法国保护越南权利，法越约章中措词保全中国体面。三迅将驻法使臣曾纪泽调回，否则不与中国商议。四法不索兵费及占据东部沿海地方为质，主在天津或北京立一简明条约。

4月8日　恭亲王及军机大臣罢免，是为甲申易枢。

4月20日　密谕李鸿章保全中法和局，通盘筹划，酌定办理，不可迁延观望坐失时机。

4月21日　李鸿章电，法兵船北来，如不和，将内犯。诏命李鸿章、曾国荃、彭玉麟、何璟等严防沿海要隘及台湾。

4月22日　李鸿章函总署，谓越事只能如法总兵福禄诺所说，应早收束。得旨：“事属可行，许其讲解。”即由军机处电令与福禄诺在津定约。

4月25日　李鸿章拟呈越事条款，奉旨允行，命悉心筹划详细条目。

4月26日　军机处函李鸿章，拟令驻德大臣李凤苞兼驻法，曾纪泽暂办英俄两国使务。总署亦电告，决撤曾驻法兼职（李即告德璀琳，并电李凤苞令陈季同先往巴黎查探）。

4月29日　李鸿章电上海马建忠，令告福禄诺，曾纪泽已撤，请法国停兵。

4月30日　李鸿章奏，法越事宜以分界通商为归宿，挽救不宜再迟。命交廷臣议奏。

5月4日　密谕李鸿章以和议条款：一、切实辨明越为我属；二、杜绝云南通商；三、不赔兵费；四、保全刘永福部。

5月8日　命李鸿章懔遵5月4日谕旨，不可稍涉含糊。

5月9日　总署进呈李鸿章与福禄诺所议简约，得旨允行。

5月10日　派李鸿章为全权大臣与法国使臣办理条约事务。

5月11日　李鸿章与法国水师总兵福禄诺在天津订立简明条款五项。

5月13日　以天津简约未将越南为我藩属一层切实说明，命李鸿章务于详约内注明，并将商务界务，确切分明，议定后必须请旨定夺。

5月16日　以各方不满天津简约，命李鸿章博采群言，不可稍执成见；福禄诺面请李鸿章定撤兵之期，李拒之。

5月17日　福禄诺向李鸿章提出节略，要求北圻华军定期撤退，法军定于6月5日进驻高平、谅山，7月1日进驻保胜，李未允（福即将此条用铅笔勾销，并签字为据）。

6月6日　法越第二次《顺化条约》签订。

6月16日　潘鼎新电李鸿章，法兵前进，请示办法（电仍由广州转）。

6月18日　谕岑毓英、潘鼎新严饬各营，仍扎原处，不准稍退，倘法兵扑犯，唯有决战，并命李鸿章迅即照会法国，切实说明；李鸿章函总署，福禄诺临行会谈及派兵巡边及驱逐刘永福军事。

6月21日　以李鸿章未将福禄诺派兵巡边及驱逐刘团各节奏闻，亦未告知总署，传旨申斥。

6月23日　观音桥冲突（又称北黎事件）。

6月30日　法水师副提督利士比代表日格密晤李鸿章，对观音桥事件要求惩官赔款。李不允。

7月2日　严谕李鸿章力筹北洋防务，如扭于和议，敷衍疏懈，定当惩办。

7月23日　李鸿章电曾国荃，法如要求，数十万赔偿可允许，各国公论万不足恃。

8月4日　总署照复谢满禄，主中法争端，俟美国评论如何，再定办法。

8月7日　曾国荃电总署，主由李鸿章在烟台与巴德诺会议（巴愿与李谈，但不肯往津）。

8月11日　李鸿章电总署，主对法赔款保和（李凤苞电告，法允减赔款，孤拔可退出闽口）。

8月20日　李鸿章电潘鼎新，法已决裂，命与岑毓英速即进兵。

8月21日　李鸿章电总署，先付法恤款五十万两，巴德诺即来津议详约（总署不允）。

8月23日　法水师提督孤拔突袭福州船厂。

8月26日　清政府下诏与法国宣战。

9月7日　实授曾国荃为两江总督兼南洋通商事务大臣。

9月23日　以李鸿章为大学士，并实授直隶总督兼北洋通商事务大臣。

9月26日　美使杨约翰劝李鸿章对越事让步（李不允偿款）。

10月7日　以台湾紧急，命李鸿章、曾国荃竭力筹划，以期保全。

12月10日　李鸿章电总署，韩乱烈于越南，请将援台之五船及北洋二船改驶朝鲜。

1885年（光绪十一年　咸宜二年）

1月　金登干赴巴黎斡旋和谈。

2月26日　总署拟越事三条：一、照津约外不准添事；二、详细条约定后，各即撤兵；三、先停战。奉旨依议。

3月23日　李鸿章函总署，论中日事，如法事速定，日失所恃，当易就范。

3月29日　镇南关—谅山大捷，冯子材收复谅山等失地。

3月31日　法茹费理内阁倒台。

4月4日　金登干与毕乐签订中法《停战条件》。

4月13日　命以中法天津简明条约为底本与法使议定详约。

4月20日　派李鸿章为全权大臣与法使办理详细条约事务，并派刑部尚书锡珍，鸿胪寺卿邓承修会同商办。

6月9日　李鸿章与法专使巴德诺签订《中法越南条约》。中越朝贡关系以“至于中越往来，言明必不致有碍中国威望体面”的约定而逐步退出历史舞台。法国将统一的越南分为三个国家：交趾支那、安南王国、东京保护国。

9 月 19 日　派李鸿章为滇越边界通商议约全权大臣。

11 月 3 日　越王嗣子阮福明求援，并请赐封国印。

1886 年（光绪十二年　同庆元年）

4 月 25 日　中法越南边境通商章程由李鸿章与法使戈可当在天津画押。

参考文献

一、基本史料

1.《清实录》，北京：中华书局，1985—1987 年。

2. 顾廷龙、戴逸主编：《李鸿章全集》卷 39，合肥：安徽教育出版社，2008 年。

3. 张振鹍主编：《中国近代史资料丛刊续编——中法战争》（第一册），北京：中华书局，1996 年。

4. 张振鹍主编：《中国近代史资料丛刊续编——中法战争》（第二册），北京：中华书局，1996 年。

5. 张振鹍主编：《中国近代史资料丛刊续编——中法战争》（第三册），北京：中华书局，1996 年。

6. 张振鹍主编：《中国近代史资料丛刊续编——中法战争》（第四册），北京：中华书局，2002 年。

7. 张振鹍主编：《中国近代史资料丛刊续编——中法战争》（第五册），北京：中华书局，2006 年。

8. 中国史学会主编：《中国近代史资料丛刊——中法战争》（1—7 册），上海：上海书店出版社，2000 年。

9. 郭廷以、王聿均主编：《中法越南交涉档》（1—7 册），台北：中央研究院近代史研究所，1983 年。

10. 云南省历史研究所编：《〈清实录〉越南缅甸泰国老挝史料摘抄》，昆明：云南人民出版社，1986 年。

11. ［越］张登桂等纂修：《大南实录》，东京：日本庆应义塾大学语言文化研究所，1961—1981 年。

12. 许文堂、谢奇懿编：《大南实录清越关系史料汇编》，台北：中央研究院东南亚区域研究计划，2000 年。

13. 中国社会科学院历史研究所编：《古代中越关系史资料选编》，北京：中国社会科学出版社，1982 年。

14. 黄国安、萧德浩、杨立冰编：《近代中越关系史资料选编》（上、中、下三册），南宁：广西人民出版社，1988 年。

15. 陈霞飞主编：《中国海关密档——赫德、金登干函电汇编（1874—1907）》（第八卷），北京：中华书局，1995 年。

16.《中国近代经济史资料丛刊》编辑委员会编：《帝国主义与中国海关——中国海关与中法战争》（第 4 编），北京：科学出版社，1957 年。

17. 王彦威纂辑，王亮编，王敬立校：《清季外交史料》，北京：书目文献出版社，1987 年。

18. 军机处原档编印：《清光绪朝中法交涉史料》，《近代中国史料丛刊》第 15 辑，台北：文海出版社，1967 年。

19. ［越］阮述撰，陈荆和编注：《阮述〈往津日记〉》，香港：香港中文大学出版社，1980 年。

20. 赵尔巽等撰：《清史稿》，北京：中华书局，1977 年。

21. 中国第一历史档案馆编：《光绪朝朱批奏折》（第 112 辑），北京：中华书局，1996 年。

22. （清）朱寿朋编：《光绪朝东华录》，北京：中华书局，1956 年。

23. （清）岑毓英撰：《岑襄勤公奏稿》（四册），台北：成文出版社，1969 年。

24. （清）翁同龢著，陈义杰整理：《翁同龢日记》，北京：中华书局，1989 年。

25. （清）唐景崧：《请缨日记》，沈云龙主编：《近代中国史料丛刊》（第 4 辑），台北：文海出版社，1966 年。

26. （清）马复贲：《马复贲越南使记》，张祖翼撰：《清代野记》，北京：中华书局，2007 年。

27. （清）王之春撰，赵春晨点校：《清朝柔远记》，北京：中华书局，1989 年。

28. （清）曾纪泽著，喻岳衡点校：《曾纪泽遗集》，长沙：岳麓书社，1983 年。

29. （清）郭嵩焘：《走向世界丛书——伦敦与巴黎日记》，长沙：岳麓书社，1984 年。

30. （清）郭嵩焘：《使西纪程：郭嵩焘集》，沈阳：辽宁人民出版社，1994 年。

31. （清）薛福成：《出使英法意比四国日记》，长沙：岳麓书社，1985 年。

32. （清）张佩纶：《涧于集》，台北：文海出版社，1967 年。

33. （清）曾国荃著，梁小进整理：《曾国荃全集》，长沙：岳麓书社，2004 年。

34. （清）左宗棠：《左宗棠全集》，长沙：岳麓书社，1987 年。

35. 丁凤麟、王欣之编：《薛福成选编》，上海：上海人民出版社，1987 年。

36. 罗香林辑：《刘永福历史草》，南京：正中书局，1936 年。

37. 梁启超：《各国兴亡小史八种　越南亡国史》，北京：中华书局，1936 年。

38. 年子敏编注：《李鸿章致潘鼎新书札》，北京：中华书局，1960 年。

39. 赵德馨主编：《张之洞全集》，武汉：武汉出版社，2009 年。

40. 复旦大学文史研究院、越南汉喃研究院合编：《越南汉文燕行文献集成》，上海：复旦大学出版社，2010 年。

二、报纸

《申报》，1879—1885 年。

三、中文专著

1. 吴莞编：《越南与中国》，长沙：湖南省立第一民众教育馆，1940 年。

2. 古小松编：《越南国情与中越关系》，北京：世界知识出版社，2007 年。

3. 孙宏年：《清代中越宗藩关系研究》，哈尔滨：黑龙江教育出版社，2006 年。

4. 邵循正：《中法越南关系始末》，石家庄：河北教育出版社，

2000 年。

5. 黄国安等：《中越关系史简编》，南宁：广西人民出版社，1986 年。

6. 张秀民：《中越关系史论文集》，北京：文史哲出版社，1992 年。

7. 黄铮：《中越关系史研究辑稿》，南宁：广西人民出版社，1992 年。

8. 余定邦、喻常森等：《近代中国与东南亚关系史》，广州：中山大学出版社，1999 年。

9. 梁英明等编：《近现代东南亚（1511—1992）》，北京：北京大学出版社，1994 年。

10. 金旭东编：《越南简史》，昆明：中国国际友好联络会和平与发展中心，1989 年。

11. 余富兆：《越南历史》，北京：军事谊文出版社，2001 年。

12. 郭振铎、张笑梅主编：《越南通史》，北京：中国人民大学出版社，2001 年。

13. 戴可来、于向东主编：《越南》，南宁：广西人民出版社，1998 年。

14. 戴可来、于向东主编：《越南历史与现状研究》，香港：香港社会科学出版社，2006 年。

15. 黄振南：《中法战争诸役考》，桂林：广西师范大学出版社，1998 年。

16. 廖宗麟：《中法战争史》，天津：天津古籍出版社，2002 年。

17. 阿英编：《中法战争文学集》，北京：中华书局，1957 年。

18. 黄振南编：《中法战争史热点问题聚焦》，南宁：广西人民出版社，1994 年。

19. 黄振南：《中法战争管窥》，北京：中国文史出版社，2005 年。

20. 中法战争史研究会编：《中法战争史论文集》（第 1—4 集），南宁：广西人民出版社，1986—1992 年。

21. 贾宝波：《中法战争时期日本的外交政策》，天津：南开大学历史研究所，1993 年。

22. 李云泉：《朝贡制度史论——中国古代对外关系体制研究》，北京：新华出版社，2004 年。

23. 梁伯华：《近代中国外交的巨变——外交制度与中外关系研究》，

台北：台湾商务印书馆，1991 年。

24. 高伟浓：《走向近世的中国与朝贡国关系》，广州：广东高等教育出版社，1993 年。

25. 石源华编：《近代中国周边外交史论》，上海：上海辞书出版社，2005 年。

26. 杨公素：《晚清外交史》，北京：北京大学出版社，1991 年。

27. 刘培华：《近代中外关系史》，北京：北京大学出版社，1986 年。

28. 张维华主编：《中国古代对外关系史》，北京：高等教育出版社，1993 年。

29. 张雁深：《中法外交关系史考》，长沙：长沙史哲研究社，1950 年。

30. 鲜于浩、田永秀：《近代中法关系史稿》，成都：西南交通大学出版社，2003 年。

31. 杨元华：《从黄埔条约到巴拉迪尔访华——中法关系 1844—1994》，福州：福建人民出版社，1995 年。

32. 杨元华：《中法关系史》，上海：上海人民出版社，2006 年。

33. 李峰：《曾纪泽与中法越南交涉》，北京：中国华侨出版社，1991 年。

34. 梁启超：《李鸿章传》，海口：海南出版社，1993 年。

35. 雷禄庆编：《李鸿章新传》，台北：文海出版社，1983 年。

36. 雷禄庆编：《李鸿章年谱》，台北：台湾商务印书馆，1977 年。

37. 苑书义：《李鸿章传》，北京：人民出版社，2004 年。

38. 欧阳跃峰：《人才荟萃——李鸿章幕府》，长沙：岳麓书社，2001 年。

39. 王承仁、刘铁君：《李鸿章思想体系研究》，武汉：武汉大学出版社，1998 年。

40. 周军、杨雨润主编：《李鸿章与中国近代化》，合肥：安徽人民出版社，1989 年。

41. 汪敬虞：《赫德与近代中西关系》，北京：人民出版社，1987 年。

42. 阎学通、孙学峰：《国际关系研究实用方法》，北京：人民出版社，2002 年。

43. 姚楠主编：《东南亚历史词典》，上海：上海辞书出版社，1995 年。

44. 夏良才：《近代中外关系史研究概览》，天津：天津教育出版社，1991 年。

45. 计秋风：《漫漫长路：近代国际体系的萌芽与确立》，北京：人民出版社，2001 年。

46. 万明：《中国融入世界的步履》，北京：社会科学文献出版社，2000 年。

47. 赵志强：《清代中央决策机制研究》，北京：科学出版社，2007 年。

48. 白新良：《清代中枢决策研究》，沈阳：辽宁人民出版社，2002 年。

49. 张历历：《外交决策》，北京：世界知识出版社，2007 年。

50. 钱实甫：《清代的外交机关》，北京：生活·读书·新知三联书店，1959 年。

51. 吴福环：《清际总理衙门研究》，乌鲁木齐：新疆大学出版社，1995 年。

52. 刘心显：《中国外交制度的沿革》，包遵彭、李定一：《中国近代史论丛——自强运动》（第一辑），台北：正中书局，1956 年。

53. 田涛：《国际法输入与晚清中国》，济南：济南出版社，2001 年。

54. 叶自成主编：《地缘政治与中国外交》，北京：北京出版社，1998 年。

55. 王正毅：《世界体系论与中国》，北京：商务印书馆，2000 年。

56. 章开沅、罗福惠主编：《比较中的审视：中国早期现代化研究》，杭州：浙江人民出版社，1993 年。

57. 金耀基：《从传统到现代》，北京：中国人民大学出版社，1999 年。

58. 朱杰勤：《中外关系史论文集》，郑州：河南人民出版社，1984 年。

59. 李扬帆：《走出晚清——涉外人物及中国的世界观念之研究》，北京：北京大学出版社，2005 年。

60. 陈尚胜主编：《中国传统对外关系的思想、制度与政策》，济南：山东大学出版社，2007 年。

61. 王立诚：《中国近代外交制度史》，兰州：甘肃人民出版社，1991 年。

62. 黄枝连：《亚洲的华夏秩序——中国与亚洲国家关系形态论》，北京：中国人民大学出版社，1992 年。

63. 罗荣渠：《现代化新论》，北京：北京大学出版社，1993 年。

64. 罗荣渠：《现代化新论续篇——东亚与中国的现代化进程》，北京：北京大学出版社，1997 年。

65. 王铁崖编：《中外旧约章汇编》（第 1 册），北京：生活·读书·新知三联书店，1957 年。

66. 沈渭滨：《困厄中的近代化》，上海：上海远东出版社，2001 年。

67. 刘玉珺：《越南汉喃古籍的文献学研究》，北京：中华书局，2007 年。

68. 朱云影：《中国文化对日韩越的影响》，桂林：广西师范大学出版社，2007 年。

69. 陈玉龙：《汉文化论纲：兼述中朝、中日、中越文化交流》，北京：北京大学出版社，1993 年。

70. 王尔敏：《弱国的外交》，桂林：广西师范大学出版社，2008 年。

71. 郭廷以等：《中越文化论集（一）》，台北：中华文化出版事业委员会，1956 年。

72. 蓝玉春：《中国外交史——本质与事件、冲击与回应》，台北：三民书局，2007 年。

73. 李恩涵：《近代中国外交事实新研》，台北：台湾商务印书馆，2004 年。

74. 胡秋原：《近百年来中外关系》，台北：海峡学术出版社，2004 年。

75. 郭廷以：《近代中国史事日志（清季）》，台北：正中书局，1963 年。

76. 陈三井：《近代中法关系史论》，台北：三民书局，1994 年。

77. 吕士朋：《北属时期的越南——中越关系史之一》，台北：华世出版社，1977 年。

78. 吕士朋：《清光绪朝之中越关系》，中华文化复兴运动推行委员会主编：《清季对外交涉（一）英美法德》，台北：台湾商务印书馆，1986 年。

79. 刘伯奎：《中法越南交涉史》，台北：学生书局，1980 年。

80. 龙章：《越南与中法战争》，台北：台湾商务印书馆，1996 年。

81. 许文堂主编：《越南、中国与台湾关系的转变》，台北：中央研究院东南亚区域研究计划，2001 年。

82. 李恩涵：《曾纪泽的外交》，台北：中央研究院近代史研究所，1982 年。

83. ［越］黎崱撰，武尚清点校：《安南志略》，北京：中华书局，1995 年。

84. ［新加坡］黄朝翰主编：《中国的东南亚研究——成就与挑战》，北京：世界知识出版社，2007 年。

85. ［英］濮兰德著，张启耀译：《李鸿章传》，天津：天津人民出版社，2008 年。

86. ［英］詹宁斯、瓦茨修订，王铁崖等译：《奥本海国际法》，（第一卷第一分册），北京：中国大百科全书出版社，1995 年。

87. ［英］戈尔—布思主编，杨立义等译：《萨道义外交实践指南》（第五版），上海：上海译文出版社，1984 年。

88. ［英］D. G. E. 霍尔著，中山大学东南亚历史研究所译：《东南亚史》（上、下册），北京：商务印书馆，1982 年。

89. ［英］季南著，许步曾译：《英国对华外交（1880—1885）》，北京：商务印书馆，1984 年。

90. ［美］柯文著，林同奇译：《在中国发现历史——中国中心观在美国的兴起》，北京：中华书局，2002 年。

91. ［美］马士著，张汇文等译：《中华帝国对外关系史》（3 卷），上海：上海书店出版社，2000 年。

92. ［美］费正清编，杜继东译：《中国的世界秩序——传统中国的对外关系》，北京：中国社会科学出版社，2010 年。

93. ［美］费正清编，中国社会科学院历史研究所编译室译：《剑桥中国晚清史 1800—1911 年》，北京：中国社会科学出版社，1985 年。

94. ［美］K. E. 福尔索姆著，刘悦斌、刘兰芝译：《朋友·客人·同事：晚清的幕府制度》，北京：中国社会科学出版社，2002 年。

95. ［美］何伟亚著，邓常春译：《怀柔远人：马嘎尔尼使华的中英礼仪冲突》，北京：社会科学文献出版社，2002 年。

96. ［美］惠顿著，［美］丁韪良译，何勤华点校：《万国公法》，北京：中国政法大学出版社，2003 年。

97. ［法］汪德迈著，陈彦译：《新汉文化圈》，南昌：江西人民出版社，2007 年。

98. ［法］奥古斯特·弗朗索瓦著，罗顺江、胡宗荣译：《晚清纪事（一个法国外交官的手记 1886—1904）》，昆明：云南美术出版社，2001 年。

99. ［日］山本达郎编，秦钦峙译：《越南中国关系史年表》，昆明：云南省东南亚研究所，1983 年。

100. ［日］滨下武志著，朱荫贵、欧阳菲译：《近代中国的国际契机——朝贡贸易体系与近代亚洲经济圈》，北京：中国社会科学出版社，1999 年。

101. ［越］越南社会科学委员会编著，北京大学东语系越南语教研室译：《越南历史》（第一集），北京：人民出版社，1977 年。

102. ［越］陶维英著，刘统文等译：《越南古代史》，北京：商务印书馆，1976 年。

103. ［越］陈重金著，戴可来译：《越南通史》，北京：商务印书馆，1992 年。

104. ［越］陶维英著，钟民岩译：《越南历代疆域——越南历史地理研究》，北京：商务印书馆，1973 年。

105. ［越］郑濡著，范宏贵、古小松译：《清朝争夺在越南的宗主权和地位》，广西中法战争史研究会编：《中法战争史论文集》（第 4 集），南宁：广西人民出版社，1992 年。

106. ［加］保罗·埃文斯著，陈同等译：《费正清看中国》，上海：上海人民出版社，1995 年。

107. ［新西兰］尼古拉斯·塔林主编，贺圣达等译：《剑桥东南亚史》，昆明：云南人民出版社，2003 年。

108. [美] 罗伯特·杰维斯著，秦亚青译：《国际政治中的知觉与错误知觉》，北京：世界知识出版社，2003 年。

109. 《南洋研究史料丛刊——中华民国各大学研究所有关东南亚研究博硕士论文摘要汇编》，台北：中华学术院南洋研究所，1983 年。

110. 王维江：《“清流”研究》，上海：上海书店出版社，2009 年。

111. 陈尚胜：《闭关与开放：中国封建晚期对外关系研究》，济南：山东人民出版社，1993 年。

112. 陈尚胜：《中国古代对外关系史》，北京：高等教育出版社，1993 年。

113. 郭卫东：《不平等条约与近代中国》，北京：高等教育出版社，1993 年。

114. [英] 杰夫·贝里奇、艾伦·詹姆斯著，高飞译：《外交辞典》，北京：北京大学出版社，2008 年。

四、中文期刊论文

1. 陈双燕：《中越宗藩关系的历史发展述论》，《南洋问题研究》2000 年第 4 期。

2. 陈双燕：《试论历史上中越宗藩关系的文化心理基础》，《历史教学问题》1994 年第 2 期。

3. 喻常森：《中法战争前夕的中越关系》，《东南亚》2000 年第 2 期。

4. 陈双燕：《试论中越宗藩关系的终结》，《厦门大学学报》1995 年第 2 期。

5. 彭大雍、范宏贵：《论中越宗藩关系与清朝保藩固边》，《广西师范学院学报》1988 年第 3 期。

6. 戴可来：《略论古代中国和越南之间的宗藩关系》，《中国边疆史地研究》2004 年第 2 期。

7. [美] 布兰德利·沃麦克、宋鸥：《可持续的国际领导权：来自 968—1885 年中越关系的经验教训》，《史学集刊》2004 年第 1 期。

8. 黄华平：《清季中国在越南设领与护侨初探》，《八桂侨刊》2006 年第 6 期。

9. 黎瑛：《论中法战争期间岑毓英对越南的态度》，《广西社会科学》

2008 年第 1 期。

10. 廖宗麟：《中法战争期间“战越牵敌”策的制订和实施》，《安徽史学》2003 年第 2 期。

11. 黄振南：《中法战争前夕保越与弃越之争》，《学术论坛》1991 年第 3 期。

12. 萧德浩：《19 世纪 80 年代初中国援越抗法的研讨》，《东南亚纵横》1988 年第 3 期。

13. 孙娟：《从“博弈论”看中法战争中清政府的外交策略》，《怀化学院学报》2007 年第 2 期。

14. 刘庆：《中法战争与晚清国防政策的转变》，《学术论坛》1991 年第 2 期。

15. 黄家信：《中法交战之前主战派与刘永福的关系》，《广西师范大学学报》1992 年第 2 期。

16. 王继东、郭声波：《李陈朝时期越南与周边国家的“亚宗藩关系”》，《东南亚研究》2007 年第 8 期。

17. 麦正锋：《从藩属国到殖民地——论越南对外关系转型（1804—1885）》，《南宁师范高等专科学校学报》2007 年第 3 期。

18. 羽离子：《清季越南宗室亡隐中国考》，《史林》2002 年第 3 期。

19. 沈志雄：《试论越南外交史的地缘政治因素》，《东南亚研究》2001 年第 12 期。

20. 黄振南：《巴德诺在〈中法新约〉谈判中的表演》，《广西社会科学》2003 年第 1 期。

21. 王留喜：《中法战争期间法国的困境与结果》，《天中学刊》2003 年第 3 期。

22. 李峰：《论越南问题与中法战争的历史背景》，《常熟高等专科学校学报》2003 年第 3 期。

23. 陈文华：《李鸿章与中法战争“乘胜即收”》，《贵州文史丛刊》2008 年第 1 期。

24. 沈渭滨：《慈禧在中法战争中的作为》，《探索与争鸣》2007 年第 11 期。

25. 高嘉懿：《中法战争中的晚清外交》，《军事历史研究》2005 年第

3 期。

26. 王楠：《〈中法新约〉析论》，《西南交通大学学报》2005 年第 2 期。

27. 李峰：《曾纪泽与中法战争时期的英国调停》，《安徽史学》2004 年第 3 期。

28. 王晋玲：《〈申报〉与中法战争》，《安徽史学》2004 年第 2 期。

29. 崔晓东：《中法战争缘起新探》，《广西社会科学》2004 年第 2 期。

30. 廖宗麟：《赫德和中法和约》，《湛江海洋大学学报》2002 年第 2 期。

31. 黄振南：《〈中法新约〉签订前巴德诺的伎俩》，《学术论坛》2002 年第 1 期。

32. 赵宝爰：《试论中法战争中的国际法问题》，《烟台师范学院学报》2001 年第 5 期。

33. 华国梁：《中法战争期间的英国对法政策》，《安徽史学》1999 年第 1 期。

34. 赵琳：《张佩纶与中法战争》，《学术月刊》1997 年第 7 期。

35. 闻陈捷、家严萍：《关于中法战争结局问题的再探讨》，《徐州师范学院学报》1996 年第 5 期。

36. 刘国军：《中法战争前后的几次政治上书》，《求是学刊》1996 年第 3 期。

37. 王澈：《中法战争期间曾纪泽由主战转而主和原因初探》，《历史档案》1992 年第 5 期。

38. 方堃：《试论列强在中法战争中的“调停”活动》，《近代史研究》1991 年第 4 期。

39. 张梅：《中法战争中清政府“乘胜而收”原因新探》，《学术界》1990 年第 4 期。

40. 钟康模：《论张之洞在中法战争期间抵御外侮的思想及实践》，《广东社会科学》1990 年第 4 期。

41. 廖宗麟：《李扬才事件与中法战争》，《学术论坛》1990 年第 2 期。

42. 丁进军：《盛宣怀关于中法战争之说帖》，《历史档案》1989 年第 5 期。

43. 龙永行:《列强的干预与中法战争的结局：中国不败而败，法国不胜而胜》,《东南亚研究》1989 年第 3 期。

44. 孔祥吉:《甲申易枢与中法战争》,《中国人民大学学报》1989 年第 1 期。

45. 刘子明:《论慈禧在中法战争中的战略指导》,《军事历史研究》1988 年第 6 期。

46. 刘世华:《李鸿章外交思想新论》,《安徽史学》1993 年第 1 期。

47. 刘世华:《李鸿章“以夷制夷”新论》,《西南师范大学学报》1998 年第 5 期。

48. 刘彬:《李鸿章外交思想评析》,《北方论丛》2000 年第 3 期。

49. 胡代聪:《李鸿章外交思想综论》,《外交学院学报》2002 年第 3 期。

50. 杨全顺:《李鸿章和局思想与中法战争中国不败而败》,《湖北社会科学》2004 年第 1 期。

51. 许道才:《试析李鸿章在中法战争中处理越南问题所表现出的藩属思想》,《牡丹江教育学院学报》2006 年第 5 期。

52. 章育良:《李鸿章的国防观》,《湘潭大学学报》1999 年第 6 期。

53. 陆方:《中法战争中的李鸿章》,《东北师范大学学报》(哲学社会科学版) 1985 年第 5 期。

54. 雷颐:《李鸿章与〈中法新约〉》,《史学月刊》1987 年第 1 期。

55. 关威:《中法战争中“李鸿章阻止定购铁舰回华”问题辨析》,《安徽史学》1988 年第 3 期。

56. 庾裕良:《李宝谈判由来、实质和影响》,《学术月刊》1992 年第 5 期。

57. 关威:《李鸿章在中法战争中的几个问题辨析》,《历史档案》2001 年第 3 期。

58. 关威:《李鸿章与中法战争论析》,《安徽史学》2002 年第 3 期。

59. 关威:《中法战争中李鸿章的外交活动》,《清史研究》2001 年第 1 期。

60. 关威:《中法战争期间李鸿章对外交涉述论》,《历史教学》2002 年第 6 期。

61. 关威：《对李鸿章在中法战争中的几个问题的再认识》，《重庆社会科学》2005 年第 12 期。

62. 吴宝晓：《关于中法战争时期李鸿章违旨问题考辨》，《安徽史学》2006 年第 3 期。

63. 储立新：《中法战争中李鸿章主和动机试析》，《历史教学问题》1992 年第 6 期。

64. ［英］福尔索姆：《李鸿章的气质、性格与事业》，《安徽史学》1993 年第 1 期。

65. 权赫秀：《中国古代朝贡关系研究评述》，《中国边疆史地研究》2005 年第 3 期。

66. 权赫秀：《关于近代中朝关系史（1876—1910）的几点认识》，《中国朝鲜史研究》2004 年第 1 辑。

67. 权赫秀：《晚清对外关系中的“一个外交两种体制”现象刍议》，《中国边疆史地研究》2009 年第 4 期。

68. 何伟亚：《从朝贡体制到殖民研究》，《读书》1998 年第 3 期。

69. 喻常森：《试论朝贡制度的演变》，《南洋问题研究》2000 年第 1 期。

70. 梁凯：《晚清华夏秩序的解体——兼论“朝贡”关系的终结》，《社会科学研究》2000 年第 6 期。

71. 朱荫贵：《朝贡贸易体系与亚洲经济圈——评滨下武志教授的〈近代中国的国际契机〉》，《历史研究》1999 年第 2 期。

72. 张永江、叶子民：《略论清代属国》，《清史研究》1999 年第 4 期。

73. 祈美琴：《对清代朝贡体制地位的再认识》，《中国边疆史地研究》2006 年第 1 期。

74. 何芳川：《“华夷秩序”论》，《北京大学学报》1998 年第 6 期。

75. 许建英：《“中国世界秩序”观之影响及其与中国古代边疆研究》，《中国边疆史地研究》2006 年第 1 期。

76. 计秋风：《中国加入近代国际体系的历程》，《南京大学学报》2001 年第 6 期。

77. 刘增合：《1840—1884 年晚清外交观念的演进》，《社会科学战线》1998 年第 1 期。

78. 刘伟:《晚清对外交涉体制的演变与影响》,《华中师范大学学报》2006 年第 3 期。

79. 陈尚胜:《中国传统对外关系研究刍议》,《安徽史学》2008 年第 1 期。

80. 郭卫东:《甲申政潮与中法战争》,《历史教学》1988 年第 11 期。

81. 郭卫东:《“照会”与中国外交文书近代范式的初构》,《历史研究》2000 年第 3 期。

82. 韩东育:《东亚的心胸》,《读书》2008 年第 8 期。

83. 刘志扬、李大龙:《“藩属”与“宗藩”辨析——中国古代疆域形成理论研究之四》,《中国边疆史地研究》2006 年第 3 期。

84. [越] 杜文戎著,梁志明译:《十九世纪清朝对越南扩张野心和手段》,《印支研究》1983 年第 2 期。

85. [越] 左玉联:《批判中国史学歪曲越南历史的扩张主义、霸权主义观点》,《学术研究动态》1985 年第 7 期。

86. [日] 山本达郎著,陈选节译:《〈中越关系史〉结束语》,《印支研究》1984 年第 1 期。

87. 王志强、权赫秀:《从 1883 年越南遣使来华看中越宗藩关系的终结》,《史林》2011 年第 2 期。

88. 王志强:《李鸿章处理越南问题过程中的朝鲜因素》,《求索》2011 年第 3 期。

89. 王志强:《轮船招商局视阈下的中越关系新探(1880—1883)》,《东南亚纵横》2010 年第 9 期。

90. 王志强:《越南汉籍〈往津日记〉及其史料价值评介》,《东南亚纵横》2010 年第 12 期。

91. 王志强:《从越南汉籍〈往津日记〉看晚清中越文化交流》,《兰台世界》2013 年第 2 期。

92. 王志强:《李鸿章与清代最后来华的越南使节》,《兰台世界》2013 年第 3 期。

93. 王志强:《西方朝贡制度的开拓与奠基之作——费正清〈论清代的朝贡制度〉评介》,《海南师范大学学报》2012 年第 5 期。

94. 王志强:《越南汉籍〈阮述《往津日记》〉与〈建福元年如清日

程〉比较浅议》，《东南亚纵横》2012 年第 12 期。

五、学位论文

1. 雷颐：《中法战争期间清政府的对法政策》，吉林大学历史系硕士学位论文，1985 年。

2. 张俊良：《清季中法对越南保护权的争议——中西国际秩序原理的冲突》，台湾中国文化大学政治学研究所硕士学位论文，1991 年。

3. 汪泉：《清朝与越南使节往来研究》，暨南大学历史系硕士学位论文，2008 年。

4. 于燕：《清代中越使节研究》，山东大学历史文化学院硕士学位论文，2007 年。

5. 彭巧红：《中越历代疆界变迁与中法越南勘界问题研究》，厦门大学东南亚研究中心博士学位论文，2006 年。

6. 黄俊华：《李鸿章与晚清宗藩体制的瓦解》，河南大学历史文化学院硕士学位论文，2004 年。

7. 孙建党：《越南阮朝明命时期的对外关系》，郑州大学越南研究所硕士学位论文，2001 年。

8. 何东：《李鸿章与中法战争》，西南交通大学人文社科学院硕士学位论文，2003 年。

9. 杨栋：《中法战争期间的封锁与对策》，兰州大学历史文化学院硕士学位论文，2008 年。

10. 刘雅楠：《从“入越剿匪”到“援越抗法”》，华东师范大学历史系硕士学位论文，2007 年。

11. 陈宾：《援越抗法战略的回顾与思考》，西南交通大学人文社科学院硕士学位论文，2005 年。

12. 李志亮：《近代中越宗藩关系蠡测》，广西师范大学历史文化与旅游学院硕士学位论文，2008 年。

13. 魏晓锴：《中法越南交涉中的文化冲突》，广西师范大学历史文化与旅游学院硕士学位论文，2010 年。

14. 王志强：《论中越朝贡关系的近代转变》，东北师范大学历史文化学院硕士学位论文，2008 年。

六、外文文献

(一) 英文文献

1. Woodside, Alexander Barton: *Vietnam and the Chinese Model, A Comparative Study of Nguyen and Ch'ing Civil Government in the First Half of the Nineteenth Century*, Cambridge (Mass.): Harvard University Press, 1971.

2. Eastman, Lloyd E.: *Throne and Mandarins, China's Search for A Policy during the Sino – French Controversy* 1880—1885, Cambridge (Mass.): Harvard University Press, 1967.

3. J. K. Fairbank (ed.): *The Chinese World Order: Traditional China's Foreign Relations*, Cambridge (Mass.): Harvard University Press, 1968.

4. Oscar Chapuis: *A History of Vietnam from Hong Bang to Tu Duc*, Greenwood Press, 1995.

5. *Treaties, Conventions, etc.: China and Foreign States* (Vol. 1), Shanghai: Published at the Statistical Department of the Inspectorate General of Customs, 1917.

6. Ludwing, Albert Philip: *Li Hung – chang and Chinese Foreign Policy*1870—1885, Los Angeles University of California, 1936.

7. McLeod, Mark William: *The Treaty of Sai – Gon and the Vietnamese Response to French Intervention*1862—1874, Los Angeles: University of California, 1988.

8. Hsien, Pei – chih: *Diplomacy of the Sino – French War*, 1883—1885, University of Pennsylvania, 1968.

9. Chere, Lewis Milton: *The Diplomacy of the Sino – French War* (1883—1885): *Finding A Way Out of An Unwanted, Undeclared War*, Washington: Washington State University, 1978.

10. Kim Munholland: Admiral Jauréguiberry and the French Scramble for Tonkin, 1879—1883, *French Historical Studies*, 1979, 11 (1).

11. David G. Marr: Sino – Vietnamese Relations, *The Australian Journal of Chinese Affairs*, 1981 (6).

12. Ella S. Laffey: French Adventurers and Chinese Bandits in Tonkin: The

Garnier Affair in Its Local Context, *Journal of Southeast Asian Studies*, 1975, 6 (1).

13. Pao – Min Chang: The Sino – Vietnamese Dispute over the Ethnic Chinese , *The China Quarterly*, 1982, (90).

14. J. K. Fairbank and S. Y. Teng: On The Ch'ing Tributary System , *Harvard Journal of Asiatic Studies*, 1941, 6 (2).

15. J. K. Fairbank and S. Y. Teng: On The Transmission of Ch'ing Documents , *Harvard Journal of Asiatic Studies*, 1939, 4 (1).

16. J. K. Fairbank and S. Y. Teng: On The Types and Uses of Ch'ing Documents , *Harvard Journal of Asiatic Studies*, 1940, 5 (1).

(二) 法文文献

1. *Documents Diplomatiques*: *Affaires du Tonkin*, *Convention de T'ien – Tsin du* 11 *mai* 1884, *Incident de Lang – Son* , Paris, 1884.

2. *Documents Diplomatiques*: *Affaires de Chine et du Tonkin*, 1884—1885, Paris, 1885.

3. *Documents Diplomatiques*: *Affaires de Chine* , Paris, 1885.

4. G. Devéria: *Histoire des Relations de La Chine avec L'annam – Viêtnam*, Paris, 1880.

5. Billot, Albert: *L'affaire du Tonkin – Histoire Diplomatique de L'établissement de Notre Protectorat sur L'annam et de Notre Conflict avec la Chine*. 1882—1885, *Par Un Diplomate*, Pairs, 1888.

6. Cho Huan – lai : *Les Origins du Conflit Franco – Chinois à Propos du Tonkin Jusqu'en* 1883, 2ème Edition. Saigon, 1938.

7. Cordier, Henri : *Histoire des Relations de la Chine avec Les Puissances Occidentals*: 3tomes. Paris, 1901—1902.

(三) 日文文献

[日] 山本达郎编:《ベトナム中国関係史——曲氏の抬頭から清仏戦争まで》,东京:山川出版社,1975 年。

后 记

本书是在我的博士论文《李鸿章对越南问题的认识与策略研究（1881—1886）》的基础上修改而成的，也是我进入历史学研究领域近七年以来的一个学术小结，其间自然有很多值得回味的人和事。

记得 2005 年考入东北师范大学历史文化学院中国近现代史专业，有幸拜在权赫秀教授门下，开始进入近代中外关系史领域的学习与研究。期间，结合权老师有关中国古代朝贡关系及东亚国际关系的近代转型等方面的研究，选取了中国重要的周边国家之一的越南作为个案来研究中越朝贡关系的近代转型问题。硕士毕业以后有幸跟随权老师继续攻读博士学位。对于博士论文，从题目的最终敲定、框架拟定、资格论文的完成到最终定稿，可以毫不夸张地说，每一个字和标点都凝结着权老师的心血。尤其是其中的两篇资格论文，即《轮船招商局视阈下的中越关系新探（1880—1883）》与《从 1883 年越南遣使来华看中越宗藩关系的终结》，每篇都由权老师在原文用黑体字或斜体字或下划线指出问题所在，又用小括号加以说明如何改正及改正的原因，再让我具体修改。如此反复，每篇修改不下三次，使我在语言表述、材料处理及谋篇布局等方面均有很大进步。权老师不仅在学习上对我正确引导，在为人处事上也时常教导我。在本书即将出版之际，又在百忙之中为本书作序。学生的每一次请求总能在第一时间得到满足，除了感动就是珍惜，师恩如山，这种情谊是我在学术道路上继续前行的巨大动力。同时，感谢师母对我生活上的关心与精神上的鼓励。

感谢东北师范大学历史文化学院的曲晓范教授、程舒伟教授、高乐才教授、刘景岚教授、胡赤军副教授与吉林大学的刘会军教授、赵英兰教授。诸位教授在我的课程学习、硕士论文开题与答辩、博士论文开题与答辩等诸环节都给予我很大帮助，让我受益终身，感铭在心。感谢三位匿名评审专家对我的博士论文的肯定与提出宝贵的修改意见。感谢上海社会科学院历史研究所《史林》杂志王维江副主编、汤仁泽编辑与广西社会科学院东南亚研究所《东南亚纵横》杂志罗梅主编、马金案编辑及湖南社会科学院《求索》杂志唐昌福编辑对我资格论文的肯定及对我本人的鼓励。感谢中国国家图书馆、吉林大学图书馆、东北师范大学图书馆及历史文化学院资料室为我查找资料提供的便利。

读书期间，也有幸遇到几位志同道合的朋友。同师门的韩国留学生玄载奉先生，长春师范学院国际处处长王晓影博士，海南大学的王雅娟师姐，同寝室的现就职于西北大学历史学院的宋保军博士、淮北师范大学的徐昊博士及胡鹏硕士，山东大学的周国瑞博士。他们在物质与精神上的支持，给我的读书生活增添了无限生机，使我终生难忘。

2011 年 7 月博士毕业后，从“北国春城”长春来到“南国椰城”海口。在海南师范大学文学院韩捷进教授、阮忠教授、张一平教授、胡素萍教授、王献军教授、张兴吉教授、徐仲佳教授等领导与同事的关心和帮助下，解决了很多实际的问题，我很快适应了海南的生活与工作，在此谨致谢忱！在学院的推荐下，以博士论文为基础而申报的海南省教育厅课题荣幸获得立项并被确定为人文社科类重点项目，本书即是该项目的最终成果之一。在文学院副院长、南海区域文化研究中心主任张一平教授的大力帮助下，本书才有幸被列入“南海研究丛书”之一，由暨南大学出版社出版。在此深表感谢！暨南大学出版社编辑侯丽庆女士为本书的编辑、出版所作出的辛勤努力，更是值得特别感谢！

近 22 年的求学生涯及一年多的职业生涯，离不开家人的支持与鼓励。对于父母的恩情，再多的言语也表述不尽，唯有在今后的日子里尽自己最大的努力多尽一份孝心，陪伴他们安享晚年。妻子刘杨，从我们相识、相知到相爱这五年来，一直是我强力的后盾与智囊，我们将一如既往，共同努力奋斗！

当然，因学术功力有限，本书仍然存在诸多不足之处，恳请方家指正。

王志强
2012 年 10 月 5 日于海口滨河华庭寓所